Desserts

VON
DER REDAKTION DER TIME-LIFE BÜCHER

TIME-LIFE BÜCHER · AMSTERDAM

Aus dem Englischen übertragen von
Ingrid Hyland

ISBN 9-06-182-386-2

Einband: Mit ganzen Brombeeren und einem Brombeerpüree zur aromatischen Verfeinerung wird ein Flammeri (S. 54) dekoriert – ein Pudding-Soufflé in der Form, hergestellt auf der Grundlage von Grieß. Um das zerbrechliche Dessert in zwei Schichten übereinander servieren zu können, wurde der Flammeri in zwei getrennten Formen gekocht und dann beim Stürzen aus der Form übereinandergeschichtet.

DER HAUPTBERATER:

Richard Olney ist Amerikaner und lebt seit 1951 in Frankreich, wo er als Fachmann auf dem Gebiet der Kochkunst und als Weinkenner hochgeschätzt ist. Er ist Autor von *The French Menu Cookbook* und *Simple French Food*, das mit einem Preis ausgezeichnet wurde. Außerdem hat er zahlreiche Artikel für gastronomische Zeitschriften in Frankreich und den Vereinigten Staaten geschrieben, darunter auch für die einflußreichen Fachblätter *Cuisine et Vins de France* und *La Revue du Vin de France*. Er hat Kochkurse in Frankreich und den Vereinigten Staaten geleitet und ist Mitglied bedeutender gastronomischer und weinkundlicher Gesellschaften, unter anderem von La Confrérie de Chevaliers du Tastevin und La Commanderie du Bontemps de Médoc et des Graves.

FACHBERATER DES BANDES DESSERTS:
Jeremiah Tower ist ein weithin bekannter amerikanischer Gastronom. Er hat viele Jahre in Europa gelebt und ist Mitglied von La Commanderie du Bontemps de Médoc et des Graves und von La Jurade de Saint-Émilion. Er zeichnet weitgehend verantwortlich für die vielen Photographien, die die verschiedenen Zubereitungsmethoden erklärend begleiten. Außerdem hat er den anderen Beratern bei der Zusammenstellung der Anthologie mit praktischem Rat zur Seite gestanden.

DIE INTERNATIONALEN BERATER:
Großbritannien: *Jane Grigson* wuchs in Nordengland auf und studierte an der Universität Cambridge. Ihr erstes Kochbuch, *Charcuterie and French Pork Cookery*, kam 1967 heraus. Seither hat sie weitere Kochbücher veröffentlicht, unter anderem *Good Things, English Food* und *The Mushroom Feast.* Seit 1968 arbeitet sie als Kochjournalistin für den Londoner *Observer. Alan Davidson* ist der Autor von *Fish and Fish Dishes in Laos, Mediterranean Seafood* und *North Atlantic Seafood.* Er ist Gründer der Prospect Books, die sich auf Publikationen über Essen und Kochen spezialisiert haben. **Frankreich:** *Michel Lemonnier* wurde in der Normandie geboren. Seit 1960 ist er Mitarbeiter der Zeitschrift *Cuisine et Vins de France* und schreibt auch für mehrere andere bedeutende französische Lebensmittel- und Weinzeitschriften. Als Mitbegründer und Vizepräsident der Gesellschaft Les Amitiés Gastronomiques Internationales hält er oft Vorträge über Weine und Weinanbau. Er ist Mitglied der meisten Weinbruderschaften und Weinakademien in Frankreich. **Deutschland:** *Jochen Kuchenbecker* wurde als Koch ausgebildet. Er arbeitete 10 Jahre als Lebensmittel-Photograph in vielen europäischen Ländern, bevor er in Hamburg sein eigenes Restaurant eröffnete. *Anne Brakemeier* lebt in Hamburg und hat in vielen deutschen Zeitschriften kulinarische Beiträge veröffentlicht. Sie ist Mitautorin von drei Kochbüchern. **Niederlande:** *Hugh Jans* aus Amsterdam übersetzt seit 25 Jahren Kochbücher und kulinarische Artikel. Er hat auch zwei eigene Bücher veröffentlicht, *Bistro Koken* und *Koken in Casserole*, und seine Rezepte erscheinen in vielen holländischen Zeitschriften. **USA:** *Carol Cutler* lebt in Washington D.C., und ist Autorin von *Haute Cuisine for Your Heart's Delight* und *The Six-Minute Soufflé and Other Culinary Delights.* Sie ist Mitarbeiterin der Zeitschriften *International Food and Wine* und *Working Woman* und hält häufig Vorträge über kulinarische Themen. *Shirley Sarvis* ist freischaffende Kochjournalistin und Beraterin in San Francisco; sie ist Autorin und Mitautorin zahlreicher Kochbücher. Die inzwischen verstorbene *José Wilson* war 15 Jahre Redakteurin bei der Zeitschrift *House and Garden* und hat viele Bücher über Gastronomie und Gastlichkeit geschrieben, darunter auch *American Cooking: the Eastern Heartland,* ein Band der TIME-LIFE-Serie *Foods of the World,* und zusammen mit Arthur Leaman *The Complete Food Catalog.*

Bei der Vorbereitung dieses Bandes leisteten folgende Mitarbeiter vom TIME-LIFE-Bücher wertvolle Hilfe: *Maria Vincenza Aloisi, Joséphine du Brusle,* Paris; *Bona Schmid, Maria Teresa Marenco,* Mailand.

INHALT

Würdiger Abschluß einer Mahlzeit

Jedes gute Essen bereitet Vergnügen, aber ganz besonders gilt das für die Desserts. Wenn am Ende einer Mahlzeit der Hunger gestillt ist, bildet das Dessert als verlockender Augen- und Gaumenschmaus einen erfrischenden Abschluß. Sogar Mrs. Beeton, die Verfasserin kulinarischer Enzyklopädien, war von dem Thema Desserts so beeindruckt, daß sie von ihrer sonst eher nüchternen Sprache abwich und in ihrem Buch *The Book of Household Management* in blumigen Worten schrieb: „Wenn es in der Ernährung überhaupt so etwas wie Poesie gibt, dann ist sie bei den Desserts zu finden."

Wie solcherart poesievolle kulinarische Kompositionen zusammengestellt werden, ist das Thema dieses Buches. Dabei gibt es ganz unterschiedliche Methoden. Am einfachsten ist es natürlich, einwandfreie, reife Früchte auszuwählen und sie ohne weitere Zutaten – ganz so, wie sie sind – zu servieren. Andere Desserts sind wesentlich aufwendiger und erfordern die Anwendung verschiedener Zubereitungstechniken – im Mörser zerkleinern oder durch ein Sieb streichen, mit dem Schneebesen schlagen oder in der Eismaschine drehen, backen oder gefrieren.

Alle diese Zubereitungsmethoden werden in den folgenden Kapiteln dieses Buches ausführlich erklärt. Bei aller Unterschiedlichkeit in der Zubereitung ist den Desserts jedoch gemein, daß den Details große Aufmerksamkeit geschenkt werden muß, ob es nun einfach darum geht, eine Orange zu schälen und von der weißpelzigen Haut zu befreien, oder ob für eine Eiercreme Eigelb sorgfältig von Eiweiß getrennt wird. Glücklicherweise sind die Zutaten selbst meist nicht sehr aufwendig; mehr als einige Eier, Sahne, Schokolade oder einige frische, reife Früchte benötigt man nicht, um eine köstliche gestreifte bayerische Creme herzustellen; und mit etwas Grieß aus der Vorratskammer läßt sich das Pudding-Soufflé zubereiten, das auf der Titelseite abgebildet ist.

Zucker ist selbstverständlich ein Bestandteil von fast allen Nachspeisen. Die meisten Menschen haben einen unbändigen Appetit auf Süßspeisen – und bei Desserts kann diesem Verlangen nachgegeben werden. In der Tat bestimmte die zunehmende Verfügbarkeit – und damit auch Beliebtheit – von Zucker die Entwicklung der Desserts zu ihrer heutigen Form. Zwar war Zucker bereits im fünften vorchristlichen Jahrhundert in Indien weit verbreitet, anderswo war er jedoch eine seltene Delikatesse, die in geringen Mengen importiert wurde und so kostspielig war, daß man sie als „weißes Gold" bezeichnete. In der europäischen Küche wurde bis zum 15. Jahrhundert hauptsächlich Honig zum Süßen benutzt. Maurische Eroberer brachten den Anbau von Zuckerrohr allmählich von östlichen Ländern durch Nordafrika nach Sizilien und Spanien, aber die Zuckerlieferungen nach Europa nahmen erst dann im beträchtlichen Maße zu, als die Spanier vom 16. Jahrhundert an die Karibischen Inseln kolonisierten und dort Zuckerrohrplantagen anlegten.

Obwohl der Zucker „weißes Gold" genannt wurde, war er damals noch nicht der reine, gleichmäßig gekörnte, weiße Zucker, den wir heute kennen. Bis zum Beginn dieses Jahrhunderts bekam man ihn in Form von steinharten Zuckerhüten, die man mit schweren Eisenzangen zerbrechen und anschließend im Mörser zu Pulver zerstoßen mußte. Wollte man reinen Zucker gewinnen, mußte man ihn zu Sirup aufkochen und durch langwieriges Abschäumen klären, um Unreinheiten zu entfernen.

Diese lästige Arbeit haben inzwischen die Raffinerien übernommen, doch für bestimmte Desserts müssen Sirup und Karamel nach wie vor zu Hause hergestellt werden. Deshalb werden alle in der Dessertküche gebräuchlichen Siruparten auf Seite 8 übersichtlich dargestellt sowie die dazugehörigen Fachausdrücke erläutert.

Über Eiweiß, einen weiteren wichtigen Bestandteil vieler Desserts, findet man in den verschiedenen Kochbüchern die unterschiedlichsten und merkwürdigsten Anweisungen und Ratschläge zu seiner Verarbeitung. Trotz gegenteiliger Behauptungen ist die Zubereitung eines festen Eischnees jedoch keine Frage von Glück, Zauberei oder Mondphasen: Auf Seite 14 wird erklärt, wie man mit geeigneten, richtig vorbereiteten Geräten und durch geschicktes Schlagen die jeweils benötigte Konsistenz des Eischnees erreicht. Kennt man erst einmal die verschiedenen Stadien, die Eiweiß beim Schlagen durchläuft, gibt es kaum noch Schwierigkeiten bei der Zubereitung eines Desserts, das mit Eischnee gelockert werden soll. Damit zum Beispiel ein Soufflè oder eine Mousse perfekt gelingt (S. 50 und 52), muß das Eiweiß so weich sein, daß es sich leicht durch Unterheben mit den aromatischen Zutaten vermischen läßt; man darf es daher nur so lange schlagen, bis es weiche Spitzen bildet, die leicht wieder in sich zusammensinken. Für die Zubereitung von Baisers hingegen ist dieses behutsame Unterheben des Eischnees nicht erforderlich; das Eiweiß muß geschlagen werden, bis es sehr steife Spitzen bildet, damit die Baisers fest und sehr leicht werden.

In die Liste der wesentlichen Zutaten gehört natürlich auch die Gelatine. Die Zugabe von Gelatine bewirkt, daß man ein Dessert in einer dekorativ geformten Schüssel erstarren lassen und dann stürzen kann. Gelatine gibt einer Mousse oder einem kalten Soufflé zusätzliche Festigkeit, aber sie muß sehr behutsam verwendet werden: Wenn man zuviel davon verwendet, wird das Dessert zäh und gummiartig, nimmt man zuwenig, fällt es zusammen. Auf den Seiten 16 und 17 wird gezeigt, wie man die im Handel erhältliche Blatt- oder Pulvergelatine verwendet, und es wird dargestellt, wie man Gelatine zu Hause herstellen kann: Aus Kalbsfüßen wird Kalbsfußgelee, die feinste und reinste Gelierhilfe überhaupt.

Auf die Anleitungen zur richtigen Verwendung der Hauptzutaten folgen Kapitel über die verschiedenen Arten von Desserts, wie etwa Früchtedesserts, Eierkuchen und Beignets und Gefrorenes. Auf diesen Seiten werden die grundlegenden Zubereitungsmethoden der Dessertküche in Wort und Bild dargestellt, von der Vorbereitung der Früchte für einen Obstsalat bis zur Zubereitung einer glatten englischen Creme. Im letzten Kapitel des ersten Teils dieses Buches

werden die bereits beschriebenen Methoden kombiniert und erweitert; hier werden klassische Kreationen wie die *charlotte russe* und eindrucksvolle Kompositionen wie ein mit Früchten und Eiscreme gefüllter Baiserkorb vorgestellt.

Der zweite Teil umfaßt eine Auswahl internationaler Dessertrezepte, die zu den besten zählen, die je veröffentlicht wurden. Bei manchen Rezepten müssen die Angaben sehr genau eingehalten werden; es wäre nicht ratsam, zu stark von den Mengen- und Zeitangaben abzuweichen, die zum Beispiel in Rezepten für ein Früchtegelee oder ein Soufflé gemacht werden. Andere Rezepte jedoch, etwa für ein Trifle, ein Früchtekompott oder eine Eiscreme, lassen sich beinahe unbeschränkt variieren. Wenn man die Anleitungen im ersten Teil des Buches befolgt und die Rezeptesammlung als Anregung versteht, sind den Möglichkeiten der Kreativität und des Experimentierens kaum Grenzen gesetzt.

Desserts im Rahmen eines Menüs

Obwohl man seit frühester Zeit verschiedene Arten von Süßspeisen kennt, ist die Idee eines getrennten, süßen Ganges am Ende einer Mahlzeit noch relativ jung. Bis zum 14. Jahrhundert gab es, wie die Aufzeichnung eines Pariser Menüs zeigt, bei französischen Banketts einen süßen Kornbrei sowie Früchtegelees und Beignets als Beilagen neben Wildbretkeulen und Fischplatten mit Neunauge und Stör. Die Gäste nahmen sich, was ihnen gerade gefiel. Die Geschichte einiger heutiger Desserts wirft ein Licht auf die damalige Abwesenheit klar differenzierter Speisekategorien, wie wir sie heute kennen. Blancmanger, eine bayerische Creme aus Mandelmilch, Gelatine und Schlagsahne (S. 44), war einst eine gesüßte Speise aus zerstoßener Hühnerbrust und Mandeln. (Der Name ist eine zutreffende Beschreibung für beide Versionen: wörtlich übersetzt heißt *blanc-manger:* „etwas Weißes zum Essen".)

Ein Grund für das undifferenzierte Mischen von süßen und würzigen Speisen – für den heutigen Geschmack eher nach Art einer Kinderparty – war zweifellos Prahlerei. Mit einer derart überladenen Tafel ließ sich eindrucksvoll repräsentieren. Ein Gastgeber, der bei jeder Gelegenheit viele süße Gerichte auftischte, konnte zweifelsfrei seinen Wohlstand unter Beweis stellen, denn süße Speisezutaten sowie die Gewürze, die oft dazugehörten, waren teuer.

Selbst als Zucker für alle erschwinglich wurde, dauerte es lange, bis das Dessert seinen festen Platz am Ende einer Mahlzeit hatte. Köche und ihre Herrschaft gaben nur widerwillig die grandios arrangierten Tafeln auf, mit denen sie von Kindheit an vertraut waren, und erst ab Mitte des 19. Jahrhunderts wurde die Idee einer Speisefolge allgemein akzeptiert. Erst als sich *service à la russe,* wie die Neuerung genannt wurde, durchgesetzt hatte, wurde sie bald in der ganzen westlichen Welt zur Norm.

Die Feinschmecker begrüßten dieses neue System; nun endlich hatte das Essen die richtige Temperatur. Und die Köche hatten jetzt die Möglichkeit, ihre Kreationen im besten Zustand präsentieren zu können. Gleichzeitig wurden sie vor die angenehme Aufgabe gestellt, eine neue und anspruchsvolle Kunstform zu entwickeln: das Menü. Die sorgsam ausgewählte Speisefolge brachte eine Art Rhythmus, der verschiedene, wohlkalkulierte Höhepunkte der Gaumenfreude setzte. Und das Dessert vollendete das Meisterwerk.

Gestaltung und Auswahl

Als Höhepunkt und zugleich Abschluß des Menüs muß das Dessert alles Vorangegangene ergänzen und auch damit konkurrieren können. Damit der Appetit der Gäste am Ende einer ausgedehnten Mahlzeit noch einmal in Versuchung geführt wird, sollte die Darbietung des Desserts erfrischend und attraktiv sein. Tatsächlich hat die Kunst der Dessertküche viel von der Kunst der Verführung an sich. Früher zollte die Darbietung des Desserts sowohl der Architektur als auch der Kochkunst Tribut: In viktorianischer Zeit bevorzugte man riesige, vielschichtige Tafelaufsätze, die mit gesponnenem Zucker und oft auch mit Blattgold verziert waren.

Derartige Kreationen würden auf den heutigen Feinschmecker wohl kaum Eindruck machen. In der Tat konnte man diese Speisen allein wegen ihrer Größe würdigen. Enorme Gelees zum Beispiel trugen ihr eigenes Gewicht nur dann, wenn sie so viel Gelatine enthielten, daß ihre Beschaffenheit fast gummiartig war. Doch trotz des zunehmenden Trends zu relativer Einfachheit gestalten moderne Köche ihre Desserts noch immer gerne in ansprechender Weise, um die Schönheit ihrer Zutaten zum Ausdruck zu bringen; und da es viele verschiedene Zutaten gibt, die dem Auge gefallen, ist eine dekorative Gestaltung nach wie vor erstrebenswert.

Ein typisches Beispiel dafür sind Früchtedesserts: Ein vollkommener Obstsalat (S. 22) bedarf keiner langen Vorbereitungen, um Frische auszustrahlen. Früchtepürees, mit Schlagsahne oder Eiweiß aufgelockert (S. 26), sind Desserts von erfrischender Einfachheit. Früchte eignen sich aber auch für festliche Anlässe: Gedünstete Früchte zum Beispiel lassen sich in einem faszinierenden Spiel von Mustern und Farben arrangieren.

Die Auswahl des Desserts muß im Zusammenhang mit den übrigen Bestandteilen der Mahlzeit getroffen werden. Der perfekte Abschluß hängt offensichtlich von den vorher servierten Gängen ab. Außer an Festtagen runden im allgemeinen besonders herzhafte Desserts – wie gegarte Puddings (S. 58) – die sehr schlichten Mahlzeiten ab, die vielleicht nur aus einer Fleischsuppe bestehen mögen. Reichhaltige, sahnige Hauptgerichte verlangen leichte und einfache Nachspeisen – zum Beispiel ein Wasser- oder Fruchteis oder ein leichtes Fruchtdessert. Umgekehrt kann man ein Menü aber auch aus Speisen zusammenstellen, die zunehmend aufwendiger und komplizierter

werden, bis zu einem üppigen, doch nicht zu schweren Finale. Innerhalb eines Menüs sollten sich Geschmack und Beschaffenheit von Speisen nach Möglichkeit nicht wiederholen. Bei einem Hauptgang mit Früchten, z. B. Ente *à l'Orange*, sollte dasselbe Obst nicht im Dessert wieder auftauchen; außerdem sollte man nach Möglichkeit niemals mehr als eine reichhaltige, mit Ei gebundene Sauce innerhalb eines Menüs servieren.

Die Auswahl und Zusammenstellung der Farben ist fast ebenso wichtig: Mehrere cremig weiße Gänge hintereinander, von einem Dessert ähnlicher Farbe abgeschlossen, wirken wahrscheinlich recht langweilig, wie gelungen die einzelnen Speisen auch immer sein mögen. Aber es gibt im Grunde nur wenige absolut bindende Regeln für den Aufbau eines Menüs, und innerhalb dieser vernünftigen Grenzen kann man nach Belieben frei experimentieren.

Wein und Desserts

Das Verhältnis von Desserts zu Wein, der als Zutat oder Beigabe verwendet werden kann, ist enger und verwickelter, als man sich vielleicht vorstellt.

Die einfachste Verbindung zwischen Wein und Dessert ergibt sich, wenn man Wein über frische Früchte, insbesondere Erdbeeren, gießt. In Weinbaugebieten pflegen Winzerfamilien zur Erdbeersaison ein reizvolles Ritual: Jeden Tag wird zum Abschluß der Hauptmahlzeit eine große Schüssel Erdbeeren gereicht, die manchmal mit Zucker bestreut und vor dem Servieren mit einer Flasche Rotwein übergossen werden; häufiger jedoch füllt man bei Tisch sein Glas, in dem noch ein Rest Rotwein ist, mit Erdbeeren, zuckert sie nach Belieben und zerdrückt sie leicht mit dem Löffel, so daß sich ihr Aroma mit dem Wein verbinden kann. Die Merkmale beider Zutaten werden dadurch unterstrichen: Der Erdbeergeschmack wird noch klarer, und der Wein bekommt neue Frische.

Erdbeeren sind nicht die einzigen Früchte, die eine solche Verwandlung bewirken; auch auf dieselbe Art zubereitete weiße oder gelbe Pfirsiche führen zu einem ähnlichen Erfolg. Champagner wird des öfteren auf Erdbeeren und Pfirische gegeben. Hierfür kann man gut alten Champagner, der nicht mehr so stark perlt, verwenden. Das vielleicht gelungenste Champagner-Dessert erhält man jedoch, wenn man ein wenig Champagner über weiches Eis gibt, das selbst Champagner enthält (S. 70).

Wein als Garflüssigkeit verändert allmählich seinen Charakter, je nachdem, wie stark man ihn erhitzt und wie lange er mitgegart wird. Bei einer Weinschaumcreme (S. 39) wird der Wein schonend behandelt; die Zutaten werden zusammen nur erhitzt, ohne den Siedepunkt zu erreichen. Für Weinschaumcremes werden häufig gewöhnliche Weißweine genommen, die zusätzliches Aroma durch Zitronen- oder Orangenschale oder oft auch einen Likör erhalten. Das Resultat ist durchaus zufriedenstellend, aber da der Wein in dieser Creme seinen Eigencharakter behält, sollte man sich überlegen, ob man nicht die zusätzlichen Geschmacksstoffe wegläßt und statt dessen einen besonders guten Wein verwendet, der die Sauce zu einem erlesenen Genuß macht.

Längeres Garen kann den Wein so verändern, daß man ihn kaum noch erkennt. Der Sirup, der aus in Rotwein gegarten Birnen gewonnen wird (Rezept S. 100), könnte nicht köstlicher sein, aber durch das lange Simmern geht der ursprüngliche Weincharakter verloren; deshalb bietet sich für diesen Zweck ein einfacher, kräftiger roter Landwein an. Begießt man jedoch frische Erdbeeren mit Wein einer edlen, erstklassigen Lage, gewinnen dadurch sowohl die Erdbeeren als auch der Wein; hingegen wäre es eine Sünde, die Birnen im gleichen Wein zu dünsten.

Eine Zeitlang ist das Trinken von süßem Wein außer Mode gewesen, zum Teil wohl deshalb, weil diese Weine zu besonders süßen oder üppigen Leckereien gereicht wurden, die nicht zueinander paßten. In Wirklichkeit können süße Weine äußerst wohlschmeckend sein, besonders in Verbindung mit einem passenden Dessert. Trotz der französischen Tradition, Champagner zu Desserts zu reichen, ist es praktisch unmöglich, einen trockenen Wein und ein süßes Dessert erfolgreich miteinander zu verbinden. Damit diese Verbindung gelingt, muß das Dessert weniger süß als der Wein sein, denn ein merklich süßeres Dessert läßt den Wein dünn und sauer erscheinen. Das Dessert sollte im allgemeinen auch weniger kalt sein als der Wein (das mit Champagner beträufelte Champagner-Eis ist eine vorzügliche, aber ungewöhnliche Ausnahme). Das Dessert sollte keine Schokolade enthalten, da Schokolade mit am stärksten den Weingeschmack verdirbt; bei der Verwendung von säuerlichen Früchten ist ebenfalls äußerste Zurückhaltung geboten.

Die in Deutschland als Eßapfel und in Frankreich als Kochapfel bezeichnete Apfelsorte ist in vielen Zubereitungsarten eine ideale Beigabe zu einem guten süßen Wein. In Scheiben geschnitten, in Butter sautiert, in heiße Crêpes gewickelt, leicht mit Zucker bestreut und rasch unter dem heißen Grill oder im heißen Ofen glasiert, passen Äpfel ausgezeichnet zu einem feinen Sauternes oder einer exquisiten Trockenbeerenauslese. Birnendesserts sind ebenfalls eine gute Beigabe zu Wein, außerdem alle Nüsse und vor allem Mandeln. Auch bayerische Cremes (S. 44) passen gut zu süßen Weinen: Eines der schönsten und umfassendsten Geschmackserlebnisse ist wohl ein Blancmanger, mit Mandelmilch und einer Spur Bittermandelaroma zubereitet, zu dem alter Sauternes gereicht wird. Die charakteristische intensive Fülle und Fruchtigkeit dieses Weines, die durch den fein verdeckten Bittergeschmack gemildert wird, wobei die Süße nie flach oder überladen wirkt, verbindet sich vorzüglich mit den Aromen des Desserts. Eine solche Verbindung macht aus einem exquisiten Dessert einen kulinarischen Höhepunkt.

Zucker: eine fast unentbehrliche Grundlage

Zucker ist der Bestandteil, der fast allen Desserts gemeinsam ist. Manchmal wird der Zucker direkt in ein Dessert gemischt; man bestreut damit Früchte oder rührt ihn unter Eigelb, um eine Eiercreme herzustellen. Bei vielen Desserts wird der Zucker zuerst in Wasser aufgelöst und zu einem Sirup verkocht. Bei dieser Zubereitungsmethode verbindet sich der Zucker rasch und gründlich mit den anderen Zutaten.

Sirup kann auf vielfältige Weise verwendet werden, zum Beispiel als Garflüssigkeit zum Dünsten von Früchten (S. 34) oder mit Eigelb in manchen Eiscremes. Aus konzentriertem Sirup wird Karamel hergestellt.

Das traditionelle Gefäß für die Herstellung von Sirup ist ein unbeschichteter Kupfertopf. Das Kupfer geht mit dem Zucker keine chemische Reaktion ein. Zucker und Wasser werden zusammen erhitzt und dann gekocht (Kasten unten). Der Zucker muß durch Rühren vollständig aufgelöst werden, bevor man den Sirup zum Kochen bringt; bei ungelöstem Zucker könnte der Sirup während des Kochens kristallisieren. Sobald der Sirup den Siedepunkt erreicht hat, kann auch Rühren bewirken, daß der Zucker kristallisiert.

Die Dichte des Sirups, das heißt das Verhältnis von Zucker und Wasser, muß dem jeweiligen Dessert angepaßt werden. Ein leichter Sirup dient zum Beispiel als Sauce für einen Obstsalat. Für Wasser- oder Fruchteis oder ein Parfait hingegen braucht man einen schwereren Sirup. Wenn man einen Sirup im voraus zubereiten und im Kühlschrank aufbewahren will, um ihn später für Desserts zu verwenden, ist ein schwerer Sirup am besten geeignet.

Der obere Teil der Tabelle auf der gegenüberliegenden Seite zeigt das Verhältnis von Zucker und Wasser, das – bei gleicher Garzeit vom Siedepunkt gerechnet – die verschiedenen Sirups ergibt, die in der Dessertküche am meisten gebraucht werden. Kochbuchautoren geben den Zuckergehalt von Sirup zuweilen nach den Gradablesungen auf einer Zuckerwaage an, einem Instrument zur Messung der Sirupdichte, die in Grad Baumé angegeben wird. Wenn man einmal auf ein altes Rezept stößt, in dem zum Beispiel ein Sirup mit einem Zuckergehalt von 22 Grad Baumé verlangt wird, kann man die benötigten Anteile an Zucker und Wasser von der Tabelle ablesen.

Die Sirups im unteren Teil der Tabelle, die in der Dessertküche meist eine untergeordnete Rolle spielen, sind weit konzentrierter und gehen bis zu einem Zuckergehalt von 100 Prozent. Ihre Herstellung erfordert eine andere Methode. Der Zucker wird in ganz wenig Wasser aufgelöst, und diese geringe Wassermenge läßt man dann durch Kochen bei starker Hitze verdampfen. Die Eigenschaften des Sirups ändern sich rasch, wenn das Wasser verkocht, und man muß sehr auf die Zeit achten, um den gewünschten Sirup zu erhalten. Wenn erst das ganze Wasser verdampft ist, bleibt nur geschmolzener Zucker übrig; nach wenigen Sekunden verfärbt er sich und wird zu Karamel.

Bei konzentriertem Sirup besteht die beste Prüfmethode des jeweiligen Zucker-Grades in der Temperaturmessung des kochenden Sirups. Zucker hat einen höheren Siedepunkt als Wasser; je höher also die Konzentration des Zuckers, desto heißer ist auch der Sirup. Man sollte dazu ein besonderes Zuckerthermometer benutzen (Arbeitsgang 2, unten).

Besitzt man kein Zuckerthermometer, so läßt sich aus der Konsistenz des Sirups und schließlich auch aus seiner Farbe auf das jeweilige Stadium schließen.

Herstellen von Zuckersirup

1 **Kristalle entfernen.** Die erforderlichen Zucker- und Wassermengen (Tabelle gegenüber) in einen Kochtopf geben. Den Zucker durch Rühren bei schwacher Hitze auflösen. Einen Kuchenpinsel in heißes Wasser tauchen und damit alle Zuckerkristalle auflösen, die sich am Topfrand angesammelt haben.

2 **Den Sirup kochen.** Wenn der Zucker aufgelöst ist, nicht weiterrühren und die Temperatur herunterschalten. Ein Zuckerthermometer in einer Schüssel mit heißem Wasser erwärmen, dann in den Sirup legen. Den Sirup bei starker Hitze so lange wie auf der Tabelle angegeben kochen, bis das Thermometer die erforderliche Temperatur anzeigt.

Mengenverhältnisse und Dichte bei Zuckersirup

Produkt	Verwendungszweck	Zucker	Wasser	Kochzeit	Temperatur	Grad Baumé	Ergibt
Leichter Sirup	Leichte Sauce für Obstsalat	500 g	1 l	1 Min.	ca. 102° C	17	1,25 l
Mittlerer Sirup	Schwere Sauce für Obstsalate und Garflüssigkeit für Früchte	500 g	65 cl	1 Min.	ca. 102° C	22	95 cl
Mittelschwerer Sirup	Garflüssigkeit zum Dünsten von säuerlichen Früchten; geeignet zum Verdünnen und Süßen von Früchtepürees und für Wassereis und Parfaits	500 g	50 cl	1 Min.	ca. 102° C	28	80 cl
Schwerer Sirup	Schwerer Sirup kann aufbewahrt und nach Bedarf verdünnt werden. Auch für manche Wassereissorten und Parfaits geeignet.	500 g	30 cl	1 Min.	ca. 104° C	32	60 cl
Kleiner Fadengrad	Hochkonzentrierter Sirup, der für manche Eiscremerezepte erforderlich ist	500 g	15 cl	20 Sek.	102° C	38	30 cl
Harter Bruchgrad	Zum Glasieren von Früchten und zur Herstellung dekorativer, gesponnener Fäden wie bei Karamel	500 g	15 cl	7 Min.	157° C		30 cl
Karamel	Zum Glasieren von Früchten, für dekorative, gesponnene Fäden, zum Auskleiden von Formen und als aromatische Zutat	500 g	15 cl	8 Min.	173° C		30 cl

Dichte und Farbe prüfen

Der kleine Fadengrad. Nach 20 Sekunden Kochzeit den Topf in kaltes Wasser stellen, um den Garvorgang zu beenden. Etwas Sirup von einem Löffel tröpfeln lassen. Wenn der Sirup in einem feinen, kurzen Faden herabfällt, hat er den sogenannten kleinen Fadengrad erreicht (oben).

Der harte Bruchgrad. Wenn der Sirup 6 bis 7 Minuten gekocht hat, den Topf in kaltes Wasser stellen. Etwas Sirup in kaltes Wasser geben. Mit den Fingern den festgewordenen Klumpen herausnehmen und biegen. Wenn er sauber auseinanderbricht (oben), hat er den harten Bruchgrad erreicht. Falls nicht, den Sirup einige Sekunden länger kochen und dann nochmals prüfen.

Der Karamel-Grad. Den Sirup kochen, bis er Farbe annimmt. Zum Prüfen der Farbe einen Löffel Sirup auf einen weißen Teller geben; der Karamel sollte bernsteinfarben sein (oben). Den Topf sofort vom Feuer nehmen und einige Sekunden in kaltes Wasser stellen, um den Garvorgang schnell zu beenden. Kocht man den Karamel noch weiter, bekommt er einen bitteren Geschmack.

Dekorative Garnierungen für schlichte Desserts

Die meisten glatten, einfarbigen Desserts sehen ansprechender aus, wenn man sie phantasievoll verziert.

Taucht man kleine, ganze Früchte und in Scheiben geschnittene, größere feste Früchte in geschmolzenen Zucker (unten), werden sie mit einer schimmernden, transparenten Haut überzogen, die zu einer knusprigen Hülle trocknet. Feingeschnittene Zitrusschalen kann man in Sirup dünsten (gegenüberliegende Seite, oben) und anschließend in Zucker wälzen; so bekommt die Schale einen festen Zuckerüberzug. Beide Garnierungen passen vorzüglich zu Früchtepürees und Puddings.

Karamelfäden, die von einem Löffel gezogen werden und in einem Zickzackmuster erhärten (rechts), bilden ein glänzendes, bernsteinfarbenes Gewebe. Mit den Karamelfäden kann man Eiscremes oder andere kalte Desserts verzieren; auf warmen Desserts würden sie schmelzen.

Wenn man geschmolzene Schokolade auf eine flache Oberfläche gießt und mit dem Messer abschabt, kann man delikate Borkenschokolade herstellen, die als Beilage zu fast allen Arten von Desserts paßt – vor allem zu solchen, die selbst Schokolade enthalten.

Goldbraune Karamelfäden

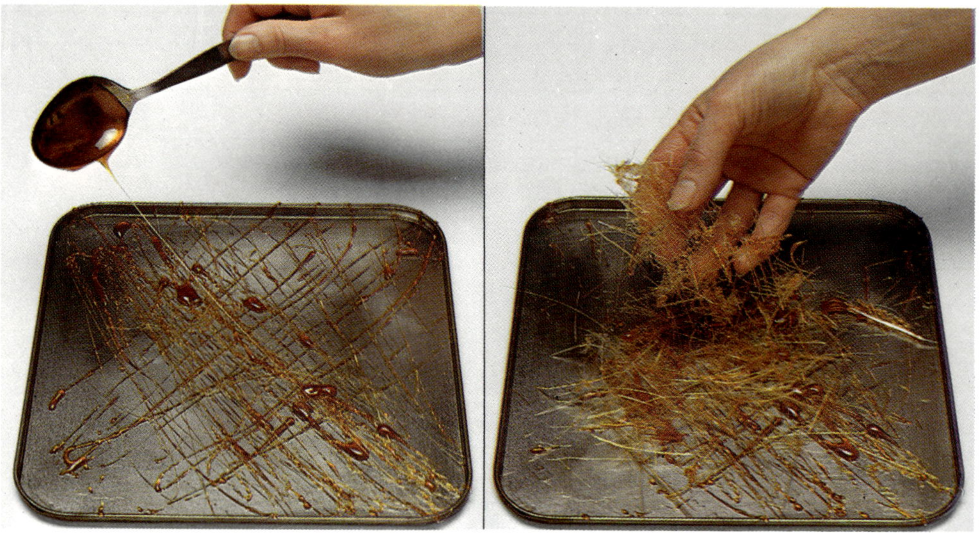

Karamelfäden herstellen. Etwas Karamel zubereiten (S. 8). Den Karamel in dünnem Strahl von einem Löffel auf ein mit Öl bestrichenes Blech laufen lassen, dabei den Löffel über dem Blech so bewegen, daß ein feines Zickzackmuster entsteht (oben links). Den Karamel abkühlen und erhärten lassen. Mit den Fingern oder einem kleinen Spatel vom Blech abnehmen.

Früchte mit Sirup glasieren

Früchte glasieren. Die Früchte waschen und auf einem Kuchendraht trocknen lassen. Nach dem Trocknen die Früchte in bis zum harten Bruchgrad erhitztem Zucker (S. 8) eintauchen. Wenn man Früchte mit Stielen wie Weintrauben eintaucht, hält man sie am Stiel oder hängt die Stiele an eine Gabel. Andere ganze Früchte oder Früchtescheiben einzeln auf ein Spießchen stecken. Die Früchte in den Sirup tauchen, dann über den Topf halten, bis der überschüssige Sirup abgetropft ist und die Oberfläche der Glasur hart wird. Auf einem Kuchengitter abkühlen.

Zubereiten einer Zitrusschalen-Garnierung

1 **Zitrusschalen vorbereiten.** Die Früchte – hier sind es eine Orange und eine Zitrone – waschen, dann mit einem scharfen Messer möglichst dünn abschälen. Die bittere weißpelzige Haut entfernen, so daß nur die Schale übrig bleibt.

2 **Die Schalen schneiden.** Mit einem scharfen Messer die Schalen der Länge nach in dünne, gleichmäßige Streifen schneiden; sie sollten etwa halb so dünn wie ein Streichholz sein. Am schönsten ist es, wenn man die Streifen alle gleich dünn schneidet.

3 **Die Streifen kochen.** Die Streifen etwa 5 Minuten in leichtem Sirup kochen. Mit einer Gabel die Streifen aus dem Sirup nehmen und zum Abkühlen und Härten auf einen Teller legen. Nach Belieben die Streifen auf einem Blech in feinem Kristallzucker wälzen.

Herstellen von Borkenschokolade

1 **Die Schokolade schmelzen.** Dunkle Schokolade in einen schweren Kochtopf geben. Den Topf in ein heißes Wasserbad stellen. Wenn die Schokolade geschmolzen ist, auf eine glatte, harte Fläche – eine Marmorplatte oder ein metallenes Backblech – gießen.

2 **Die Schokolade glattstreichen.** Die warme Schokolade mit einem Messer rasch und gleichmäßig auf der gesamten Fläche verteilen. Die Schokoladenschicht sollte so dünn wie Papier sein. Dann glattstreichen.

3 **Die Borkenschokolade formen.** Vorsichtig ein scharfes Messer entlang der Arbeitsfläche schieben, dabei die Schneide im Winkel von 45° zur Fläche halten. Es bilden sich Schokoladenröllchen. Wenn die Schokolade schon zu hart ist und pulvrig wird, das Messer in heißem Wasser erwärmen.

Nüsse und Mandeln: eine Bereicherung des Aromas

Der erste Schritt bei der Vorbereitung von Nüssen und Mandeln ist das Entfernen der Schale mit einem gut funktionierenden Nußknacker. Innerhalb der Schale sind Nüsse und Mandeln nochmals von einer dünnen, bitteren Haut umgeben, die oft entfernt wird. Bei Walnüssen und Pekannüssen wird diese Haut meist nicht abgezogen. Mandeln und Pistazien werden in kochendem Wasser blanchiert (unten links); dadurch wird die Haut locker und läßt sich leicht abziehen. Danach läßt man die Nüsse oder Mandeln im Backofen trocknen. Bei Haselnüssen und Paranüssen läßt sich die Haut nicht durch Blanchieren entfernen. Statt dessen röstet man die Nüsse bei mittlerer Hitze 15 Minuten im Backofen, so daß ihre Haut abblättert und sich leicht abreiben läßt.

Nach dem Blanchieren oder Rösten zieht man die Haut der Nüsse oder Mandeln mit den Fingern ab oder rollt die Nüsse kurz in einem Handtuch – eine Methode, die besonders für kleine, runde Nüsse geeignet ist.

Kokosnüsse erfordern eine besondere Behandlung. Bevor man eine Kokosnuß aufbricht, läßt man die milchige Flüssigkeit ablaufen, indem man mit einem Spießchen durch alle drei weichen Keimlöcher der Nußschale sticht. Zum Aufbrechen der Kokosnuß nimmt man den Rücken eines Hackmessers; ein harter Schlag auf die Kokosnuß – ungefähr ein Drittel von der Spitze entfernt – bewirkt, daß die Nuß entlang der weichen Nahtstelle aufgespalten wird. Das weiße Fruchtfleisch wird abgeschält und gerieben oder auch feingehackt.

Nüsse eignen sich besonders gut als Garnierung, weil sie durch ihre Farbe und Struktur einen interessanten Kontrast zu dem Dessert bilden können. Ganze Nüsse, die in dicken Sirup getaucht wurden (S. 8), sind eine knusprige Verzierung; gehackte oder in Stifte geschnittene Nüsse oder Mandeln gibt man als Füllung in gebackene Früchte (S. 28) oder bestreut das fertige Dessert damit. (Das Hacken von Nüssen wird im Kasten außen rechts gezeigt.) Um Mandelsplitter herzustellen, nimmt man die beiden Mandelhälften auseinander, legt jede Hälfte mit der flachen Seite nach unten auf ein Holzbrett und schneidet sie der Länge nach in fünf oder sechs Stücke. Gehackte Nüsse oder Mandelsplitter erhalten zusätzliches Aroma und Farbe, wenn man sie bei mittlerer Hitze (180° C, Gasherd Stufe 2–3) im Backofen etwa 5 Minuten röstet.

Gemahlene, zerstoßene oder geriebene Nüsse setzen aromatische Öle frei und sind ausgezeichnete aromatische Zutaten. Gemahlene Mandeln können zum Beispiel mit Zucker gemischt und zu einer geschmeidigen, süßen Pastete verarbeitet werden; gemahlene Haselnüsse werden manchmal unter eine Baiser-Grundmasse gezogen (S. 46). Man kann die Nüsse oder Mandeln mit einem Stößel im Mörser pilieren (unten rechts) oder sie im elektrischen Mixer zerkleinern.

Für eine fein duftende Nußmilch, mit der man Eiercreme (S. 38) oder bayerische Creme (S. 45) aromatisieren kann, läßt man zerstoßene Mandeln – oder geriebene Kokosnuß – in Milch oder Wasser ausziehen.

Mandeln – mit oder ohne Haut und manchmal leicht geröstet – sind die Basis von Krokant (gegenüberliegende Seite, unten links), der hergestellt wird, indem man die Mandeln mit karamelisiertem Zucker gart (S. 8) und zu einer spröden Tafel erhärten läßt. Krokant kann zum Garnieren in grobe Stücke gebrochen oder zum Aromatisieren von Saucen und Eiscremes zu Pulver gemahlen werden. Es lohnt sich, Krokant in größeren Mengen herzustellen; in einem luftdichten Gefäß hält er sich wochenlang.

Mandeln blanchieren und abziehen

1 **Die Mandeln blanchieren.** Von den Schalen befreite Nüsse – hier Mandeln – in einen Topf mit kochendem Wasser geben und blanchieren. Nach etwa einer Minute eine Mandel zur Probe herausnehmen; wenn sich die Haut leicht entfernen läßt, kann man die Mandeln abziehen und abtropfen lassen.

2 **Die Haut entfernen.** Mit den Fingern die gelockerte Haut von den Mandeln abziehen. In kaltes Wasser geben, damit sie weiß bleiben. Die Mandeln auf einem Backblech etwa 5 Minuten bei 170° C (Gasherd Stufe 2) im vorgeheizten Backofen trocknen lassen. Dadurch bleiben sie haltbar.

Pulverisieren im Mörser

Die Mandeln pilieren. Abgezogene Mandeln in einen Mörser geben; damit die Mandeln beim Verarbeiten nicht herausfallen, sollte man den Mörser nur zu einem Drittel füllen. Mit dem Stößel die Mandeln zerstoßen.

Nüsse abziehen

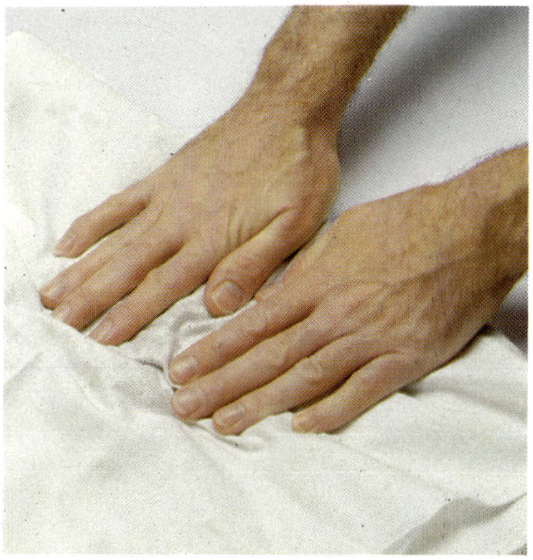

1 **Die Haut lockern.** Ein sauberes Handtuch auf eine Arbeitsfläche legen. Blanchierte oder geröstete Nüsse – hier blanchierte Pistazien – in das Handtuch einschlagen. Mit den Handflächen die Nüsse 1 bis 2 Minuten behutsam im Handtuch rollen (oben).

2 **Die Nüsse schälen.** Die Nüsse aus dem Handtuch nehmen. Die meiste Haut ist nun abgefallen; wenn noch Haut fest anhaftet, sollte man sie mit der Hand entfernen, da wiederholtes Rollen die Nüsse beschädigt.

Nüsse hacken

Die Messerschneide wiegen. Geschälte Nüsse – hier Haselnüsse – auf ein Hackbrett legen. Die Schneide eines großen Messers über das Häufchen legen, mit den Fingern der anderen Hand die Messerspitze halten. Die Messerspitze als Drehpunkt benutzen und die Schneide langsam wiegen, damit die Nüsse nicht vom Brett springen.

Krokant herstellen

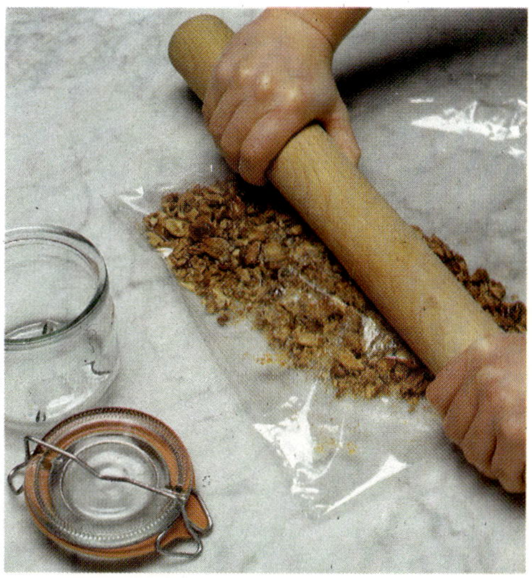

1 **Die Mandeln karamelisieren.** Gleiche Mengen geschälte Mandeln und Zucker in einen schweren Kochtopf geben. Bei sehr schwacher Hitze kochen; dabei ständig rühren, damit die Masse nicht anbrennt. Wenn sie hell bernsteinfarben wird, die Masse auf eine Marmorplatte oder ein Backblech geben.

2 **Die Krokantmasse zerkleinern.** Die Krokantmasse abkühlen lassen, bis sie fest wird. In einen Plastikbeutel geben und die Masse mit dem Nudelholz zerdrücken, bis sie den gewünschten Feinheitsgrad erreicht hat. Der Beutel verhindert, daß sich die Masse über die ganze Arbeitsfläche verteilt.

Eine Nußmilch zubereiten

Die Milch durch ein Sieb passieren. Zerstoßene Mandeln oder geriebene Kokosnuß 1 Stunde in warmer Milch oder kochendem Wasser ziehen lassen. Die Nußmilch durch ein mit Nesseltuch ausgelegtes Sieb passieren. Die geriebene Kokosnuß im Nesseltuch ausdrücken und den Saft zur Milch geben.

Eiweiß: eine schaumige Basis

Beim Schlagen von Eiweiß wird darin Luft eingefangen. Diese Luftblasen werden kleiner und zahlreicher, je länger man das Eiweiß schlägt. Das Eiweiß dehnt sich aus und wird immer steifer. Wie stark man das Eiweiß schlagen sollte, hängt vom jeweiligen Verwendungszweck ab: Eischnee, der weiche Spitzen bildet (Arbeitsgang 3, unten), ist für Soufflé und Mousse geeignet (S. 50–53), während der Eischnee für Baiser (S. 46) feste Spitzen bilden muß.

Solche Desserts stehen oder fallen buchstäblich mit dem Volumen und der Stabilität des Eischnees. Dies hängt nicht nur vom sachgerechten Schlagen ab, sondern auch von den Eiern sowie den benutzten Geräten.

Fett ist der größte Feind des Eischnees; die geringste Spur von Fett verhindert, daß der Schnee richtig steif wird. Da Eigelb fettreich ist, muß es sehr sorgfältig vom Eiweiß getrennt werden (Arbeitsgang 1, unten). Wenn ein Eigelb beschädigt wird und in das Eiweiß läuft, kann man es mit dem Löffel entfernen; als Vorsichtsmaßnahme bricht man jedoch am besten jedes Ei einzeln über einer kleinen Schüssel auf, bevor man das Eiweiß in die Rührschüssel gibt. Auf diese Weise ist nur ein Ei betroffen, wenn man es unsauber getrennt hat.

Für viele Speisen wie Eiercremes (S. 38) und Eiscremes (S. 72) benötigt man Eigelb, aber kein Eiweiß. Wenn man solche Speisen zubereitet, trennt man das Eigelb vom Eiweiß mit der üblichen Sorgfalt. Das überschüssige Eiweiß kann dann gut zugedeckt vier bis fünf Tage im Kühlschrank aufbewahrt und bei Bedarf verbraucht werden. Vor dem Schlagen erwärmt man es auf Zimmertemperatur, da sich eisgekühltes Eiweiß nicht so gut zu Eischnee schlagen läßt.

Die Küchengeräte müssen ebenso wie das Eiweiß selbst frei von Fett sein. Vor dem Gebrauch wäscht man Schüssel und Schneebesen sorgfältig in heißem Seifenwasser und spült sie gut in Wasser, dem einige Tropfen Zitronensaft hinzugefügt werden. Die Geräte sind vor der Benutzung gründlich mit einem sauberen Tuch zu trocknen.

Bei der Herstellung von Eischnee benutzt man am besten eine Schüssel, die nicht so leicht Fett aufnimmt – Glas, Porzellan oder Edelstahl eignen sich besser als Plastik. Die besten Schüsseln sind aus unbeschichtetem Kupfer; eine chemische Reaktion zwischen Metall und Eiweiß stärkt die Wände der vom Schneebesen erzeugten Luftblasen. Der Eischaum ist stabil, selbst wenn er mit anderen Zutaten vermischt wird; das ist wichtig bei Desserts wie Baisers und Soufflés. Eine andere chemische Reaktion bewirkt jedoch, daß sich der Eischnee verfärbt, wenn man ihn länger als etwa 15 Minuten in der Kupferschüssel läßt.

Da selbst der geringste Belag auf der Kupferschüssel die Reaktion beeinträchtigen würde, die zum Steifen des Eischnees beiträgt, muß man die Innenseite der Schüssel vor jedem Gebrauch besonders reinigen (Kasten rechts).

Auch Größe und Form der Schüssel bestimmen das Ergebnis mit. Die Schüssel sollte so groß sein, daß man das Eiweiß kräftig schlagen kann. Sie sollte innen halbkugelförmig sein; in einer Schüssel mit flachem Boden läßt sich der Schneebesen nicht so gut bewegen.

Der Schneebesen ist das ideale Gerät für das Schlagen von Eischnee; durch seine Drahtschlingen wird rasch Luft in das Eiweiß geschlagen. Nach Möglichkeit sollte man einen Schneebesen mit Holzgriff verwenden, weil man den leicht halten und bequem bewegen kann.

Eiweiß zu Schnee schlagen

1 **Die Eier trennen.** Jedes Ei am Rand einer kleinen Schüssel aufschlagen und das Eiweiß in die Schüssel gleiten lassen (oben). Das Eigelb vorsichtig zwischen den beiden Eischalen hin und her gleiten lassen, bis das ganze Eiweiß in die Schüssel getropft ist. Das Eiweiß in eine größere Schüssel geben.

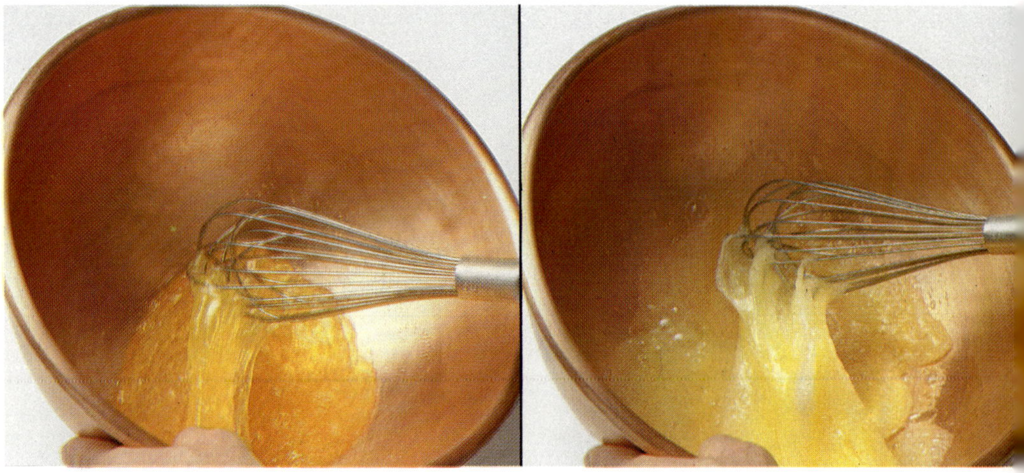

2 **Das Eiweiß schlagen.** Wenn man das ganze Eiweiß in die Rührschüssel gegeben hat, eine Prise Salz hinzufügen. Mit einem Drahtschneebesen das Eiweiß langsam und behutsam mit einer regelmäßigen Achterbewegung (oben links) schlagen, durch die das Eiweiß emporgehoben wird, damit es die Luft aufnehmen kann. Wenn das klare Eiweiß schaumig wird (oben Mitte), schneller schlagen. Wenn der Schaum gleichmäßig und cremig wird (oben rechts), kräftig und mit kreisender Bewegung schlagen.

Das Schlagen des Eischnees ist ein Prozeß, den man nicht unterbrechen sollte. Jede längere Pause kann bewirken, daß der Eischnee zusammenfällt oder sich in wäßrige Flüssigkeit und Klümpchen teilt – ein Vorgang, den man als „Körnen" bezeichnet.

Die Schüssel sollte man in Armeslänge entfernt aufstellen; auf diese Weise kann man den Schneebesen rhythmisch bewegen; die Bewegung des Armes läßt sich leicht aus der Schulter ausführen, ohne Unterarm und Handgelenk anzustrengen.

Obwohl das Eiweiß im Mixer rasch und mühelos geschlagen werden kann, erzielt man damit nicht die besten Ergebnisse; maschinell geschlagenes Eiweiß dehnt sich weniger aus als mit der Hand geschlagenes, weil nicht das gesamte Eiweiß kontinuierlich das Rührwerk durchläuft. Außerdem ist es bei der Benutzung eines elektrischen Rührgerätes schwieriger, die Konsistenzänderung des Eiweißes zu beurteilen. Der Unterschied zwischen Eischnee, der fast fertig ist, und Eischnee, der genau bis zum richtigen Punkt geschlagen ist (Arbeitsgang 3 und 4), ist eine Sache von nur wenigen Bewegungen des Schneebesens; einige Rührbewegungen zuviel können einen vollkommenen Eischnee in eine trockene, starre Masse verwandeln.

Eine Kupferschüssel reinigen

Mit Salz und Zitronensaft putzen. Etwa zwei Teelöffel feines Salz in die Schüssel geben und den Saft einer halben Zitrone (wie hier) oder einen Eßlöffel Essig hinzufügen. Mit den Fingern oder einem weichen Tuch die Schüssel mit dieser salzigen, sauren Lösung ausreiben. Die Schüssel mit heißem Wasser ausspülen und mit einem sauberen Tuch trocknen.

3 **Weiche Spitzen prüfen.** Sobald das Eiweiß so fest wird, daß es schwerer zu schlagen ist, etwas Eiweiß mit dem Schneebesen hochheben. Bildet das Eiweiß dann eine weiche, leicht nach unten sinkende Spitze, ist es fest genug für ein Soufflé oder eine Mousse.

4 **Feste Spitzen prüfen.** Um die Festigkeit zu erreichen, die für Baisers erforderlich ist, das Eiweiß einige Sekunden länger schlagen, dann nochmals prüfen. Wenn das Eiweiß in steifen Spitzen steht, kann man mit dem Unterschlagen von Zucker beginnen, um ein Baiser herzustellen (S. 46).□

Gelatine: ein festigendes Element

Gelatine ist ein wichtiger Bestandteil vieler kalter Desserts, die gestürzt werden sollen. Sie bildet die Grundlage für klare, mit Wein oder Fruchtsaft aromatisierte Gelees und wird auch zum Steifen von bayerischer Creme, Mousse und Früchtepüree verwendet (Rezepte S. 115 und 116).

Für Desserts, in denen Gelatine ein Hauptbestandteil ist – wie bei dem auf S. 24 abgebildeten Früchtegelee –, eignet sich Gelatine aus Kalbsfüßen am besten als Geliermittel, da sie den feinsten Geschmack und die beste Steifkraft hat (Rezept S. 105).

In der Regel ergeben drei bis vier Kalbsfüße, die man in 2½ l Wasser simmern läßt, 1 l festes Gelee, das 90 cl zusätzliche Flüssigkeit zum Erstarren bringt. Für ein Kalbsfußgelee, das zu einem Dessert verwendet werden kann, sind jedoch einige Verfeinerungen erforderlich. Zuerst muß man das Gelee abkühlen lassen, damit man das Fett abschöpfen kann. Dann erhitzt man das Gelee nochmals, süßt und reichert es mit Gewürzen und Zitrusschalen an, um eventuell noch vorhandene Spuren von Fleischgeschmack zu neutralisieren. Schließlich muß das Gelee geklärt werden, indem man es mit geschlagenem Eiweiß und Eierschalen simmern läßt und durch ein Tuch passiert. Winzige feste Teilchen im Gelee setzen an Eiweiß und Eierschalen an und bleiben im Tuch zurück. Die klare Flüssigkeit, die übrigbleibt, erstarrt zu Gelee, dem man nun Wein oder Fruchtsaft hinzufügen kann.

Zum Steifen von Desserts wie bayerischer Creme (S. 44) sind im Handel erhältliche Blatt- oder Pulvergelatine (Kasten unten rechts) geeignet, denn die hierfür erforderliche Gelatinemenge ist gering, weil das Dessert bereits zum Teil durch Eier oder Schlagsahne eine gewisse Festigkeit erhält. Pulvergelatine ist leicht und schnell zu verwenden; Blattgelatine muß vor dem Gebrauch eingeweicht werden.

Die verschiedenen, auf dem Markt angebotenen Gelatinesorten unterscheiden sich nur geringfügig in ihrer Gelierwirkung. Wenn nicht anders angegeben, sollte man 15 g Gelatine – dies entspricht im allgemeinen 6 Blatt – pro 60 cl Flüssigkeit verwenden, damit diese so fest wird, daß sie ihr eigenes Gewicht trägt. Will man das Dessert nicht stürzen, so kann man die Gelatinemenge um etwa ein Drittel verringern.

1 **Die Kalbsfüße zerlegen.** Wenn die Kalbsfüße nicht bereits vom Schlachter in Wasser gelegt wurden, gibt man sie für einige Stunden in kaltes Wasser. Jeden Fuß am unteren Ende des Knochens durchhacken und das Vorderteil des Fußes in zwei Hälften teilen: Damit die Schnittflächen weiß bleiben, jeden Kalbsfuß in kaltes Wasser legen, während man die anderen vorbereitet.

2 **Die Brühe abschäumen.** Die Kalbsfüße in einen Topf geben und mit frischem, kaltem Wasser bedecken. 5 oder 6 Minuten blanchieren. Dann in einen zweiten Kochtopf geben und so viel kaltes Wasser zugießen, daß sie gut bedeckt sind. Bei sehr schwacher Hitze mindestens 7 Stunden simmern lassen. Hin und wieder den Schaum mit einem Schöpflöffel abnehmen.

Blatt- und Pulvergelatine verarbeiten

Blattgelatine auflösen. Die Gelatine in eine Schüssel mit kaltem Wasser legen und einweichen. Wenn die Blätter nach einigen Minuten weich sind, herausnehmen und mit etwas Wasser in einen schweren Topf geben. Bei schwacher Hitze auf der Kochstelle belassen, bis die Gelatine aufgelöst und die Flüssigkeit klar ist.

Pulvergelatine auflösen. Pro 15 g Gelatine 3 EL sehr heißes, aber nicht kochendes Wasser in eine kleine Schüssel geben und die Pulvergelatine einstreuen. Die Gelatine quillt und löst sich langsam auf. Damit sie sich restlos auflöst, die Schüssel bei schwacher Hitze für etwa 3 Minuten in einen Topf mit heißem Wasser stellen.

3 **Das Gelee entfetten.** Die Flüssigkeit durch ein Sieb in eine Schüssel gießen (oben links) und über Nacht in den Kühlschrank stellen, damit sie geliert. Die Kalbsfüße entfernen. Das Gelee aus dem Kühlschrank nehmen und das Fett mit einem Löffel von der Oberfläche entfernen. Fettreste mit einem in heißes Wasser getauchten und ausgedrückten Tuch abtupfen (oben).

4 **Das Gelee klären.** Das Gelee in einem großen Kochtopf bei schwacher Hitze erwärmen, bis es schmilzt. Die aromatischen Zutaten wie Saft und Schale von Orangen und Zitronen, Gewürze und Zucker (oben links) dazugeben. In einer großen Schüssel etwas Weißwein und Eiweiß schlagen, bis es weiche Spitzen bildet. Zerdrückte Eierschalen daruntermischen und die Mischung zu dem flüssigen Gelee geben. Bei mittlerer Hitze einige Minuten mit dem Schneebesen schlagen, bis sich Schaum bildet (oben rechts). Zum Kochen bringen, dann die Temperatur herunterschalten und noch 15 Minuten schwach simmern lassen.

5 **Das Gelee filtern.** Ein Safttuch über einer Schüssel aufhängen; man kann improvisieren, indem man einen umgedrehten Stuhl als Ständer benutzt. Das flüssige Gelee mit einer Schöpfkelle in das Tuch geben (links). Wenn nötig, den Vorgang wiederholen, bis die Flüssigkeit in der Schüssel klar ist. Die Flüssigkeit kühlen, bis sie geliert (oben). □

1

Früchte

Farbenfrohe Gaumenfreuden

Früchte für Desserts vorbereiten
Kontrastreiche Obstsalate
Aromatische Früchtegelees
Wie man Früchte richtig püriert
Ganze gebackene Früchte
Früchte in der Brothülle
Pochieren in Sirup und Wein

Die beste Zubereitungsmethode für alle Nahrungsmittel ist diejenige, die den jeweiligen Eigengeschmack hervorhebt. Reife, einwandfreie Früchte erfordern wenig Arbeit, daher läßt sich bei vielen frischen Obstdesserts mit einem Minimum an Einsatz ein optimales Ergebnis erzielen. Waschen oder schälen, mit Zucker bestreuen und in Wein oder etwas Likör marinieren – dies genügt, um köstliche Desserts zuzubereiten, die kühl, aber nicht eiskalt serviert werden, so daß Aroma und Geschmack der Früchte erhalten bleiben. Frische Erdbeeren in gutem Wein sind zum Beispiel ein ebenso exquisites wie grundeinfaches Dessert. Und natürlich kann man verschiedene Früchte zu Salaten zusammenstellen (gegenüberliegende Seite und S. 22), wobei darauf geachtet werden sollte, daß sich Farbe, Geschmack und Beschaffenheit der Früchte ergänzen.

Vor der Zubereitung eines Früchtedesserts sollte man das Marktangebot prüfen; Früchte der Saison sind besonders aromatisch, und das große Angebot garantiert meist niedrige Preise.

Dabei sollte man lernen, die Reifemerkmale zu erkennen. Eine satte Farbe ist das beste Erkennungszeichen: Reife Aprikosen haben einen goldenen Schimmer; reife Stachelbeeren sind gelbgrün oder rosafarben. Festigkeit und Duft geben ebenfalls Aufschluß über den Reifezustand: Eine reife Ananas duftet intensiver als eine unreife und gibt am Stielansatz bei leichtem Druck nach. Auch eine vollreife Melone duftet und ist am Stiel- und Blütenansatz etwas weich; sie klingt hohl, wenn man mit dem Fingerknöchel gegen die Schale klopft.

Die meisten Früchte gibt es in verschiedenen Sorten, die unterschiedlich verwendet werden. Festfleischige, süße Äpfel sind zum Beispiel am besten für einen Obstsalat geeignet, während man zum Backen oder Pürieren eine mehlige Sorte wählt, die beim Garen nicht zerfällt. Birnen mit saftigem, süßem Fruchtfleisch kann man roh essen. Sie können nur eine kurze Garzeit vertragen, während andere Sorten hart sind und sich zum Backen oder längeren Dünsten in Wein eignen. Man sollte möglichst viele Sorten einer Obstart kaufen und probieren, denn Erfahrung im Umgang mit den verschiedenen Fruchtsorten erwirbt man am besten durch die praktische Anwendung.

Eine Sauce aus Himbeerpüree ist die geeignete Abrundung zu einem frischen Obstsalat, der in einer ausgehöhlten Ananas serviert wird. Ganze Erdbeeren und in Scheiben geschnittene Kiwis werden mit Ananasstücken vermischt. Die Ananas wird in eine Schale mit zerstoßenem Eis gestellt; das Eis verleiht dem Dessert zusätzlichen Glanz.

Vorbereiten der Früchte zum Essen oder Kochen

Einen Apfel oder eine Banane bei Tisch selbst zu schälen bereitet keine große Mühe, aber Früchte für Obstsalate, Garnierungen oder gegarte Desserts bedürfen einer besonderen Vorbereitung. Wie man verschiedene Früchte von der gewöhnlichen Orange bis hin zur exotischen Mango fachgerecht behandelt, wird hier beschrieben.

Die Vorbereitung der Früchte dient dazu, das Fruchtfleisch von allen zähen oder ungenießbaren Teilen zu befreien; oft kann man diese Teile jedoch noch verwenden, zum Beispiel kann man den bei der Verarbeitung des Obstes heraustropfenden Saft auffangen, oder man kann das kräftige Aroma der Pfirsichhaut bewahren, indem man sie kurz in Sirup dünstet.

Damit Aroma und Farbe der Früchte möglichst frisch bleiben, sollte man sie erst kurz vor dem Gebrauch schälen und in Scheiben schneiden. Empfehlenswert ist die Verwendung eines Edelstahlmessers, da Kohlenstoffstahl sauren Früchten einen Metallgeschmack verleiht. Nach dem Schneiden verfärben sich manche Früchte, wie Pfirsiche, Äpfel und Birnen, rasch an der Luft; man sollte sie daher sofort in Sirup legen oder mit einem Zitronenviertel einreiben.

Eine Ananas zerteilen

1 **Die Ananas schälen.** Den oberen Teil der Ananas abschneiden und den Boden gerade schneiden. Die Ananas auf ein Holzbrett stellen und oben mit der Gabel einstechen, damit die Frucht sicher steht, und die Schale in senkrechten Streifen abschälen. Mit der Spitze eines kleinen Messers alle noch am Fruchtfleisch befindlichen Hautteilchen sorgfältig entfernen (oben)

2 **Den Strunk entfernen.** Ein Messer neben dem in der Mitte liegenden Strunk ansetzen und die Ananas senkrecht durchschneiden. Nun, im rechten Winkel zu dem ersten Schnitt, wieder am Strunk entlang ein zweites Stück Fruchtfleisch senkrecht abschneiden. Den Strunk vom letzten Drittel abschneiden und beiseite stellen. Die drei Fruchtfleischteile in Stücke schneiden (oben).

Eine Orange in Segmente teilen

1 **Die Orangen schälen.** Die Orange langsam in einer Hand drehen und dabei mit einem kleinen, scharfen Messer die Schale spiralenförmig abschneiden. Nach Belieben die Schale hauchdünn von der weißpelzigen Haut abschneiden und damit einen Sirup aromatisieren oder ein Dessert garnieren.

2 **Die Orangen in Scheiben schneiden.** Um die Trennhaut von den einzelnen Orangensegmenten zu entfernen, auf beiden Seiten des Segmentes zwischen dem Fruchtfleisch und der Trennhaut entlangschneiden. Die Orangen über einer Schüssel schneiden, damit der Saft aufgefangen werden kann.

3 **Den Saft auspressen.** Wenn alle Segmente zurechtgeschnitten sind, die restlichen Orangenteile über der Schüssel auspressen, so daß man den ganzen Saft gewinnt. Mit den Orangensegmenten servieren oder zum Aromatisieren eines Sirups beiseite stellen.

Eine weiche Mango vorbereiten

1 **Die Mango schälen.** Zum Schälen einer reifen Mango ohne Beschädigung des weichen Fruchtfleisches ein Ende der Frucht mit einer Gabel festhalten. Die Haut der Länge nach einritzen und in vier Teile teilen. Die Haut zwischen dem Daumen und der Flachseite des Messers halten und die Streifen abziehen (oben). Die Haut entfernen.

2 **Die Mango in Scheiben schneiden.** Die Mango der Länge nach zerteilen und um den großen Kern herumschneiden. Den Kern entfernen. Die Mango für einen Obstsalat in Scheiben schneiden (S. 22) oder zum Pürieren durch ein Nylonsieb streichen.

Zähe Haut entfernen

Eine Nektarine schälen. Mit kochendem Wasser begießen; nach einigen Sekunden abtropfen lassen und mit kaltem Wasser bedecken. Die Haut einritzen und in Streifen entfernen.

Johannisbeeren vorbereiten

Johannisbeeren entstielen. Den Stiel einer kleinen Johannisbeertraube zwischen die Zinken einer Gabel halten. Behutsam am Stiel ziehen (oben). Die Beeren fallen dann ab, ohne beschädigt zu werden.

Eine Papaya entkernen

Die Kerne entfernen. Die glatte Lederhaut der Papaya mit einem Schälmesser der Länge nach streifenförmig abschälen (Arbeitsgang 1, oben). Die Haut entfernen. Die Frucht halbieren und die Samen mit einem Löffel herausheben. Die Papayahälften mit etwas Zucker bestreut und mit Zitronensaft beträufelt servieren oder die Hälften für einen Obstsalat in dünne Scheiben schneiden.

Eine Passionsfrucht öffnen

Das Fruchtfleisch herausheben. Den oberen Teil der Passionsfrucht abschneiden. Mit dem Löffel das Fruchtfleisch und die eßbaren Kerne herausheben und in eine Schüssel geben. Die Schalen entfernen. Das Fruchtfleisch und die Samenkerne in einen Obstsalat mischen oder als Sauce verwenden, mit der man zum Beispiel eine Eiscreme überziehen und verschönern kann (S. 73).

Eine Kiwi abziehen

Die Haut entfernen. Die rauhe, braune Haut der Kiwifrucht mit den Fingernägeln (oder einem kleinen, scharfen Messer) abziehen und entfernen; das leuchtend grüne Fruchtfleisch in dünne Scheiben schneiden und damit einen Obstsalat anreichern.

Obstsalate: delikat und erfrischend

Obstsalate gehören zu den einfachsten und erfrischendsten Desserts. Serviert man sie in Glasschüsseln oder in dekorativen, aus Obst hergestellten Schalen, so sind sie auch für das Auge ein Genuß. Einzelne Portionen können in großen Orangen- und Grapefruitschalen (Rezept S. 92–93) oder, wie hier, in Ogen-Melonenhälften gereicht werden (oben rechts). Größere Früchte wie Ananas (S. 18) und Wassermelone (unten rechts) können zu geräumigen Körbchen ausgehöhlt werden, die mehrere Portionen fassen.

Die Auswahl des Obstes für einen Salat hängt davon ab, welche Zutaten frisch erhältlich sind. Aus dem Angebot der Jahreszeit sollte man immer reifes, einwandfreies Obst auswählen – im Herbst zum Beispiel Birnen und Äpfel, im Winter Mandarinen und andere Zitrusfrüchte und im Sommer Beeren und andere weiche Früchte. Damit der Geschmack einer jeden Frucht klar zum Ausdruck kommt, sollte man nicht mehr als vier oder fünf verschiedene Obstarten in einem Salat verwenden. Die hier gezeigten Melonenhälften enthalten eine Mischung aus Kiwis, Papaya, Mango und Passionsfrüchten; der Wassermelonenkorb wurde mit Orangenstücken, entsteinten Kirschen, abgezogenen Weinbeeren und dem Fruchtfleisch der Wassermelone gefüllt.

Um die Farbe der Früchte zu erhalten, sollte man sie erst im letzten Moment schälen, in Stücke schneiden (S. 20) und etwas Limetten- oder Zitronensaft dazugeben. Eine Prise Salz hebt das Aroma der Früchte hervor; ein wenig Zucker vermischt mit etwas Wein oder hochprozentigem Alkohol – wie Rum oder Weinbrand – oder ein Fruchtlikör ergänzen den Geschmack. Grand Marnier paßt zum Beispiel gut zu einem Salat aus Zitrusfrüchten, Birnengeist zu Birnen und Kirschwasser zu fast allen Obstsalaten. Ein Früchtepüree oder ein leichter Sirup (S. 8), in dem Früchte oder eßbare Schalen von Früchten gedünstet wurden, eignen sich hervorragend als Saucen. Verwenden Sie diese Zutaten einzeln oder probieren Sie aus, welche Kombination von Zutaten am besten zu dem gewählten Obst paßt.

Ein tropischer Obstsalat in der Melonenschale

1 **Die Melone schneiden.** Den Stiel der Melone entfernen und mit einem kleinen Messer einen Kreis um die Frucht ziehen. Entlang dieser Linie ein Zickzackmuster um die Melone schneiden (oben). Die beiden Melonenhälften behutsam auseinanderbrechen (unten). Vom Boden jeder Hälfte eine dünne Scheibe abschneiden, damit die Schale fest stehenbleibt.

2 **Die Kerne entfernen.** Mit einem Löffel aus jeder Melonenhälfte die Samenkerne und die Haut herausheben, in ein Sieb geben und leicht ausdrücken. Den Saft beiseite stellen. Man kann das Fruchtfleisch auch vorsichtig mit einem Messer oder einem Kugelschneider herausnehmen und zu dem Fruchtsalat oder püriert für Fruchteis verwenden (S. 70).

Ein Korb voller Früchte

1 **Den Korb schneiden.** Einen Faden um die Mitte der Melone binden, um den Rand des Korbes zu markieren. Auf beiden Seiten des Stieles mit einem scharfen Messer je einen Bogen einritzen, um den Henkel des Korbes zu markieren. Dann an den Markierungslinien entlangschneiden (oben). Vorsichtig durch die Mitte der Melone schneiden, ohne den Ansatz des Henkels zu durchtrennen.

2 **Den Henkel ausschneiden.** Die Melonenviertel auf beiden Seiten des Henkels ausschneiden und beiseite stellen. Das Fruchtfleisch unter dem Henkel dicht unter der Schale der Wassermelone und am Henkelansatz (oben) durch vorsichtiges Sägen lösen.

3 **Den Sirup dazugeben.** Einen leichten Sirup zubereiten (S. 8). Um mehr Aroma und Farbe zu erhalten, kann man Sirup verwenden, in dem Früchte – hier rote Johannisbeeren – gegart wurden (S. 32). Während der Sirup abkühlt, das Obst vorbereiten (S. 20) – hier ist es eine Mischung tropischer Früchte. Die Obststücke in eine Schüssel geben und mit dem abgekühlten Sirup begießen (oben).

4 **Den Salat mischen.** Den Salat mit etwas Limetten- oder Zitronensaft beträufeln und eine Prise Salz dazugeben. Früchte und Sirup mit den Händen mischen, damit alle Früchte gleichmäßig mit Sirup überzogen werden, aber keine Druckstellen bekommen.

5 **Den Salat servieren.** Den tropischen Obstsalat behutsam mit einem Löffel in die Melonenhälften geben (oben) und die Hälften auf Portionsteller stellen. Die mit Obstsalat gefüllten Melonen sollten vor dem Servieren bis zu 2 Stunden gekühlt werden. □

3 **Den Korb aushöhlen.** Die Melone mit einer Hand festhalten und vorsichtig das Fruchtfleisch unter dem Henkel entfernen. Dann am Korbrand entlangschneiden und das Fruchtfleisch mit einem Löffel herausheben.

4 **Das Obst vorbereiten.** Das Fruchtfleisch von den Wassermelonenvierteln abschneiden und die Schalen entfernen. Die Kerne mit einem spitzen Messer aus den Melonenvierteln und der ausgehöhlten Melone entfernen (oben). Das Fruchtfleisch in mundgerechte Stücke schneiden. Orangen, Kirschen und blaue Weintrauben vorbereiten und mit den Melonenstücken in eine Schüssel geben.

5 **Den Korb füllen.** Eine Prise Salz, etwas Zucker und Limettensaft dazugeben. Das Obst mit den Händen mischen (Arbeitsgang 4, oben) und in den Korb füllen. Den Korb in eine Schüssel stellen, die zur Hälfte mit zerstoßenem Eis gefüllt ist. Mehr zerstoßenes Eis löffelweise um den Korb verteilen (oben) und den Obstsalat vor dem Servieren etwa 15 Minuten kühlen. □

Ein appetitliches Früchtegelee

Ein gestürztes Früchtegelee, das in einer schönen Form zubereitet wurde, sieht eindrucksvoll aus und bildet einen angenehmen Kontrast zu einer reichhaltigen Mahlzeit. Das hier gezeigte klare Gelee basiert auf Kalbsfußgelatine (S. 16), die mit frischem Orangensaft gemischt wurde. Durch den zusätzlichen Saft einer Zitrone wird der Fruchtgeschmack noch stärker hervorgehoben (Rezept S. 103). Man kann auch Limonen- oder Grapefruitsaft nehmen, läßt dann aber den Zitronensaft weg.

Zum Auspressen des Saftes aus Zitrusfrüchten benutzt man eine Zitruspresse; um ein möglichst klares Gelee zu gewinnen, passiert man den Saft durch ein mit Nesseltuch ausgelegtes Sieb.

Verwendet man Kalbsfußgelatine, so läßt man sie bei schwacher Hitze aus und vermischt sie mit etwas weniger als der gleichen Menge Fruchtsaft. Wenn nötig, gibt man Zucker hinzu – Kalbsfußgelatine wird normalerweise bei der Zubereitung schon gesüßt. Dann gießt man die Mischung zum Festwerden in die Form. Bei der Verwendung von im Handel erhältlicher Gelatine (Kasten S. 16) – man beachte die Angaben des Herstellers – muß das Dessert oft gesüßt werden. Die Gelatine mischt man nach dem Einweichen mit Wasser und Zucker und rührt bei schwacher Hitze, bis Gelatine und Zucker aufgelöst sind.

Man sollte darauf achten, daß die Menge des aromatisierten Gelees ganz zum Füllen der Form ausreicht. Wenn das Dessert beim Stürzen weiter als 1 cm aus der Form gleiten muß, kann es durch den Aufprall auf die Servierplatte beschädigt werden.

Das Gelee braucht im Kühlschrank etwa 4 Stunden zum Festwerden; man sollte es abdecken, damit es nicht den Geschmack anderer im Kühlschrank befindlicher Lebensmittel annimmt. Es kann ein bis zwei Tage aufbewahrt werden, verliert aber rasch seinen frischen Fruchtgeschmack.

Das Stürzen selbst ist einfach. Man läßt die Außenfläche des Gelees schmelzen, indem man die Form eine Sekunde in heißes Wasser taucht. Dreht man die Form um, gleitet das Gelee heraus. Man darf jedoch die Form nicht zu lange in heißes Wasser tauchen, damit die Konturen des Gelees nicht schmelzen und verwischt werden.

1 **Den Zitrussaft vorbereiten.** Den Saft mehrerer Orangen und einer Zitrone auspressen. Den Saft 30 Minuten stehenlassen, dann durch ein Sieb passieren, das man mit 2 Lagen angefeuchtetem Nesseltuch ausgelegt hat. Während der 30 Minuten bilden die Fruchtfleischteilchen auf der Oberfläche des Saftes eine Schicht (kleines Photo); die dicke Schicht sammelt sich im Nesseltuch und verstärkt zusätzlich die Filterwirkung.

2 **Die Geleemischung herstellen.** Kalbsfußgelatine bei niedriger Temperatur erhitzen, bis sie leicht geschmolzen ist. Die Menge des Zitrussaftes abmessen – es soll fast ebensoviel Saft wie Gelatine verwendet werden. Die flüssige Gelatine in eine Schüssel geben und den Saft untermischen. Reicht die Flüssigkeitsmenge zum Füllen der Form nicht aus, mehr flüssige Gelatine dazugeben.

3 **Das Gelee fest werden lassen.** Damit das Gelee schneller erstarrt, die Geleeschüssel in eine größere Schüssel mit zerstoßenem Eis stellen. Das Gelee ständig rühren, bis es dick wird, dann mit dem Schöpflöffel in eine gekühlte Form geben. Mindestens für 4 Stunden in den Kühlschrank stellen. Durch Schwenken der Form prüfen, ob das Gelee fest ist. Danach kann es gestürzt werden.

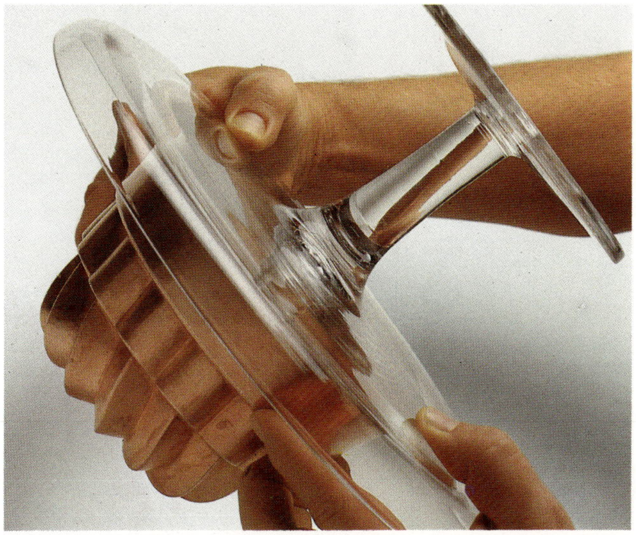

4 **Auf eine Platte stürzen.** Mit der Spitze eines Messers um den Innenrand der Form fahren; dann die ganze Form kurz in warmes Wasser tauchen, um das Gelee abzulösen. Eine umgedrehte Platte auf die Form legen. Die Form fest gegen die Platte halten und zusammen rasch umdrehen. Die Form abheben.

5 **Garnieren und servieren.** Durch das Eintauchen der Form in heißes Wasser ist das Gelee leicht geschmolzen; nochmals zum Festwerden in den Kühlschrank stellen. Das Gelee mit frischem Obst garnieren – hier sind es Orangensegmente, die vom weißen Pelz und von der Trennhaut befreit sind (S. 20).□

Früchtepürees: ein wesentlicher Bestandteil

Früchtepürees gehören zu den wesentlichen Zutaten bei der Zubereitung von Desserts. Sie sind Geschmacksgrundlage für viele Eiscremes und gestürzte Puddings und passen als Saucen zu fast jedem Dessert. Mit Schlagsahne oder Eischnee zu einer Schaumspeise vermischt, sind sie eine erfrischende und delikate Süßspeise.

Auf welche Weise man ein Püree zubereitet, ist vom Verwendungszweck, von der Obstsorte und der gewünschten Struktur des Desserts abhängig (Kasten unten). Die Schaumspeise (rechts) wird mit Rhabarber, der Schnee (gegenüberliegende Seite) mit Stachelbeeren zubereitet (Rezepte S. 95). Beide Obstarten werden zuerst gegart und dann durch ein Passiersieb gegeben.

Die Rhabarberspeise bekommt durch die Zugabe von Schlagsahne eine schaumige Konsistenz. Für den Stachelbeerschnee schlägt man Stachelbeerpüree mit Eiweiß und einem Zuckersirup zu einer schneeigen Masse; durch den Zuckersirup wird der Eischnee etwas steifer. Schneespeisen können mit rohem oder gekochtem Früchtepüree zubereitet werden; zu einem Schlagsahneschaum passen am besten säurehaltige Früchte, die die Schlagsahne ausgleichen.

Ein Püree mit Sahne mildern

1 **Den Rhabarber garen.** Die Rhabarberblätter abschneiden und entfernen. Die Stengel in 5 cm lange Stücke schneiden, in einen schweren Topf geben und halb so viele Gewichtsanteile Zucker wie Rhabarber sowie ein Stückchen Butter dazugeben. Bei schwacher Hitze rühren, bis alles gut vermischt ist. Zugedeckt in etwa 5 Minuten weichgaren.

2 **Den Rhabarber pürieren.** Das fertige Dessert soll eine feste Beschaffenheit bekommen; deshalb gegarten Rhabarber in einen Durchschlag geben und abtropfen lassen. Ein Passiersieb auf eine Schüssel legen, jeweils einige Schöpflöffel Rhabarber in das Sieb geben und pürieren. Das Rhabarberpüree beiseite stellen und abkühlen lassen.

Die beste Püriermethode wählen

Rohe Erdbeeren durch ein Nylonsieb passieren

Gegarte Äpfel durch ein Haarsieb streichen

Ananas in der Küchenmaschine zerkleinern

Früchte, die so weich sind, daß man sie durch ein Sieb streichen kann, können roh püriert werden. Für säuerliche Früchte sollte man ein Nylonsieb verwenden; da Metall dem Püree einen unangenehmen Beigeschmack verleiht.

Die meisten Früchte müssen jedoch zunächst gegart werden. Damit das Püree nicht wäßrig wird, sollte man die Früchte nur in einem Butterstückchen oder einem Löffel Wasser garen. Den austretenden Saft abtropfen lassen, nach Belieben einkochen und später wieder zu den Früchten geben. Die Früchte können dann durch ein Passiersieb (Arbeitsgang 2, oben) oder durch ein Haarsieb gestrichen werden. Ein Haarsieb ist geeignet, große Mengen Obst zu verarbeiten. Um ein sehr steifes Püree zu erhalten, wie es für einige gestürzte Desserts verwendet wird, muß man das Püree unter ständigem Rühren mindestens 15 Minuten lang einkochen.

Ananas ist selbst gekocht noch zu faserig, um zu einem glatten Püree verarbeitet zu werden. Daher sollte man die rohe Frucht vor dem Pürieren einige Minuten im elektrischen Mixer zerkleinern.

3 **Die Sahne dazugeben.** Die Sahne schlagen, bis sie weiche Spitzen bildet. Das Püree zur Sahne geben und gut verrühren. Nach Belieben noch Zucker hinzufügen. Die Rhabarberspeise in Portionsgläser füllen; dazu süße Kekse reichen – hier ist es Mandelmürbeteiggebäck. Die Rhabarberspeise hält sich im Kühlschrank einige Tage. □

Mit Eischnee auflockern

1 **Püree und Eiweiß vermischen.** Ganze Stachelbeeren mit etwas Zucker und so viel Wasser in einen Topf geben, daß der Topfboden bedeckt ist, und zugedeckt bei schwacher Hitze 20 bis 30 Minuten garen. Abtropfen lassen. Mit einem Passiersieb pürieren, dann abkühlen lassen. Das Eiweiß leicht schlagen, bis es nicht mehr durchsichtig ist. Das Püree unter das Eiweiß mischen.

2 **Die Masse schlagen.** Einen Zuckersirup bis zum kleinen Fadengrad kochen (S. 8) und abkühlen lassen. Die Mischung aus Stachelbeerpüree und Eiweiß schlagen, bis sie weiche Spitzen bildet. Unter ständigem Schlagen mit dem Schneebesen den Sirup nach und nach dazugießen.

3 **Den Stachelbeerschnee servieren.** Weiterschlagen, bis der Schnee fast weiß ist und feste Spitzen bildet. Den Schnee sofort in Portionsgläser oder in eine Glasschüssel füllen und dazu süße Kekse oder Waffeln reichen (oben). Läßt man ihn stehen, fällt er langsam zusammen; durch erneutes Schlagen wird er wieder locker und schaumig. □

Ganze Früchte, gefüllt und gebacken

Gebackene Früchte ergeben duftende Desserts. Am besten gart man sie bei schwacher Hitze mit nur wenig Flüssigkeit oder Butter, so daß sie nur etwas feucht sind; dann werden die Früchte weich, ohne ihr Aroma zu verlieren. Bei dem hier beschriebenen Rezept werden ganze Äpfel verwendet (S. 98), aber nach derselben Methode können so verschiedene Obstsorten wie Aprikosen und Feigen zubereitet werden.

Die meisten Früchte wie Pfirsiche und Birnen werden vor dem Garen geschält. Damit sie sich nicht verfärben, sollte man sie ganz mit Zitronensaft einreiben. Schält man die Haut nicht ab, so müssen die Früchte so zubereitet werden, daß sie nicht anbrennen, wenn sich das Fruchtfleisch beim Garen ausdehnt. Entweder sollte man die Früchte wie hier teilweise schälen oder rundherum leicht einschneiden. Das Kerngehäuse oder den Stein kann man nach Belieben entfernen, bei Äpfeln wird das Kerngehäuse vor dem Backen normalerweise entfernt.

Wenn man das Kerngehäuse oder den Stein entfernt, schafft man Platz für eine Füllung oder aromatisierende Beigabe. Hier werden die Äpfel mit einer Paste aus Butter und Zucker gefüllt, die mit Orangenschale geschmacklich angereichert wurde. Ebenso kann man gehackte Nüsse, getrocknete Früchte, Gewürze wie Zimt oder Muskat und zerkleinerte süße Kekse, zum Beispiel Makronen, für die Füllung verwenden.

Damit die Früchte nicht austrocknen oder an der Auflaufform haften, sollte man sie in etwas Flüssigkeit wie Wein, Likör oder Orangensaft garen und ab und zu mit der Flüssigkeit begießen. Während des Garvorgangs geben die Früchte selbst oft Flüssigkeit ab und die für die Füllung verwendete Butter schmilzt. Der so entstehende reiche Sirup glasiert die Früchte und dient als Sauce; soll ein Teil des Sirups absorbiert werden, backt man die Früchte auf Brot- oder Brioche-Scheiben.

1 **Das Kerngehäuse entfernen.** Zum Entfernen des Kerngehäuses einen Apfelausstecher benutzen oder mit einem kleinen, scharfen Messer neben dem Kerngehäuse bis zur Mitte des Apfels einstechen und um das Kerngehäuse herumschneiden. Die Hälfte des Kerngehäuses mit der Messerspitze herausnehmen. Den Apfel umdrehen und die andere Hälfte des Kerngehäuses entfernen.

2 **Die Äpfel schälen.** Den Apfel oben etwa 5 cm breit abschälen. Damit sich die Äpfel nicht verfärben, die geschälte Fläche mit einer aufgeschnittenen Zitrone abreiben und Zitronensaft in die ausgehöhlte Mitte träufeln.

3 **Brotscheiben zurechtschneiden.** Für jeden Apfel eine 1 cm dicke Scheibe Brot schneiden; das Brot sollte möglichst nicht ganz frisch sein. Die Rinde entfernen, jeden Apfel auf eine Scheibe Brot stellen und das Brot so zurechtschneiden, daß es etwa denselben Durchmesser wie die Äpfel hat (oben). Bei frischem Brot sollte man die vorbereiteten Scheiben 5 Minuten in den heißen Backofen legen, damit sie trocknen und fest werden.

4 **Die Füllung vorbereiten.** Die Brotscheiben in eine dick mit Butter ausgestrichene Auflaufform legen und auf jede Scheibe einen Apfel geben. In einer großen Schüssel Butter und etwas braunen Zucker vermischen (oben). Mehr Flüssigkeit zubereiten, als die rohen Äpfel aufnehmen können; die Füllung schmilzt während des Garens, und es muß hin und wieder Füllmasse nachgefüllt werden.

5 **Die Äpfel füllen.** Die Paste in die Mitte der Äpfel geben. Nach Belieben zusätzliche aromatische Beigaben hinzufügen; hier werden getrocknete Orangenschalenstücke unter die Füllung gemischt und die Äpfel mit Safran bestreut und mit Mandeln gespickt. Die Äpfel mit feinem Kristallzucker bestreuen und etwa 5 mm hoch Weißwein in die Form gießen.

6 **Garen und mit Flüssigkeit begießen.** Die Form bei 150° C (Gasherd Stufe 1) in den vorgeheizten Backofen stellen und die Äpfel je nach Größe 1 bis 1½ Stunden backen. Ab und zu mit der Garflüssigkeit begießen. Eine Pipette benutzen, um die Flüssigkeit herauszuschöpfen. Geschmolzene Füllung durch zusätzliche Füllmasse ersetzen.

7 **Die Äpfel servieren.** Die Form aus dem Backofen nehmen. Die Garflüssigkeit ist nun karamelisiert und zu einem butterartigen, goldfarbenen Sirup eingekocht. Zu den Äpfeln getrennt eine Schale flüssige Eiercreme oder wie hier Schlagsahne servieren. Nach Belieben kann man gehackte Pistazien unter die Schlagsahne mischen. □

Ein reiches Maronenpüree

Obwohl Maronen wegen ihrer harten Schale den Nüssen zugeordnet werden könnten, werden sie in der Küche aufgrund ihrer feinen Konsistenz und ihres süßen Geschmacks eher wie Früchte behandelt. Sie werden im Ganzen gedünstet und in Sirup serviert (Rezept S. 101) oder aber püriert als aromatische Zutaten für andere Süßspeisen verwendet. Sie können auch ohne Beigabe als Dessert gereicht werden (Rezept S. 96).

Um ein Püree herzustellen, muß man die Maronen in zwei Arbeitsgängen garen. Zunächst wird die Schale eingeritzt. Dann werden die Maronen blanchiert, damit sich die harte Schale löst und leicht entfernt werden kann. Außerdem wird durch das Blanchieren auch die braune Haut gelöst, die das Fruchtfleisch umgibt. Diese Haut wird ebenfalls entfernt, damit das Püree fein und gleichmäßig wird. Man kann die Schale und Haut der Maronen auch entfernen, indem man sie nach dem Einritzen etwa 20 Minuten bei 180° C (Gasherd Stufe 2–3) im vorgeheizten Backofen röstet und sowohl die Schale wie auch die Haut entfernt, solange die Maronen noch warm sind. In jedem Falle läßt man das Fruchtfleisch danach in gesüßter, mit Vanille aromatisierter Milch simmern, bis es so weich ist, daß man es durch ein Passiersieb geben kann.

Man kann das Püree einfach in einer Form servieren oder aber durch eine Kartoffelpresse geben (Arbeitsgang 4, rechts).

Nur eine feste Masse ist zum Passieren durch eine Kartoffelpresse geeignet. Wenn das Maronenpüree nicht fest genug erscheint, läßt man es im Kochtopf bei schwacher Hitze austrocknen (Arbeitsgang 3, rechts). Die Zugabe von Zucker zu diesem Zeitpunkt trägt ebenfalls zum Eindicken des Pürees bei, wobei darauf zu achten ist, den Zucker nur sparsam zu verwenden.

Das Püree kann, mit Schlagsahne garniert, eisgekühlt serviert werden. Nach Belieben kann man dem Maronenpüree eine dekorative Form geben, wie im Kasten auf der gegenüberliegenden Seite gezeigt wird.

1 **Die Schale und Haut entfernen.** Mit einem kleinen, scharfen Messer die Schale auf einer Seite der Marone kreuzweise einritzen. Je länger die Kerben sind, desto leichter läßt sich die Schale entfernen. Die Maronen in kochendes Wasser geben und 10 Minuten blanchieren. Den Topf von der Kochstelle nehmen. Mit dem Löffel einige Früchte herausheben, die restlichen im Wasser lassen. Die Schalen entfernen (oben links) und die Haut, die sich nicht mit der Schale abgelöst hat, abziehen (oben rechts).

4 **Durch die Kartoffelpresse passieren.** Das Maronenpüree mit einem Holzspatel in die Kartoffelpresse füllen. Die Presse über die Mitte einer großen Servierplatte halten. Die Griffe zusammendrücken, um das Püree durch die Löcher der Kartoffelpresse zu drücken; es entstehen lange Fäden. Den Vorgang wiederholen, bis die gesamte Püreemasse verbraucht ist.

2 **Die Maronen pürieren.** Das Fruchtfleisch in einen großen Kochtopf geben und knapp mit Milch bedecken. Zur Anreicherung des Aromas eine Vanilleschote hinzugeben. Die Milch zum Kochen bringen, dann bei niedriger Temperatur zugedeckt etwa 45 Minuten simmern lassen, bis die Milch aufgesogen ist. Die Vanilleschote entfernen. Die Maronen durch ein Passiersieb geben (oben).

3 **Das Püree trocknen.** Das Maronenpüree sollte glatt, aber fest und trocken sein. Wenn das Püree zu weich ist, in einen Kochtopf geben und die Flüssigkeit bei schwacher Hitze verdunsten lassen. Mit feinem Kristallzucker abschmecken und mit einem Holzspatel rühren, bis die Masse genügend Festigkeit gewinnt. Sollte die Masse trocken und krümelig werden, etwas Milch hinzugeben.

5 **Garnieren und servieren.** Die zerbrechlichen Püreehügel nicht berühren, die Püreefäden nicht zerdrücken. Ganz behutsam mit einem Löffel Schlagsahne auf das Püree geben (oben) und sofort servieren. □

Maronenpüree in der Form

Um das Maronenpüree in besonders dekorativer Form zu servieren, füllt man es wie hier direkt durch eine Kartoffelpresse in eine Ringform. Durch Zugabe von Eigelb und Butter wird das Aroma verfeinert. Man zieht Eigelb und Butter unter das Püree, bevor man es durch die Kartoffelpresse drückt. Die Form braucht vor dem Einfüllen des Pürees nicht mit Öl ausgestrichen zu werden. Das Püree läßt sich sofort ungekühlt stürzen.

1 **Die Form füllen.** Das Püree durch eine Kartoffelpresse direkt in die Form geben; die Fäden möglichst gleichmäßig einfüllen und mit einem Spatel verteilen, aber nicht zusammendrücken.

2 **Garnieren und servieren.** Das Püree auf eine Servierplatte stürzen. Den Ring in der Mitte mit Schlagsahne füllen. Mit einem zuvor in heißes Wasser getauchten Metallspatel die Sahne zu einer Spitze formen.

Zwei Arten, Obst in der Brothülle zu servieren

Weißbrot eignet sich gut als Hülle für Obstdesserts, die in einer Form zubereitet werden. Wenn das Dessert in der Form gegart wird, bildet das Brot einen festen Mantel; wird es nicht gegart, saugt das Brot den Fruchtsaft auf, bleibt aber dennoch so fest, daß man das Dessert stürzen kann.

Für die Apfel-Charlotte (rechts, Rezept S. 98) bestreicht man Weißbrotscheiben mit Butter und legt eine Form so damit aus, daß sich die Scheiben überlappen. Die Brothülle wird mit Apfelmus (S. 26) gefüllt, das so lange eingekocht worden ist, bis die Flüssigkeit verdampft ist, damit das Dessert beim Stürzen nicht zusammenfällt. Durch das Backen werden die mit Butter bestrichenen Weißbrotscheiben der Apfel-Charlotte knusprig und goldbraun; nach dem Abkühlen gleitet das Dessert leicht aus der Form.

Bei dem sommerlichen Obstpudding (gegenüberliegende Seite; Rezept S. 88) wird eine mit Brot ausgelegte Form mit weichen Früchten – wie Himbeeren, roten und schwarzen Johannisbeeren – gefüllt. Die Früchte werden vorher so lange gegart, bis sie ihren Saft abgegeben haben. Der sommerliche Obstpudding wird nicht gekocht, sondern über Nacht mit einem Teller und einem Gewicht beschwert, damit sich Früchte, Saft und Brot zu einem festen Pudding verbinden.

Gebackene Apfel-Charlotte

1 **Die Brotscheiben schneiden.** Altbackene Weißbrotscheiben in Rechtecke schneiden, die etwas länger sind, als die Form tief ist. Eine Seite jeder Scheibe mit Butterschmalz bestreichen und mit der gefetteten Seite nach außen in die Form legen. Den Boden der Form mit Weißbrotdreiecken auslegen.

2 **Die Brothülle füllen.** Ein steifes Mus aus gekochten Äpfeln (S. 26) zubereiten, mit Zucker und Zimt oder Nelken aromatisieren und in die Brothülle füllen. Weißbrotscheiben als Deckel für die Form zurechtschneiden, mit Butterschmalz bestreichen (oben) und die Apfel-Charlotte damit bedecken.

3 **Die Apfel-Charlotte stürzen.** Die Charlotte im vorgeheizten Backofen bei 200° C (Gasherd Stufe 3 – 4) etwa 35 Minuten backen. Um zu überprüfen, ob das Weißbrot gleichmäßig goldbraun geworden ist, am Rand ein Stück mit dem Messer wegschieben (oben). Etwa 20 Minuten abkühlen lassen, dann stürzen und mit einem Früchtepüree (S. 26) – hier ist es Aprikosenpüree – servieren. □

Gekühlter Sommerpudding

1 **Die Puddingform auslegen.** Aus altbackenem Weißbrot eine dicke, runde Scheibe ausschneiden und den Boden der Puddingform damit auslegen. Für den Rand der Form Weißbrotscheiben zurechtschneiden. Lücken in der Brothülle mit kleinen Brotstücken füllen.

2 **Die Früchte vorbereiten.** Die Früchte – hier rote und schwarze Johannisbeeren und Himbeeren – verlesen und beschädigte Früchte aussortieren. Die schwarzen Johannisbeeren in einen schweren Topf geben, mit Zucker bestreuen und bei schwacher Hitze etwa 5 Minuten garen, bis sie den Saft abgegeben haben. Himbeeren und rote Johannisbeeren dazugeben und 5 Minuten weitergaren.

3 **Die Brothülle füllen.** Mit einem kleinen Metallsieb oder Schaumlöffel die Früchte aus dem Topf nehmen und die Puddingform bis zur Hälfte füllen. Mit Weißbrotscheiben bedecken (oben links), dann die restlichen Früchte löffelweise darüber verteilen. Zum Schluß einen Deckel aus Brotscheiben darauflegen und mit so viel Saft begießen, wie das Brot aufnehmen kann (oben rechts).

4 **Den Pudding beschweren.** Einen Teller, der genau mit dem inneren Rand der Puddingform abschließt, auf den Pudding legen und mit einem Gewicht beschweren (oben). Die Puddingform auf ein Tablett oder auf einen tiefen Teller stellen, damit überfließender Saft aufgefangen wird. Das Dessert über Nacht in den Kühlschrank stellen.

5 **Den Pudding stürzen.** Die Gewichte und den Teller entfernen. Den Pudding behutsam mit einem Messer vom Rand der Form lösen und auf eine Platte stürzen – am besten auf eine Platte mit Rand, damit der Saft aufgefangen wird. Den Pudding mit Sahne servieren. ☐

Pochieren: eine behutsame Garmethode

Früchte, die man in leichtem Sirup (S. 8) pochiert, gewinnen an Süße und Aroma; der Sirup selbst wird nach dem Garen der Früchte zu einer klaren Sauce eingekocht. Sauce und Früchte ergeben zusammen ein vollständiges Dessert.

Reife, frische Früchte sollten nur kurz pochiert werden, da sie sonst zerfallen. Pfirsiche sind nach 10 Minuten sehr weich, und Johannisbeeren zerfallen schon nach 2 bis 3 Minuten. Soll das Dessert aus einer Früchtemischung bestehen, wie das hier gezeigte Kompott aus roten Johannisbeeren, Stachelbeeren, Birnen, Pfirsichen, Aprikosen und Nektarinen (Rezept S. 101), gart man die verschiedenen Früchte am besten getrennt, damit sie nicht zerfallen.

Statt des Sirups kann man zum Pochieren von frischen oder getrockneten Früchten mit Zucker oder Honig gesüßten Wein nehmen (Kasten unten; Rezept S. 100). Die Säure des Weines trägt dazu bei, daß das Obst fest bleibt, so daß man es länger garen kann, ohne daß es zerfällt. Bei längerem Simmern vermischen sich die Aromen von Obst und Wein besser, und der strenge Geschmack von zu kurz erhitztem Wein verliert sich.

1 **Rote Johannisbeeren garen.** Einen mittleren Zuckersirup (S. 8) zubereiten und zum Simmern bringen. Wenn möglich, wie hier einen nicht verzinnten Kupfertopf benutzen: Eine unschädliche chemische Reaktion intensiviert die Farbe der roten Früchte. Die Johannisbeeren vorsichtig in den Sirup geben (oben links) und etwa 2 Minuten garen. Mit einem Sieb herausnehmen (oben rechts). Der Sirup nimmt Farbe und Aroma der Beeren an; man kann ihn als Flüssigkeit zum Garen anderer Früchte (Arbeitsgang 2 und 3, rechts) oder als Sauce für einen Obstsalat (S. 22) verwenden.

Feigen in Wein

1 **Die Feigen simmern lassen.** Getrocknete Feigen mit soviel Rotwein in einen Topf geben, daß die Feigen bedeckt sind. Honig und frische oder getrocknete Thymianzweige dazugeben, die man in Mull wickelt, damit die Blätter nicht in den Wein fallen. Den Wein zum Simmern bringen, und die Feigen zugedeckt bei schwacher Hitze etwa 1 Stunde weichgaren; dabei ab und zu wenden.

2 **Den Wein einkochen.** Mit einem Schaumlöffel die Feigen aus dem Topf nehmen und in eine Servierschüssel geben; den Thymian entfernen. Für die Sauce die Temperatur höher schalten und den Wein einkochen lassen, bis er eine sirupartige Konsistenz hat.

3 **Die Feigen servieren.** Die Feigen mit dem Weinsirup begießen (oben). Die Feigen lauwarm servieren oder einige Stunden im Kühlschrank kühlen. Als Beilage kann man dazu Sahne und süße Kekse reichen.

2 **Festes Obst garen.** Die anderen Früchte – hier Birnen, Pfirsiche, Aprikosen und Nektarinen – schälen oder abziehen, halbieren und entsteinen; die Schalen aufbewahren. Damit sich die Früchte nicht verfärben, legt man sie in eine Schüssel mit Wasser, das mit etwas Zitronensaft gesäuert wurde. Die Früchte zusammen in Sirup simmern lassen. Die Garprobe machen und die Früchte herausnehmen, sobald sie weich sind (oben).

3 **Obstschalen simmern lassen.** Von den Stachelbeeren Stiel und Blütenansatz entfernen und die Beeren 2 bis 3 Minuten in dem Sirup simmern lassen. In eine Servierschüssel füllen. Die Obstschalen in den Sirup geben (oben). Den Sirup bei starker Hitze kochen, damit die Schalen Farbe und Aroma abgeben und der Sirup um etwa ein Drittel einkocht.

4 **Das Kompott servieren.** Den Sirup etwas abkühlen lassen, dann durch ein Sieb über die gegarten Früchte in die Servierschüssel geben (oben). Die Obstschalen entfernen. Warm oder eisgekühlt servieren (rechts). □

2

Eiercremes und Baisers

Das vielseitig verwendbare Ei

Zubereiten einer englischen Creme
Sabayon - eine schaumige Creme
Milch und Wein aromatisieren
Eine Karamelcreme stürzen
Bayerische Creme aus Eiercreme und Gelatine
Baisers - gebacken und pochiert

Durch einen Schlag mit dem Löffelrücken wird die Karamelglasur einer *crème brûlée* aufgebrochen; darunter kommt zarte Eiercreme zum Vorschein. Damit die Eiercreme bei der Hitze, die zum Schmelzen des Zuckers erforderlich ist, nicht gerinnt, wurde die Form in eine Schüssel mit Eiswürfeln gestellt.

In seiner Lobrede auf das Ei schrieb im 19. Jahrhundert der schottische Philosoph und Gastronom Eneas Sweetland Dallas: „Kein Nahrungsmittel ist einfacher als das Ei, und keines besitzt eine solche Vielfalt an schnellen und wunderbaren Gebrauchs- und Verwandlungsmöglichkeiten.“ Drei dieser „schnellen und wunderbaren“ Verwandlungsmöglichkeiten sind feste und flüssige Eiercremes und Baisers. Ob man dabei ganze Eier oder nur das Eigelb oder Eiweiß verwendet – entscheidend ist das gleichmäßige Garen bei schwacher Hitze.

Die englische Creme, eine flüssige Eiercreme, wird zubereitet, indem man Eigelb, Aromazutaten, Zucker und Sahne oder Milch bei schwacher Hitze rührt (S. 38). Das Eigelb wird beim Erhitzen dick und bildet eine glatte, gehaltvolle Creme, die als Grundlage für eine Fülle köstlicher Desserts und Saucen dient. Wenn die englische Creme mit Zucker bestreut und unter dem heißen Grill gebräunt wird, so wird daraus *crème brûlée* (gebrannte Creme – gegenüberliegende Seite; Rezept S. 106). Schlägt man Eigelb und Zucker im heißen Wasserbad und gibt etwas Wein hinzu, so erhält man ein leichtes und schaumiges Sabayon, eine Weinschaumcreme (S. 39). Steift man die englische Creme mit Gelatine und zieht Schlagsahne darunter, entsteht die bayerische Creme, die in einer Form zubereitet und gestürzt wird.

Im Wasserbad gegarte Eiercremes enthalten normalerweise etwas Eiweiß, damit die Creme besser stockt und lockerer wird. Je nach dem Eiweißanteil entstehen halbfeste *pots de crème,* Cremenäpfchen (S. 40), oder eine *crème caramel,* Karamelcreme, die fest genug zum Stürzen ist (S. 42). Diese Cremes werden im Wasserbad auf der Kochstelle oder im Backofen bei schwacher Hitze gegart. Durch die konstante Wassertemperatur von etwa 85° C stockt das Eiweiß in der Eiercreme. Da das Wasser nie den Siedepunkt erreicht, bleiben die Cremes glatt, und es können sich keine störenden Bläschen bilden.

Baisers bestehen aus Eiweiß, Geschmackszutaten und Zucker. Sie können weich oder knusprig sein, je nachdem, ob man sie garziehen läßt wie *œufs à la neige,* Schnee-Eier (S. 47), oder ob man sie bei sehr schwacher Hitze im Ofen backt (S. 46). Beide Baiserarten sind für einfache Desserts ebensogut geeignet wie für kunstvolle Kompositionen mit Früchten und Eiscreme (S. 86).

Englische Creme: Sauce und Dessertgrundlage

Die glatte, dickflüssige Eiercreme – englische Creme – ist am besten als Sauce für Puddings und Kompott bekannt, aber sie stellt auch eine wichtige Grundlage für eine Fülle anderer Desserts dar. Mit Gelatine steif gemacht, ist sie zum Beispiel die Basis von bayerischen Cremes (S. 45); gefroren wird sie zum klassischen Speiseeis (S. 72).

In welcher Eigenschaft auch immer die englische Creme verwendet werden soll – ihre Hauptzutaten bleiben die gleichen: Milch oder Sahne, Zucker und Eigelb. Bei der verwandten Weinschaumcreme, dem Sabayon, wird die Milch oder Sahne (Kasten gegenüber; Rezept S. 166) durch Wein ersetzt. In beiden Fällen wird die Creme durch Eigelb dick; beim langsamen Erhitzen gerinnt ein Teil des Eigelbs und bindet die Mischung zu einer glatten, dickflüssigen Creme. Zu starke Hitze würde jedoch die Eiercreme ganz zum Gerinnen bringen.

Deshalb wird bei der Zubereitung der englischen Creme bei jedem Schritt dafür Sorge getragen, daß die Creme nicht gerinnt. Zuerst wird das Eigelb vorsichtig vom Eiweiß getrennt. Dann wird der Zucker mit dem Eigelb verrührt. Mit Zucker verrührtes Eigelb bleibt bei höheren Temperaturen geschmeidig; das Eigelb nimmt den Zucker auf, und man kann die Eiercreme über direkter Hitze garen, ohne daß sie gerinnt. Diese Mischung mit heißer Milch übergießen, in einen schweren Kochtopf geben und langsam erhitzen, bis sie dick wird.

Die Konsistenz der fertigen Eiercreme hängt vom Verhältnis von Eigelb zu Milch ab; je mehr Eigelb, desto dicker und gehaltvoller die Eiercreme. Bei der hier gezeigten englischen Creme (Rezept S. 166) wurden 10 Eigelb pro Liter Milch verwendet.

Für ein Sabayon werden Eigelb und Zukker zuerst bei ganz schwacher Hitze geschlagen. Durch Schlagen kommt Luft in das heiße Eigelb, so daß es schaumig wird und sich sein Volumen fast verdoppelt. Kurz vor dem Servieren kann man Zitrone oder Vanille unter das Sabayon mischen – doch je besser der Wein ist, desto weniger zusätzliche Aromastoffe sind nötig. Fast jeder Weißwein ist für ein Sabayon geeignet, vom trockenen Wein aus der Champagne bis zu den süßen, schweren Sauternes. Auch Dessertweine bieten sich dafür an; die Italiener nehmen Marsala, um ihre eigene Version dieses Desserts, *zabaione*, zuzubereiten.

1 **Die Eier trennen.** Jede Eierschale in der Mitte aufschlagen, den Inhalt auf eine Handfläche geben und das ganze Eiweiß durch die Finger in eine Schüssel gleiten lassen. Mit Daumen und Zeigefinger alle Eiweißfäden, die noch am Eigelb haften, behutsam entfernen, dann das Eigelb in eine Rührschüssel gleiten lassen.

2 **Das Eigelb mit Zucker vermischen.** In einer Rührschüssel Zucker zum Eigelb geben und die Mischung schlagen, bis der Zucker ganz absorbiert ist. Nach ungefähr 10 Minuten ist die Mischung cremig und fast weiß.

3 **Die Konsistenz prüfen.** Die Mischung weiterschlagen, bis sie das Band-Stadium erreicht. Zur Probe den Schneebesen eintauchen, hochheben und die Mischung in die Schüssel zurückfließen lassen (oben); dieser Vorgang sollte eine Spur oder ein „Band" hinterlassen, das auf der Oberfläche der Masse ein bis zwei Minuten sichtbar bleibt.

4 **Erhitzte Milch hinzufügen.** Die Milch bei mittlerer Hitze zum Kochen bringen; dabei rühren, damit sich keine Haut bildet. Langsam die heiße Milch auf die Eigelb-Zucker-Mischung gießen. Dabei ständig sehr behutsam rühren, damit sich keine Blasen bilden; sie lassen sich nur schwer entfernen, wenn die Masse dick geworden ist. Die Mischung in einen schweren Topf füllen.

5 **Die Eiercreme garen.** Die Eiercreme bei niedriger Temperatur erhitzen, aber nicht simmern lassen; in einer Achterbewegung rühren (kleines Photo), so daß der Kochlöffel bei einer Bewegung zweimal durch die Mitte – den heißesten Teil – geführt wird. Ein spitz zulaufender Kochlöffel erreicht den Topfrand besonders gut und verhindert, daß die Masse ungleichmäßig dick wird. Wenn die Eiercreme den Löffel überzieht, hat sie die richtige Konsistenz. Den Topf in eine mit Eis gefüllte Schüssel stellen (oben), um ein weiteres Eindicken der Creme zu verhindern.

6 **Die Eiercreme durch ein Sieb passieren.** Damit die Eiercreme ganz glatt wird und um etwaige Eiweißklümpchen zu entfernen, wird sie durch ein Sieb gegeben (oben). Sofort servieren. Zum Warmhalten kann der Topf in ein heißes Wasserbad gestellt werden. Ein Stückchen Butter hinzufügen oder ein Blatt Pergamentpapier auf die Creme legen, damit sich keine Haut bildet. □

Sabayon: ein Schaum aus Eiern und Wein

1 **Eier und Zucker schlagen.** Eigelb und Zucker in eine große Schüssel oder Sabayon-Pfanne (oben) geben und schlagen, bis die Masse blaßgelb und cremig ist. Die Schüssel in einen größeren Topf stellen, der zum Teil mit fast kochendem Wasser gefüllt ist, und die Eigelbmasse ständig weiterschlagen.

2 **Den Wein hinzufügen.** Den Wein – hier Wein aus der Champagne – angießen und ungefähr 10 Minuten weiterschlagen, bis die Masse leicht schaumig ist. Den Topf aus dem heißen Wasserbad nehmen.

3 **Das Sabayon servieren.** Als Dessert wird Sabayon gewöhnlich heiß gegessen. In Portionsgläser füllen (oben) und sofort servieren. Als Sauce kann man Sabayon heiß oder kalt reichen. Für eine kalte Sauce den Topf auf Eis stellen, um den Garvorgang zu beenden, und das Sabayon gut gekühlt servieren.

Eiercremes, abwechslungsreich aromatisiert

Wenn man zu dem Eigelb und der Milch für eine flüssige Eiercreme (S. 38) noch etwas Eiweiß gibt, kann man halbfeste Dessertcremes wie die hier gezeigte peruanische Creme zubereiten (Rezept S. 108). Ein ganzes Ei pro 5 Eigelb ergibt eine zarte, kaum feste Eiercreme, die am besten in feuerfesten Näpfchen gegart und serviert wird – eine Zubereitungsart, die man auf der Speisekarte auch unter dem Namen *petits pots de crème* finden kann.

Da Eiermischungen leicht gerinnen, ist es schwierig, eine glatte Eiercreme über direkter Hitze zuzubereiten. Im Wasserbad läßt sie sich behutsamer garen. Die mit Eiercreme gefüllten Näpfchen werden in ein großes feuerfestes Gefäß gegeben, das zum Teil mit heißem Wasser gefüllt ist. Zudecken und bei schwacher Hitze auf die Kochstelle oder bei mittlerer Hitze in den Backofen stellen; die Creme gart dann langsam und gleichmäßig und wird glatt.

Petits pots de crème lassen sich auf vielerlei Arten aromatisieren; hier wird eine reichhaltige Mischung aus Kaffee, Vanille, Schokolade und Karamel verwendet. Den reinsten Kaffee- und Vanillegeschmack erhält man, wenn man Kaffeebohnen und Vanillesamen getrennt in der heißen Milch ziehen läßt, mit der die Eiercreme zubereitet wird (Arbeitsgang 1 und 2, rechts). Auf dieselbe Weise kann man Eiercremes mit Orangen- oder Zitronenschale aromatisieren.

Nach den Aromastoffen werden geschmolzene Schokolade und Karamel zur Milch gegeben. Um eine glatte Mischung zu erhalten, sollte die Schokolade behutsam geschmolzen werden (Arbeitsgang 3); der Karamel (S. 8) sollte möglichst dünn sein, so daß er sich leicht mit der Milch vermischen läßt.

1 **Kaffeebohnen ziehen lassen.** Ganze geröstete Kaffeebohnen bei mittlerer Temperatur im Backofen einige Minuten erhitzen, bis ihr aromatisches Öl heraustritt. Die Milch in einem Topf bei Mittelhitze zum Kochen bringen. Die Kaffeebohnen dazugeben, den Topf von der Kochstelle nehmen und zudecken. Nach 30 Minuten die Milch durch ein feines Sieb in eine Schüssel gießen.

2 **Vanille hinzufügen.** Die Milch in den Topf zurückgießen und nochmals aufkochen. Von der Kochstelle nehmen. Eine Vanilleschote in der Mitte durchbrechen und eine Hälfte der Länge nach halbieren, so daß die Samen sichtbar werden. Mit einem kleinen, scharfen Messer die Vanillesamen aus einem Viertel der Vanilleschote in die Milch schaben. Zugedeckt 15 Minuten ziehen lassen.

3 **Die Schokolade schmelzen.** Die Milch durch ein Sieb wieder in die Schüssel gießen. Blockschokolade in Stücke brechen und in den leeren Topf geben, bei sehr niedriger Temperatur erhitzen und nur so viel Milch dazugeben, daß der Boden des Topfes gerade bedeckt ist (oben). Die Schokolade rühren, bis sie eine glatte Paste bildet. Anschließend die restliche Milch hineinrühren.

4 **Den Karamel dazugeben.** In einem kleinen Topf etwas Karamel zubereiten (S. 8). Wenn er eine hellgoldene Farbe hat, den Topf von der Kochstelle nehmen und in kaltes Wasser stellen, um den Garvorgang zu beenden. Etwas heißes Wasser dazugeben und bei schwacher Hitze rühren, bis ein glatter Sirup entsteht. Unter die Milch rühren (oben).

5 **Die Eiercreme mischen.** Ganze Eier und Eigelb – 5 Eigelb auf jedes ganze Ei – in eine Schüssel geben und schlagen, bis eine glatte Mischung entsteht. Nach und nach die heiße Milch dazugießen; dabei behutsam mit dem Schneebesen schlagen (oben).

6 **Die Eiercreme abschäumen.** Damit die Eiercreme völlig glatt wird, gießt man sie durch ein feines Sieb in eine Schüssel. Mit dem Löffel die Oberfläche der Eiercreme abschäumen (oben), so daß während des Garens keine Blasen entstehen.

7 **Im Wasserbad garen.** Näpfchen mit der Eiercreme füllen und in einen breiten, tiefen Topf stellen. Heißes Wasser dazugießen, so daß die Näpfchen zu zwei Dritteln ihrer Höhe darin stehen. Damit kein Wasser in die Eiercreme spritzt, das Wasser über einen Spatel in den Topf gießen (links). Zugedeckt bei 150° C (Gasherd Stufe 1) etwa 20 Minuten garen. Die gekühlte Creme mit Keksen (unten) servieren. □

Gestürzte Creme mit Karamelglasur

Feste Eiercremes, die man stürzen kann, werden im wesentlichen genauso zubereitet wie die *pots de crème* auf S. 40. Damit diese Desserts jedoch richtig fest werden, muß man mehr Eiweiß als bei dem Cremenäpfchen dazugeben. Das Verhältnis von Eiweiß zu Eigelb ist hierbei der kritische Punkt. Bei zuviel Eiweiß wird die Creme großporig und zäh; verwendet man zuwenig Eiweiß, fällt die Creme beim Stürzen zusammen. 4 ganze Eier auf 4 Eigelb und 60 cl Flüssigkeit ist ein ausgewogenes Verhältnis.

Diese Eiercremes können mit fein abgeriebener Orangen- oder Zitronenschale, Schokolade, Kaffee oder Vanille aromatisiert und in einer mit Öl ausgepinselten Form gegart werden, aber die klassische Variante dieses Desserts ist die hier gezeigte Karamelcreme (Rezept S. 109). Unter Karamelcreme versteht man eine Eiercreme mit Vanillegeschmack, die in einer karamelisierten Form gegart wird und dadurch eine Karamelglasur erhält (Kasten unten). Während des Garens schmilzt die harte Karamelkruste, so daß die fertige Eiercreme leicht aus der Form gleitet. Nach dem Stürzen ist die Creme von einer Schicht Karamel gekrönt und von einem leichten Sirup umgeben.

1 **Die Cremefüllung in die Form geben.** Eier, Eigelb, Zucker, einige Tropfen Vanillearoma und eine Prise Salz in eine Schüssel geben und schlagen. Unter ständigem Rühren heiße Milch dazugießen. Durch ein Sieb passieren, dann die Creme gut abschäumen. Eine karamelisierte Form (Kasten unten) in ein feuerfestes Gefäß stellen und die Masse mit einem Schöpflöffel in die Form füllen.

2 **Die Garprobe machen.** Warmes Wasser in das Gefäß gießen, bis die karamelisierte Form zu zwei Dritteln im Wasser steht. Die Eiercreme 1 Stunde im vorgeheizten Backofen bei 170° C (Gasherd Stufe 2) garen. Mit einem Messer die Garprobe machen. Das Messer sollte beim Herausziehen sauber sein; sonst (oben) die Eiercreme noch 10 Minuten garen, dann die Probe wiederholen.

Eine Form karamelisieren

1 **Den Karamel zubereiten.** In einem schweren Topf den Zucker in etwas Wasser bei schwacher Hitze auflösen. Bei Mittelhitze garen, bis der Sirup bernsteinfarben ist (oben). Den Garvorgang beenden, indem man den Topfboden kurz in eine mit Eiswürfeln und Wasser gefüllte Schüssel taucht.

2 **Die Form mit Karamel überziehen.** Den Karamel sofort in eine erwärmte, trockene Form gießen. Die Form schwenken, so daß der Karamel die Innenseite der Form vollständig überzieht. Den überschüssigen Karamel auf dem Boden der Form fest werden lassen.

3 **Die Form mit Öl auspinseln.** Damit die Creme nicht an der Form haftet, mit einem Backpinsel ein wenig Mandel- oder geschmacksneutrales Pflanzenöl auf alle Stellen der Form pinseln, die nicht mit Karamel überzogen sind.

3 **Die Eiercreme vom Rand lösen.** Die Form aus dem Wasserbad nehmen und abkühlen lassen. Wenn die Eiercreme lauwarm ist, ein Messer am Rand der Form leicht nach unten schieben und am Rand entlangfahren (oben), um die Eiercreme zu lösen.

4 **Die Eiercreme herauslösen.** Die Form mit einer Hand festhalten und dann mit den Fingerspitzen der anderen Hand die Eiercreme behutsam vom Rand der Form wegdrücken (oben). Dies so lange wiederholen, bis die Eiercreme ganz abgelöst ist.

5 **Die Creme stürzen.** Eine Servierplatte mit Rand verwenden, damit der flüssige Karamel aufgefangen wird. Die Platte auf die Creme legen und beides zusammen umdrehen. Die Form behutsam von der Creme abziehen (oben). Die Karamelcreme lauwarm servieren oder einige Stunden im Kühlschrank kühlen. □

Kunstvolle Formen aus Sahne und Gelatine

Bayerische Cremes zählen zu den weltberühmten gestürzten Desserts; Gelatine und Schlagsahne verleihen ihnen die nötige Festigkeit, damit sie ihre kunstvolle Form behalten. Zu dieser Kategorie gehören auch das klassische Blancmanger (rechts; Rezept S. 114), die mehrschichtige bayerische Creme (unten rechts; Rezept S. 118) und eine Vielzahl kalter Mousses und Soufflés (Rezepte S. 115–127).

In allen Fällen wird Gelatine unter eine aromatisierte Grundmasse gemischt; wenn die Gelatine fest zu werden beginnt, wird Schlagsahne untergezogen und die Mischung in eine Form gefüllt und gekühlt. Mit Mandeln aromatisierte Milch bildet die Grundlage des Blancmangers; bei der mehrschichtigen bayerischen Creme ergeben zwei Grundmassen – zum Beispiel Himbeerpüree und flüssige Vanillecreme – die farblich kontrastierenden Schichten.

Man wählt eine Form mit ausgeprägtem Muster und pinselt diese mit Mandelöl oder einem geschmacksneutralen Pflanzenöl ein, damit sich die bayerische Creme nach dem Festwerden leicht stürzen läßt.

Bei der Zubereitung dieser Desserts ist es besonders wichtig, die aufgelöste Blatt- oder Pulvergelatine (S. 16) mit der aromatisierten Grundmasse glatt zu vermischen und die Schlagsahne zum richtigen Zeitpunkt zuzugeben. Eine Gelatinemischung wird schnell fest, wenn sie abkühlt. Die flüssige Gelatine muß deshalb warm sein, wenn man sie unter die aromatisierte Grundmasse gibt, besonders, wenn diese kalt ist. Andernfalls wird die Gelatine sofort fest, wenn sie mit der Grundmasse in Berührung kommt, und es entstehen Klümpchen.

Nach Zugabe der Gelatine sollte man die Grundmasse kühlen, damit sie schneller fest wird. Man stellt sie in eine mit Eiswürfeln und Wasser gefüllte Schüssel, während man die Sahne schlägt. Die Masse muß häufig umgerührt werden, bis sie fest zu werden beginnt und etwa die Konsistenz von Schlagsahne hat. Ist die Grundmasse noch nicht fest genug, läßt sie sich nur schwer mit der Schlagsahne vermischen; ist die Grundmasse schon zu fest, läßt sich die Schlagsahne nicht mehr gleichmäßig unterziehen. Zu frühes Festwerden läßt sich durch Erwärmen beheben: Man stellt die Schüssel für eine halbe Minute in einen mit heißem Wasser gefüllten Topf und rührt dabei ständig um.

Ein klassisches Blancmanger

1 **Die Mandelmilch vorbereiten.** Blanchierte Mandeln (S. 12) zerstoßen und mit etwas Wasser zu einer glatten Paste verarbeiten. Die Paste in einen Topf geben, Milch und Zucker hinzufügen und die Mischung bis kurz vor dem Siedepunkt erhitzen. Von der Kochstelle nehmen und durch ein sauberes Tuch passieren. Das Tuch an den Ecken fassen und wringen (oben), um die Mandelmilch bis auf den letzten Tropfen auszupressen.

2 **Gelatine untermischen.** Blattgelatine einweichen (S. 16), in einen Topf geben, so viel Wasser dazugießen, daß die Gelatine knapp bedeckt ist, und erwärmen. Wenn sich die Gelatine auflöst, mit der warmen Mandelmilch vermischen (oben). Nach Belieben mehr Zucker dazugeben und rühren, bis die Gelatine ganz gelöst ist. Dann die Mandelmilch in eine auf Eiswürfel gestellte Schüssel gießen. Während des Abkühlens umrühren.

Eine bayerische Creme

1 **Die Früchtemischung vorbereiten.** Ein Himbeerpüree (S. 26) zubereiten. In einem anderen Topf die gleiche Menge Sirup herstellen (S. 8). Wenn der Sirup kocht, von der Kochstelle nehmen, eingeweichte Pulvergelatine (S. 16) dazugeben und rühren, bis sie ganz gelöst ist. Den Sirup abkühlen lassen; wenn er lauwarm ist, gründlich mit dem Früchtepüree vermischen (oben). Die Mischung über Eis rühren oder zum weiteren Abkühlen in den Kühlschrank stellen.

2 **Die Vanillemischung zubereiten.** Eine flüssige Eiercreme (S. 38) zubereiten und mit Vanille aromatisieren. Die Eiercreme bei schwacher Hitze rühren und Pulvergelatine dazugeben, die zuvor in kaltem Wasser eingeweicht wurde. Weiterrühren. Die Eiercreme darf nicht simmern, sonst gerinnt sie. Wenn sie so dickflüssig ist, daß sie den Löffel überzieht, von der Kochstelle nehmen und in einer mit Eis gekühlten Schüssel kaltrühren.

3 **Schlagsahne unterziehen.** Während die Mandelmilch abkühlt, die Sahne schlagen, bis sie weiche Spitzen bildet. Die Mandelmilch ab und zu umrühren; sobald die mit Gelatine vermischte Flüssigkeit fest wird, die Schlagsahne unterziehen (oben), bis sie gründlich mit der Milch vermischt ist. Die Mischung in eine mit Öl eingepinselte Form gießen. Zugedeckt etwa 5 Stunden kühlen.

4 **Stürzen und servieren.** Den Deckel abnehmen und das Dessert prüfen: Es sollte sich fest anfühlen. Den Rand mit einem Messer lösen und den Boden der Form in eine mit heißem Wasser gefüllte Schüssel tauchen. Das vom Rand gelöste Blancmanger mit einem umgedrehten Teller stürzen (S. 25). □

3 **Schlagsahne unterziehen.** Gesüßte Sahne schlagen, bis sie weiche Spitzen bildet. Wenn Früchte- und Eiercrememischung gleich kalt sind und fest zu werden beginnen, unter jede etwa die Häfte der Schlagsahne ziehen (oben). Damit die Schichten des Desserts nicht ineinanderlaufen, sollten Früchtepüree und Eiercreme die gleiche Konsistenz haben; eventuell etwas mehr Schlagsahne unter eine Mischung ziehen.

4 **Das Dessert fertigstellen.** In eine mit Öl eingepinselte Form abwechselnd rosa und weiße Creme füllen (links). Die Cremes behutsam eingießen, damit die Schichten getrennt bleiben. Zugedeckt im Kühlschrank etwa 5 Stunden fest werden lassen. Wie ein Blancmanger stürzen (Arbeitsgang 4, oben). □

Zarte Desserts aus Eischnee: knusprig und weich

Für die flüssigen oder halbfesten Eiercremes, die auf den vorangegangenen Seiten beschrieben wurden, wird sehr viel Eigelb verwendet. Das restliche Eiweiß läßt sich sehr gut zur Zubereitung der hier gezeigten Baisers verwenden.

Die Baiser-Grundmasse besteht nur aus Eiweiß und Zucker; manchmal wird sie mit aromatischen Zutaten wie Kaffee oder Schokolade vermischt. Je nach Garmethode kann man aus der gleichen Masse zwei verschiedene Desserts herstellen. Das leicht bröckelnde Baisergebäck (rechts, Rezept S. 160) wird oft mit Schlagsahne gefüllt. Läßt man die Baisermasse garziehen, erhält man flaumig weiche Klößchen; auf Eiercreme serviert, tragen sie den Namen *œufs à la neige* oder Schnee-Eier (gegenüberliegende Seite; Rezept S. 120). Hierbei werden sowohl Eigelb als auch Eier verwertet.

Die Baisermasse ist einfach herzustellen, aber man muß sie etwa 15 Minuten kräftig schlagen. Zuerst das Eiweiß zu steifem Schnee schlagen, dann den Zucker hineinrühren und kräftig schlagen. Gibt man zuviel Zucker auf einmal hinzu, wird das Eiweiß weich; man sollte deshalb immer nur kleine Zuckermengen untermischen und die Masse nach jeder Zugabe schlagen.

Für das Baisergebäck wird die Masse mit dem Löffel auf ein mit Backtrennpapier oder geölter Alufolie ausgelegtes Backblech gegeben. Dekorativere Formen erhält man, wenn man die Baisermasse aus einem Spritzbeutel mit Sterntülle auf das Blech spritzt.

Da Baisergebäck leicht und trocken sein soll und nicht kleben darf, muß man es bei schwacher Hitze backen. Die Baisers werden bei niedrigster Temperatur etwa 3 Stunden gebacken: Als Vorsichtsmaßnahme gegen Überhitzen die Backofentür leicht geöffnet lassen oder die Baisers über Nacht im Warmhaltefach des Backofens backen.

Zum Garziehen gibt man Baisermasse löffelweise behutsam in simmernde, gesüßte Milch: Auf diese Weise verkürzt sich die Garzeit: 3 Minuten Garziehen genügen, um feste, flaumige Schnee-Eier zuzubereiten.

Bei den hier gezeigten Schnee-Eiern wird die Milch, in der die Baisers garziehen, für eine flüssige Eiercreme (S. 38) weiterverwendet, auf der die Baisers serviert werden. Baisers aufhäufen und nach Belieben mit Karamelfäden verzieren (Arbeitsgang 3, gegenüberliegende Seite) oder einzeln auf Karamelcreme schwimmen lassen (Kasten gegenüberliegende Seite).

Gebackene Baisers

1 **Eiweiß und Zucker schlagen.** Das Eiweiß schlagen, bis es steife Spitzen bildet (S. 14). Nach und nach den Zucker dazugeben (oben); pro Eiweiß rechnet man etwa 60 g Zucker. Nach jeder Zuckerzugabe gut schlagen. Die aromatischen Zutaten unterziehen. Hier wird ein Drittel mit Kakaopulver und ein Drittel mit starkem Kaffee aromatisiert, der Rest erhält keine weiteren Zutaten.

2 **Den Spritzbeutel füllen.** Die Spritztülle in den Beutel einsetzen. Das obere Drittel des Beutels nach außen stülpen und die Baisermasse in den Beutel füllen. Dann das obere Ende des Beutels zusammennehmen und drehen, um ihn zu verschließen und besser halten zu können. Den Beutel zusammendrücken, bis die Baisermasse an der Tülle heraustritt.

3 **Die Baisers formen.** Ein Backblech leicht mit Öl einpinseln und mit Backtrennpapier oder geölter Alufolie auslegen. Die Baisermasse spiralenförmig (oben) aufspritzen; dabei mit einer Hand den Beutel oben zuhalten, mit der anderen Hand die Spritztülle führen.

4 **Die Baisers füllen.** Die Baisers bei sehr schwacher Hitze etwa 3 Stunden backen. Wenn sie ganz trocken sind und sich leicht von der Folie lösen, aus dem Backofen nehmen und abkühlen lassen. Die Baisers paarweise mit Schlagsahne gefüllt servieren. Nach Belieben einen Teil der Sahne mit zerstoßenem Krokant (S. 13) aromatisieren und Krokant über die Baisers streuen. □

Pochierte Baisers

1 **Baisers garziehen lassen.** In einem großen, flachen Topf gesüßte Milch bis kurz vor dem Siedepunkt erhitzen. Baisermasse (Arbeitsgang 1, links) eßlöffelweise mit Hilfe eines Spatels auf die Milch gleiten lassen. Jeweils 3 oder 4 Baisers gleichzeitig etwa 3 Minuten garziehen lassen, dabei einmal mit dem Löffel wenden. Die Baisers herausheben und zum Abtropfen auf ein großes Haarsieb oder ein Tuch geben.

2 **Die Eiercreme zubereiten.** Nur wenige Baisers gleichzeitig garziehen lassen, so daß noch Platz zum Wenden bleibt. Sind alle Baisers gargezogen, die Milch durch ein Sieb geben, um auf diese Weise Eiweißteilchen zu entfernen. Die Milch unter das geschlagene Eigelb und den Zucker rühren und die Mischung bei schwacher Hitze garen, bis eine flüssige Eiercreme entsteht (S. 38).

3 **Das Dessert servieren.** Die Eiercreme in eine Glasschüssel gießen. Die Baisers behutsam darauflegen. Ist die Oberfläche bedeckt, die restlichen Baisers auf die erste Schicht häufen. Das Dessert nach Belieben mit Karamelfäden (S. 10) garnieren. Je nach Geschmack warm oder kalt servieren. □

Inseln auf Eiercreme

1 **Milch aromatisieren.** Etwas Karamel (S. 8) mit warmem Wasser verdünnen, damit es sich leicht mit der Milch vermischen läßt. Die Baisers garziehen (Arbeitsgang 1, links) und abtropfen lassen; die Milch durch ein Sieb geben und den warmen Karamel hineinrühren (oben).

2 **Die Baisers servieren.** Aus der Karamelmilch und dem geschlagenen Eigelb eine Eiercreme kochen (S. 38). Die Eiercreme in eine Schüssel gießen; mit einem Spatel oder einem großen Löffel die Baisers auf der Eiercreme verteilen (oben).

3

Soufflés und Puddings

Von zart und leicht bis nahrhaft und schwer

Eischnee mit leichter Hand unterziehen
Schokolade schmelzen und zubereiten
Vorsichtiges Garen im Wasserbad
Reis - ein Thema mit Variationen

Mit Schlagsahne aus dem Spritzbeutel wird hier ein Schokoladenpudding verziert, der in der Form im Wasserbad gegart wurde. Damit der Pudding leicht aus der Form gleitet, läßt man ihn vor dem Stürzen etwa 15 Minuten stehen, damit er fest werden kann.

Heiße Soufflés und heiße oder kalte Puddings gibt es in vielen Variationen – vom lockeren, farbenfrohen Dessert bis zum kräftig herzhaften Nachtisch. Und zwischen beiden Extremen liegt eine Skala von Zubereitungsmethoden, nach denen man je nach Lust und Laune, Jahreszeit und Appetit das gewünschte Dessert zubereiten kann.

Heiße, gebackene Soufflés (S. 50) gehören zu den leichtesten Desserts überhaupt: Eischnee wird unter eine aromatische Zutat gezogen und läßt das Dessert aufgehen; beim Backen dehnt sich die Luft im Eischnee aus, und das Soufflé erreicht eine ungewöhnliche und unerwartete Höhe. Allerdings muß es nach Fertigstellung sofort serviert werden, da es rasch wieder zusammenfällt. Bei den leichtesten Soufflés wird nur Eiweiß mit einem gesüßten Früchtepüree vermischt. Bei den meisten anderen Soufflés hingegen wird eine aromatisierte Sauce mit Eigelb angereichert, bevor man sie unter den Eischnee zieht.

Die Schokoladen-Mousse (S. 52) ist ein weiteres Dessert, dem Eischnee die lockere Beschaffenheit verleiht – aber bei der Mousse wird das Eiweiß nicht erhitzt. Statt dessen wird das Dessert nach dem Untermischen der Schokolade gekühlt; während des Kühlens erstarrt es, und Luftblasen werden darin eingefangen.

Etwas weiter entfernt von der wunderbaren Leichtigkeit des klassischen Soufflés ist das Pudding-Soufflé. Ein Pudding-Soufflé enthält weniger Eiweiß, und es wird nicht in der trockenen Hitze des Backofens, sondern in der feuchten Wärme des Wasserbads gegart. Folglich dehnt es sich nicht so stark aus wie ein Soufflé und fällt beim Abkühlen auch nicht so zusammen.

Puddings ohne Eiweiß sind noch kräftiger. Aus Reis kann man ein einfaches, nahrhaftes Dessert zubereiten, wenn man ihn in gesüßter, aromatisierter Milch simmern läßt. Mit Sahne und Eigelb angereichert und im heißen Backofen glasiert (S. 56), bildet Reispudding für eine anspruchsvolle Mahlzeit einen würdigen Abschluß.

Gedämpfte Puddings sind sättigende Winterspeisen – vorzüglich geeignet für ein Weihnachtsessen, das für Engländer ohne den traditionellen, würzigen Talgpudding (S. 58) bestimmt unvollständig wäre. Ein Talgpudding ist so schwer, daß er mindestens 12 Stunden gedämpft werden muß; dafür hält er sich aber auch 18 Monate und länger, und sein Aroma reift dabei noch.

Die Kunst, ein luftiges Soufflé zuzubereiten

Das lockerste aller Desserts, das Soufflé, besteht eigentlich nur aus Eischnee, der mit einer Grundmischung vermengt wird, die dem Soufflé den Geschmack gibt. Die wichtigste Zutat des Soufflés – Luft – erscheint in keinem Rezept; aber die Luft, die durch Schlagen (S. 14) im Eischnee eingefangen ist und sich in der Hitze des Backofens ausdehnt, sorgt dafür, daß das Soufflé aufgeht.

Der erste Schritt bei der Zubereitung eines Soufflés ist das Vorheizen des Backofens auf die erforderliche Temperatur; verschiedene Rezepte erfordern unterschiedliche Temperaturen, meistens etwa 180° C (Gasherd Stufe 2–3). Während der Backofen aufheizt, werden Soufflé-Form und Grundmasse vorbereitet. Damit das Soufflé ungehindert aufgehen kann, eine Form mit geradem Rand benutzen. Die Soufflé-Form mit weicher Butter ausstreichen und mit Zucker bestreuen, damit das Soufflé nicht ansetzt.

Wenn alles andere fertig ist, wird das Eiweiß zu steifem Schnee geschlagen. Das Eiweiß soll immer ganz zuletzt geschlagen werden; läßt man den Eischnee länger stehen, fällt er zusammen. Etwas Eischnee unter die Grundmischung heben, die dadurch lockerer wird und sich leichter unter den restlichen Eischnee ziehen läßt (Arbeitsgang 4, rechts). Die Mischung in die Form geben und die Form in die Mitte des vorgeheizten Backofens stellen. Das Soufflé ist nach etwa 30 Minuten fertig.

Die am häufigsten verwendeten Grundzutaten sind Mehl, Milch, Eigelb, Butter und Zucker – in unterschiedlichen Mengen zusammengestellt und mit aromatischen Zutaten vermischt. Dem Vanille-Soufflé (rechts) geben Vanille und kandierte Früchte (Rezept S. 124) das Aroma. Bei einer anderen Soufflé-Art (Kasten gegenüberliegende Seite; Rezept S. 123) dient nur ein Fruchtpüree als Grundlage. Ein solches Püree ist eine ausgezeichnete Methode, weiche Früchte wie Himbeeren oder hier Walderdbeeren zuzubereiten. Der Fruchtgeschmack wird nicht durch andere Zutaten überdeckt, und das Eiweiß ist nicht durch Eigelb oder Mehl gebunden und geht deshalb rasch auf.

Da ein Früchte-Soufflé besonders empfindlich ist, sollte es sehr schnell gegart werden, damit der Eischnee fest wird, bevor er zusammenfallen kann. Der Backofen wird auf 190° C (Gasherd Stufe 3) vorgeheizt. Zum Backen sollte eine Metallform verwendet werden, die die Hitze gut leitet. Der Eischnee geht hoch auf; daher sollte man eine Papiermanschette um die Form legen, damit das Soufflé nicht über den Rand quillt.

1 **Die Soufflé-Form vorbereiten.** Eine Soufflé-Form mit geradem Rand mit weicher Butter ausstreichen und mit Zucker bestreuen. Die Form rütteln, damit der Zucker gleichmäßig haftet. Überschüssigen Zucker entfernen, indem man leicht an dem Rand der Form klopft, dann den losen Zucker herausschütten.

2 **Die Grundmischung zubereiten.** Mehl in eine Tasse oder kleine Schüssel geben und so viel kalte Milch unter Rühren dazugießen, bis ein dünnflüssiger Teig entsteht. Milch und Zucker zusammen mit einer Vanilleschote zum Kochen bringen und den Mehl-Milch-Teig einrühren. Bei schwacher Hitze verquirlen, bis die Mischung dick wird. Den Topf vom Feuer nehmen. Die Vanilleschote entfernen.

3 **Das Eigelb dazugeben.** Die angedickte Milch einige Minuten abkühlen lassen, dann Eigelb und Butter hinzufügen. So lange schlagen, bis das Eigelb gut mit der angedickten Milch vermischt ist, dann die kleingeschnittenen kandierten Früchte hineinrühren.

4 **Den Eischnee unterziehen.** Das Eiweiß zu Schnee schlagen, bis es steife Spitzen bildet. Etwa ein Viertel des Eischnees unter die Grundmischung heben, damit sie lockerer wird. Diese Masse über den restlichen Eischnee geben. Den Eischnee vom Boden der Schüssel nach oben über die Mischung heben. So lange vorsichtig unterziehen, bis das Soufflé eine fast homogene Masse ist.

5 **Die Soufflé-Form füllen.** Die fertige Masse sofort in die vorbereitete Soufflé-Form geben (oben) und in den vorgeheizten Backofen stellen. Nach etwa 30 Minuten mit einem spitzen Messer in das Soufflé stechen. Wenn es noch nicht ganz gar ist, haftet etwas Masse an der Messerklinge, sonst ist die Klinge trocken. Sofort heiß servieren (rechts). Wenn es abkühlt, fällt es zusammen – besonders, wenn es nicht ganz durchgegart ist. □

Das einfachste Soufflé: Frucht und Eiweiß

1 **Eine Manschette anfertigen.** Eine doppelte Lage Pergamentpapier oder Alufolie um eine Charlottenform oder eine ähnliche Metallform legen. Falls notwendig, an den Griffen der Form Schlitze in die Manschette schneiden. Das Papier oder die Folie mit Garn festbinden. Form und Manschette mit weicher Butter bestreichen und mit Zucker bestreuen.

2 **Die Form füllen.** Steifgeschlagenen Eischnee unter ein gesüßtes Püree aus Walderdbeeren oder anderen weichen Früchten (wie bei Arbeitsgang 4, links) ziehen, bis die Mischung eine gleichmäßige Farbe hat. Die Mischung löffelweise in die vorbereitete Form geben; die Masse darf nur bis an den Rand der Form unterhalb der Papiermanschette reichen.

3 **Das Soufflé garen und servieren.** Das Soufflé im vorgeheizten Backofen bei 190° C (Gasherd Stufe 3) etwa 25 Minuten garen. Die Oberfläche ist dann hellbraun, die Mitte aber wahrscheinlich noch etwas weich. Das Soufflé aus dem Backofen nehmen und sofort servieren, damit es nicht zusammenfällt.

Schokolade gekühlt und Schokolade gekocht

Wenn man Schokolade mit Eigelb und Butter mischt und durch geschlagenes Eiweiß Luft in die Masse hineinbringt, erhält man eine glatte, lockere Mousse (rechts; Rezept S. 126). Für einen dickeren Schokoladenpudding hingegen verwendet man weniger Eiweiß, fügt Mehl hinzu und gart die Masse im Wasserbad (Kasten gegenüber; Rezept S. 125). Die Grundmasse wird aus Halbbitter- oder Bitterschokolade zubereitet. Zunächst wird die Schokolade mit etwas Wasser bei schwacher Hitze in einer schweren Pfanne geschmolzen. Das Wasser verhindert, daß die Schokolade ansetzt; die niedrige Temperatur verhindert das Gerinnen, wodurch die Schokolade körnig würde. Falls sie dennoch gerinnt, die Schokolade sofort von der Kochstelle nehmen, einige Tropfen heißes Wasser dazugeben und kräftig mit dem Schneebesen schlagen. Die Schokolade mit Butter und Eigelb vermischen, damit sie geschmeidig wird.

Dann – bevor der Eischnee untergezogen wird – nach Belieben Zucker und verschiedene Geschmackszutaten unterrühren. Rum oder Weinbrand gehören zu den klassischen Zutaten einer Mousse oder eines Puddings. Schwarzer Kaffee oder Orangensaft (oder Liköre mit Kaffee- oder Orangengeschmack) passen ebenfalls gut zu Schokolade.

1 **Die Schokolade schmelzen.** Die Schokolade in kleine Stücke brechen und in einen Topf geben, dessen Boden knapp mit Wasser bedeckt ist. Bei sehr niedriger Temperatur erhitzen, dabei mit einem Holzspatel ständig rühren, bis sich die Schokolade mit dem Wasser zu einer glatten Masse verbindet.

2 **Butter und Eier untermischen.** Den Topf von der Kochstelle nehmen. Jeweils nur wenige Butterstückchen auf einmal dazugeben und rühren, bis sie mit der Schokolade vermischt sind (oben links). Die Eier trennen, das Eiweiß in einer Rührschüssel beiseite stellen und nacheinander die Eigelbe in den Topf geben (oben rechts). Die Masse rühren, bis sie glatt ist und glänzt, dann Zucker nach Belieben sowie etwa einen Eßlöffel Rum, Weinbrand oder andere aromatische Zutaten unterrühren.

3 **Etwas Schokolade unter das Eiweiß ziehen.** Das Eiweiß sehr steif schlagen. (S. 14). Damit sich der Eischnee gleichmäßig mit der Schokolade verbindet, ein wenig von der sehr dicken Schokoladenmasse gleichmäßig auf die Oberfläche des Eischnees tröpfeln (oben). Behutsam mit dem Schneebesen vermischen, bis der Eischnee gleichmäßig hellbraun ist.

4 **Eiweiß und Schokolade vermischen.** Den Eischnee in den Topf mit der Schokoladenmasse geben. Die Schokolade unter den Eischnee ziehen; dabei mit dem Schneebesen die Schokolade vorsichtig vom Topfboden heben und auf den Eischnee gleiten lassen. Die Schokolade gründlich unterziehen, bis die Mousse eine einheitliche Farbe und Konsistenz hat.

5 **Die Mousse servieren.** Die Schokoladen-Mousse in Gläser füllen (links) und mindestens 2 Stunden kühlen, damit das Dessert fest wird. Vor dem Servieren die Mousse mit Schlagsahne und nach Belieben mit gezuckerter Orangenschale (S. 11) garnieren. □

Zubereiten eines Schokoladenpuddings

1 **Mehl in die Schokolade sieben.** Die Schokolade schmelzen, Butter und Eigelb dazugeben (Arbeitsgang 1 und 2, gegenüberliegende Seite). Zuerst Zucker, dann gesiebtes Mehl in die Schokolade rühren (oben). Die Masse mit Eischnee vermischen (Arbeitsgang 3 und 4, gegenüberliegende Seite).

2 **Den Pudding garen.** Die Schokoladenmasse in eine mit reichlich Butter ausgestrichene Form bis 2,5 cm unterhalb des Randes füllen. Die Form ins Wasserbad stellen und so viel heißes Wasser dazugießen, daß sie zu zwei Dritteln im Wasser steht. Im vorgeheizten Backofen bei 170° C (Gasherd Stufe 2) garen.

3 **Den Pudding servieren.** Nach etwa 40 Minuten mit einem spitzen Hölzchen die Garprobe machen. Wenn kein Pudding an dem Hölzchen haften bleibt, ist das Dessert gar. Einige Minuten ruhen lassen, damit der Pudding noch etwas fest werden kann; dann auf einen Teller stürzen. Abkühlen lassen, mit Schlagsahne garnieren und servieren.

Zwei klassische Pudding-Soufflés

Mit ein wenig Eischnee, unter eine schwere Grundmasse gezogen, kann man ein Pudding-Soufflé zubereiten – ein Dessert, das die Lockerheit des klassischen Soufflés (S. 50) mit der Festigkeit des gewöhnlichen Puddings (S. 56–59) verbindet. Bei dem hier gezeigten Flammeri (oben rechts; Rezept S. 130) bildet gekochter Grieß die Grundlage; bei dem Mandel- und Pistazienbrot (unten rechts; Rezept S. 126) sind zerstoßene Mandeln und Pistazien, denen Zitrusschalen ein feines Aroma geben, die Grundzutaten. Da keines dieser Desserts ein lockeres Soufflé werden soll, wird unter die Grundmischung nur so viel Eischnee gezogen, daß sie gerade geschmeidig wird.

Pudding-Soufflés werden nicht einfach in den heißen Backofen gestellt, sondern im Wasserbad gegart (S. 40). Dazu wird die Form in einen Topf mit kochendheißem Wasser gestellt und das Pudding-Soufflé bei mittlerer Hitze im Backofen oder auf der Kochstelle langsam und gleichmäßig gegart. Das Pudding-Soufflé geht auch auf, aber nicht so hoch wie ein klassisches Soufflé. Wenn es aus dem Backofen genommen wird, fällt es zwar ein wenig, doch besteht nicht die Gefahr, daß es ganz zusammenfällt. Ein Mandel- und Pistazienbrot kann sogar ein bis zwei Tage stehenbleiben – sein Aroma verbessert sich dadurch noch.

Bei den meisten Grießpudding-Soufflés wird der Grieß zunächst in Milch gegart. Bei einem Flammeri verwendet man anstelle von Milch eine Mischung aus Weißwein und Wasser. Die Zuckermenge richtet sich nach der Süße des Weines und dem eigenen Geschmack. Der Grießbrei wird mit Eigelb angereichert, bevor der Eischnee untergezogen wird. Das Dessert läßt sich leichter stürzen, wenn man es in einer flachen Form gart. Aufwendiger und höher wird das Dessert, wenn man zwei oder mehr Formen benutzt und den Inhalt schichtweise übereinander stürzt, wie die Abbildungen zeigen. Ein Flammeri wird gewöhnlich mit einer Fruchtsauce aus Brombeeren, Himbeeren oder anderem Beerenobst serviert.

Auch das Mandel- und Pistazienbrot wird mit Weißwein und Eigelb zubereitet. Gekochte Zitrusschalen, die den zerstoßenen Mandeln und Pistazien zugegeben werden, runden den Geschmack ab.

Ein mit Wein gegarter Grießflammeri

1 **Den Grieß garen.** Die gleiche Menge Wasser wie Wein zum Kochen bringen. Den Grieß unter ständigem Rühren mit einem Schneebesen in die kochende Flüssigkeit geben. Die Hitze reduzieren und zugedeckt 20 Minuten simmern lassen, bis der Grieß zu einem dicken, glatten Brei eingekocht ist.

2 **Die Eier dazugeben.** Den Topf von der Kochstelle nehmen und den Grießbrei einige Minuten abkühlen lassen. Zucker nach Belieben, eine Prise Salz und ein ganzes Ei unterrühren. Eiweiß zu steifem Schnee schlagen. Den Eischnee mit einem Spatel (oben) vorsichtig, aber gründlich unterheben.

Ein Brot mit zerstoßenen Mandeln und Pistazien

1 **Die Mandel-Pistazienmasse zubereiten.** Mandeln und Pistazien in einem Mörser gut zerstoßen. Auch eine elektrische Küchenmaschine kann für diesen Arbeitsgang verwendet werden. Sie ist zeitsparend und erzielt gute Ergebnisse. In Streifen geschnittene Orangen- und Zitronenschalen in Zuckersirup (S. 8) simmern lassen, dann die Zitrusschalen und den Sirup zu den zerstoßenen Mandeln und Pistazien (oben links) geben. Schalen, Mandeln und Pistazien gut vermischen und abwechselnd kleine Mengen Weißwein und Zucker unterrühren (oben Mitte). Eigelb hinzufügen und die Mischung schlagen, bis sie steif ist (oben rechts).

3 **Die Mischung garen.** Die Mischung in zwei mit Butter ausgestrichene Formen von unterschiedlicher Größe geben. Mit Pergamentpapier bedecken und in einen großen Kochtopf stellen (oben). So viel heißes Wasser dazugießen, daß die Formen zu zwei Dritteln im Wasser stehen. Zugedeckt im Wasserbad bei schwacher Hitze 25 bis 40 Minuten garen, bis sich der Flammeri fest anfühlt.

4 **Den Pudding stürzen.** Die Formen stehenlassen, bis die beiden Flammeris lauwarm sind. Den größeren Flammeri zuerst mit Hilfe eines Tellers stürzen. Einen breiten Spatel über die kleinere Form legen und damit den Flammeri festhalten. Die Form umdrehen und langsam auf den größeren Flammeri setzen (oben). Den Spatel sehr vorsichtig herausziehen, bevor die Form abgenommen wird.

5 **Garnieren und servieren.** Den Flammeri mit ganzen Brombeeren (wie hier) oder mit Himbeeren garnieren. Für die Sauce einen Teil der Früchte pürieren und nach Belieben mit Zucker abschmecken. Sind keine frischen Früchte auf dem Markt, tiefgekühlte Früchte verwenden oder für die Sauce ein Püree aus getrockneten Aprikosen zubereiten. □

2 **Den Eischnee unterziehen.** Das Eiweiß schlagen, bis es steife Spitzen bildet. Einen Löffel Eischnee in die Mandel-Pistazienmischung rühren, dann das Püree vorsichtig unter den restlichen Eischnee heben (oben). Die Masse in eine mit Butter ausgestrichene Form geben. Ins Wasserbad stellen (Arbeitsgang 3, oben) und im vorgeheizten Backofen bei 190° C (Gasherd Stufe 3) etwa 25 Minuten garen, bis die Masse fest geworden ist.

3 **Den Pudding servieren.** Das Mandelbrot mit Hilfe eines umgedrehten Tellers stürzen. Einige Minuten ruhig stehenlassen, dann mit Schlagsahne garnieren. Nach Belieben können auch Streifen gezuckerter Orangenschale (S. 11) als Garnierung dienen. □

Verfeinerung von Reis durch Eier und Sahne

Aus Reis, der in Milch gegart wird, bis seine Körner dick und weich sind, lassen sich nahrhafte und preiswerte Puddings zubereiten, die von der einfachen Süßspeise bis zum üppigen Dessert reichen. Durch seinen neutralen Geschmack kann Reis viele Aromastoffe aufnehmen. Bei dem hier gezeigten Beispiel bekommt der Reis Geschmack durch ein *bouquet* aus Orangen- und Zitronenschalen (Rezept S. 132). Zimt und Vanille sind weitere beliebte Aromastoffe; die Iren benutzen Kirschlorbeerblätter, Whiskey und Safran (Rezept S. 132); die Inder hingegen bevorzugen Mandeln und Rosenwasser (Rezept S. 133) als Aromastoffe.

Für die Zubereitung von Puddings eignen sich Langkornreis wie der hier verwendete Patnareis, aber auch Rundkornreis – beispielsweise der Perlreis der orientalischen Küche. Patnareiskörner bleiben beim Garen ganz und ergeben einen Pudding mit klar getrennten Körnern. Rundkornreis nimmt mehr Flüssigkeit auf und zerkocht zu einem homogeneren Pudding.

Vor dem Garen sollte man den Reis gründlich in kaltem Wasser waschen, um die Stärke, die an den Körnern haftet, zu entfernen, denn sie würde die fertige Speise zu klebrig machen. Den Reis einige Minuten blanchieren (Arbeitsgang 1, rechts), dann noch einmal mit kaltem Wasser abspülen, damit letzte Stärkereste entfernt werden und der Reis nicht weitergart.

In der nächsten Garstufe nimmt der Reis etwa das Dreifache seines Volumens an gesüßter, mit Aromastoffen gewürzter Milch (in manchen Rezepten auch Wein oder Wasser) auf. Man kann den Pudding servieren, sobald die Milch absorbiert ist, oder daraus ein aufwendigeres Dessert herstellen. Hier werden Eigelb und Sahne unter den gegarten Reis gezogen; anschließend wird der Pudding bei ziemlich starker Hitze überbacken, damit er eine schöne braune Kruste erhält. Man kann den Reis aber auch mit Eischnee vermischen, in einer Form im Wasserbad garen und mit Kompott (Rezept S. 131) servieren. Oder man kann Gelatine und Schlagsahne daruntermischen und den Reis eisgekühlt als *Riz Impératrice* reichen.

1 **Den Reis blanchieren.** Den Reis in kaltem Wasser waschen und mit reichlich Wasser in einen schweren Kochtopf geben. Das Wasser zum Kochen bringen, gelegentlich mit einem Holzlöffel umrühren, damit die Körner getrennt bleiben. Den Reis etwa 5 Minuten kochen, dann in einem Sieb abtropfen lassen, unter kaltem fließenden Wasser abschrecken und wieder im Sieb abtropfen lassen.

2 **Die Würzzutaten vorbereiten.** Milch bei mittlerer Temperatur erhitzen. Während die Milch heiß wird, zwei Streifen frische Zitronenschale und drei Streifen frische Orangenschale mit Küchengarn zu einem *bouquet* zusammenbinden und beiseite legen.

3 **Zucker hinzufügen.** Zucker in die Milch geben und rühren, damit er sich gut auflöst. Das *bouquet* aus Zitronen- und Orangenschalen, etwas Butter und eine Prise Salz hinzufügen. Damit der Geschmack stärker zur Geltung kommt, kann man das *bouquet* bis zu einer Stunde in der Milch ziehen lassen.

4 **Den Reis hineingeben.** Die Milch zum Kochen bringen und den abgetropften, blanchierten Reis (oben) hineinrühren. Die Milch langsam wieder zum Kochen bringen und zugedeckt bei schwacher Hitze im Backofen oder auf der Kochstelle 25 Minuten garen, bis der Reis weich ist und die Milch absorbiert hat.

5 **Den Reis abkühlen lassen.** Den Topf aus dem Backofen oder von der Kochstelle nehmen und das *bouquet* entfernen. Durch vorsichtiges Rühren mit der Gabel die Reiskörner trennen. Der Reis kann nun sofort serviert werden. Wenn man noch Sahne und Eigelb hinzugeben möchte, muß der Reis 5 Minuten abkühlen, da sonst das Eigelb gerinnt.

6 **Eigelb hinzufügen.** Das Eigelb vom Eiweiß trennen (S. 38). Das Eiweiß für die Verwendung in anderen Speisen, zum Beispiel Baisers (S. 46), aufbewahren. Das Eigelb zum Reis geben (oben) und die Mischung rühren – ohne daß die Körner zerdrückt werden –, bis der Reis gut mit Eigelb überzogen ist.

7 **Den Pudding servieren.** Die Kaffeesahne unter die Mischung ziehen. Den Pudding in eine mit Butter ausgestrichene Auflaufform geben. 2 bis 3 EL Zucker auf den Pudding streuen und im heißen Backofen etwa 25 Minuten überbacken. Wenn der Zucker dann noch keine braune Kruste gebildet hat, 1 oder 2 Minuten unter den heißen Grill stellen. In der Auflaufform servieren. □

Englischer Weihnachtspudding – nach traditioneller Art gedämpft

Gedämpfte Puddings, die in ein Tuch eingeschlagen oder in eine Schüssel gefüllt und in einem großen Topf mit kochendem Wasser gegart werden, stammen aus alten Zeiten. Ursprünglich waren sie für einen kräftigen Appetit gedacht – üppige Mischungen aus pikanten und süßen Zutaten, aus Fleisch oder Fisch, Früchten und Gewürzen.

Später fanden die sehr süßen Puddings als Desserts für die kalte Jahreszeit viel Anklang. Sie wurden in der Regel aus Mehl, getrockneten Früchten und Butter oder Rindertalg zubereitet. Der hier gezeigte englische Weihnachtspudding (Rezept S. 103) ist ein edler Vertreter seiner Gattung. Bei diesem Rezept wird das Fett nicht mit Mehl, sondern mit Weißbrotbröseln vermengt, und unter die Masse gibt man reichlich getrocknete und kandierte Früchte, Nüsse und Gewürze. Der Pudding wird in einer glatten Puddingschüssel gegart; er läßt sich so einfacher dämpfen als in einem Tuch. Obwohl man den Pudding bereits nach etwa 1½ stündiger Garzeit verzehren könnte, dämpft man einen Weihnachtspudding meist bis zu 8 oder 9 Stunden, damit sich die verschiedenen Aromen gründlich verbinden und die dunkle Farbe der getrockneten Früchte den Pudding gut durchziehen kann.

Guter Rindertalg sollte weiß und trocken sein und sich krümelig anfühlen. Am besten kauft man ihn frisch vom Schlachter; Bindegewebe und Häutchen entfernt man, bevor man ihn in der Küchenmaschine oder mit einer gewöhnlichen Küchenreibe raspelt.

Wegen der außergewöhnlichen Konservierungseigenschaften von gegartem Talg und der guten Haltbarkeit durch Zucker und Alkohol können Weihnachtspuddings Monate oder sogar ein bis zwei Jahre vor dem Gebrauch zubereitet und aufbewahrt werden; ihr Aroma wird durch Lagerung in einem luftdichten Behälter sogar noch verfeinert (Kasten gegenüberliegende Seite).

Vor der Zubereitung des Weihnachtspuddings muß man die Sukkade und die getrockneten Früchte vorbereiten. Die Sukkade sollte man für etwa 30 Minuten in Wasser legen, die getrockneten Früchte waschen, zum Trocknen auf einem Küchentuch ausbreiten und alle verholzten Teile entfernen.

Als Beigabe zum Weihnachtspudding reicht man von alters her eine feste Sauce, die hergestellt wird, indem man gleiche Teile Butter und Puderzucker mischt und schlägt und mit dunklem Rum oder Weinbrand vermengt. Traditionsgemäß wird der Pudding mit einem Glas warmen Weinbrand begossen und an der Tafel flambiert.

1 **Die Zutaten vorbereiten.** Blanchierte Mandeln (S. 12), Sukkade und Kirschen hacken und mit dem weichen braunen Zucker und den getrockneten Früchten – hier Sultaninen und Korinthen – in eine große Schüssel geben. Die Schale einer Orange und einer Zitrone über dieser Mischung abreiben. Die abgeriebene Schale mit einem Kuchenpinsel von der Reibe ablösen (oben). Gehackten oder geriebenen Rindertalg, Weißbrotbrösel und Gewürze wie Muskat und gemahlenen Ingwer dazugeben. Alle Zutaten gründlich mit den Händen vermischen.

2 **Die Zutaten binden.** Eier schlagen und zur Mischung dazugeben. Whisky, Weinbrand oder wie hier ein Glas dunkles Bier hinzufügen; die Masse mit einem Holzlöffel verrühren, bis alle Zutaten vermischt sind. Traditionsgemäß werden Geldmünzen oder Glücksbringer unter den Teig gemischt. Falls man sie verwendet, sterilisiert man sie zuerst in kochendem Wasser und wickelt sie einzeln in Alufolie oder Pergamentpapier.

3 **Die Puddingschüssel vorbereiten.** Eine Puddingschüssel mit Pflanzenöl ausstreichen. Den Boden der Schüssel mit Pergamentpapier auslegen, das auf beiden Seiten mit Öl bestrichen ist. Die Schüssel mit der Puddingmasse füllen; die Masse mit einem Löffel festdrücken und glattstreichen. Den Pudding mit einem weiteren runden Bogen Pergamentpapier bedecken, das ebenfalls mit Öl bestrichen ist (oben).

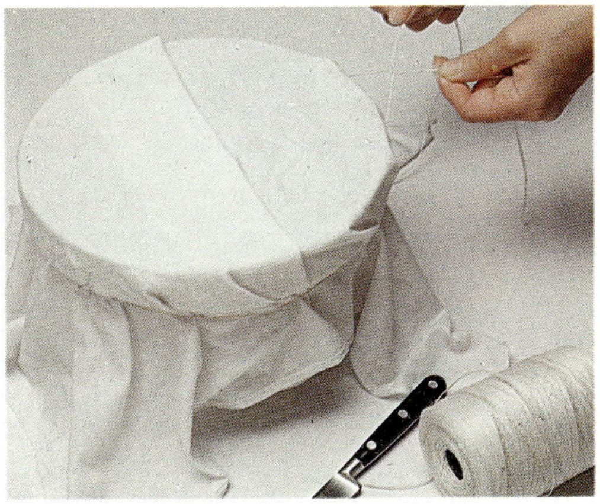

4 **Den Pudding versiegeln.** Ein feuchtes Tuch mit Mehl bestreuen und mit der bemehlten Seite nach unten über die Puddingschüssel legen. Das Tuch in Falten legen, damit der Pudding während des Garens aufgehen kann. Unterhalb des Randes mit Garn festbinden. Zum leichteren Herausheben der Schüssel einen Griff anfertigen, indem man die Enden des Tuches über der Schüssel verknotet.

5 **Den Pudding dämpfen.** Einen Dreifuß in einen großen Kochtopf stellen und die Puddingschüssel daraufstellen. Kochendes Wasser in den Topf gießen, bis die Puddingschüssel bis zu zwei Dritteln ihrer Höhe darin steht. Den Deckel auflegen und den Pudding etwa 9 Stunden simmern lassen; wenn nötig, kochendes Wasser nachgießen.

Versiegeln mit Wachs

Mit Wachs bestreichen. Das Tuch und den Bogen Pergamentpapier vom gegarten, abgekühlten Pudding entfernen. Ein großes Stück Pergamentpapier mit Pflanzenöl bestreichen und mit der mit Öl bestrichenen Seite nach unten über der Puddingschüssel festbinden. Um den Pudding luftdicht zu versiegeln, etwas Paraffinwachs oder einige Kerzen zum Schmelzen bringen und das Papier mit einem Kuchen- oder Malpinsel mit dem geschmolzenen Wachs überziehen. Bei Lagerung an einem kühlen, trockenen Ort hält der Pudding über ein Jahr. Zum Servieren das Papier entfernen, den Pudding mehrere Stunden dämpfen und heiß servieren.

6 **Den Pudding servieren.** Die Puddingschüssel aus dem Kochtopf heben. Tuch und Pergamentpapier entfernen und den Pudding aus der Schüssel nehmen. Den Pudding mit einem Stechpalmenzweig dekorieren. Kurz vor dem Servieren den Pudding mit einem Glas erwärmtem Weinbrand begießen, mit einem Streichholz anzünden und flambieren. □

4

Eierkuchen und Beignets

Die vielen Möglichkeiten, Eierkuchen zu verarbeiten

Einen leichten Teig herstellen
Das Backen von hauchdünnen Crêpes
Verschiedene Füllungen
Eine Crêpe-Torte aufschichten
Ein ungewöhnlicher Auflauf aus Ausbackteig
Fritieren von knusprigen Beignets

Eine erstaunliche Vielfalt von Desserts basiert auf einer ganz einfachen Grundzutat – dem Ausbackteig, einer dünnen Mischung aus Mehl und Flüssigkeit. So lassen sich Crêpes zubereiten, die hauchdünnen Eierpfannkuchen der französischen Küche. Köstliche Desserts entstehen, wenn man Crêpes mit Früchten (gegenüberliegende Seite) oder Soufflémasse (S. 64) füllt oder mit Eiercreme und aromatischen Zutaten zu einer Torte (S. 65) aufschichtet. Ein wenig abgewandelt, wird aus dem Ausbackteig der französische *clafoutis,* ein lockerer, biskuitartiger Auflauf. Wenn man einen besonders leichten Ausbackteig anrührt und Obststückchen oder Blütenblätter damit überzieht und in heißem Fett fritiert, erhält man delikate knusprige Beignets (S. 67).

Die Zutaten und ihr Mischungsverhältnis können je nach Verwendungszweck stark variieren. Für einen Crêpe-Teig (S. 62) vermischt man ganze Eier mit Mehl und gießt nur so viel Milch hinzu, daß ein glatter, dünner Teig entsteht. Ein wenig zerlassene Butter – zu dieser Mischung gegeben – läßt die gebackenen Crêpes leichter aus der Pfanne gleiten. Um den Teig zu verfeinern, kann man zwischen vielen aromatischen Zutaten wählen, sei es Weinbrand oder Likör oder einfach eine Prise Salz. Besonders wichtig ist die Konsistenz des Teiges. Für Crêpes, die hauchdünn, aber doch so fest sind, daß sie gefüllt werden können, ohne einzureißen, sollte der Ausbackteig so dünnflüssig wie Kaffeesahne sein. Gibt man mehr Mehl hinzu, so erhält man einen schwereren Teig, der sich zwar für Crêpes nicht eignet, aber für den *clafoutis,* den lockeren Auflaufteig, genau richtig ist.

Die dritte Variante des Ausbackteigs, der Beignet-Teig, muß sehr leicht sein, um sofort eine knusprige Hülle um das Fritiergut zu bilden. Daher wird dem Teig kein Eigelb hinzugefügt, und man rührt das Mehl mit Wasser oder Bier an.

Wenn Mehl mit Flüssigkeit angerührt wird, quillt der Kleber im Mehl auf und bildet eine elastische Masse. Durch Kneten oder Schlagen wird diese Elastizität noch erhöht, und es können unerwünschte Eigenschaften auftreten: Wenn Crêpe-Teig zu elastisch ist, verteilt er sich nicht gleichmäßig in der Pfanne, und elastischer Beignet-Teig haftet nicht am Fritiergut. Läßt man den vorbereiteten Ausbackteig bei Zimmertemperatur stehen oder „ruhen“, so verringert sich seine Elastizität.

Diese Crêpes mit ihrer Füllung aus pochierten Feigen (S. 34) werden mit Weinsirup überzogen. Fast alle Früchte eignen sich als Füllung für Crêpes. Mit einer passenden Sauce läßt sich das Dessert harmonisch abrunden. Doch alternativ kann man Crêpes auch nur mit Zucker bestreuen, mit Butterflöckchen belegen und kurz unter dem Grill glasieren.

Wie man vollkommene Crêpes zubereitet

Frisch gebackene Crêpes geben einer Mahlzeit einen leichten Abschluß. Besonders köstlich schmecken Crêpes mit Frucht- oder Souffléfüllung; und als Abschluß eines festlichen Menus kann man einen Crêpe-Kuchen (S. 64–65) servieren.

Wie auch immer Crêpes serviert werden sollen – der Grundteig besteht stets aus Eiern, Mehl, Milch und zerlassener Butter. Weinbrand oder Likör können zur Verfeinerung dazugegeben werden (Kasten gegenüber; Rezept S. 167). Den Teig nur so lange mit dem Schneebesen rühren, bis die Zutaten vermischt sind: Durch übermäßiges Rühren wird der Teig so elastisch, daß er in der Pfanne keine gleichmäßige Schicht bildet. Da Crêpes gleichmäßig gegart werden müssen, sollte man entweder einen elektrischen Crêpes-Automaten oder eine ziemlich schwere Eisen- oder Stahlpfanne verwenden, in der nur Crêpes zubereitet werden. Eine neue Pfanne muß vor dem Gebrauch vorbereitet werden (Kasten rechts), sonst setzen die Crêpes an, da zum Backen wenig Fett verwendet wird.

Doch auch mit einer vorbereiteten Pfanne werden die ersten Crêpes meist nicht perfekt gelingen. Aber sie helfen, die benötigte Teigmenge und den genauen Hitzegrad richtig einzuschätzen.

Die Pfanne - das Geheimnis zum Erfolg

Vorbereitung einer neuen Crêpe-Pfanne. Die Pfanne spülen und abtrocknen, 5 mm hoch Öl hineingießen (oben links) und bei schwacher Hitze erhitzen, bis das Öl dunkel wird und anfängt zu rauchen. Von der Kochstelle nehmen, die Pfanne abkühlen lassen, das Öl ausgießen und die Pfanne mit einem trockenen Tuch (oben rechts) ausreiben. Die Pfanne ist jetzt gebrauchsfertig. Wenn eine Crêpe beim Backen ansetzt, Teigreste entfernen, indem man die Pfanne mit Salz ausreibt. Die Pfanne darf nie gespült werden. Damit sie nicht rostet, sollte man sie nach jedem Gebrauch sorgfältig mit einem ölgetränkten Tuch auswischen.

1 **Die Crêpe formen.** Die Pfanne mit etwas Öl ausreiben und bei mittlerer Temperatur erhitzen. Wenn das Öl leicht raucht, mit dem Schöpflöffel gerade so viel Teig in die Pfanne geben, daß der Boden bedeckt ist (oben links): Der Teig sollte zischen, wenn er mit dem heißen Metall in Berührung kommt. Sofort die Pfanne schwenken, um den Teig so dünn und gleichmäßig wie möglich zu verteilen (oben Mitte), dann allen noch flüssigen Teig in die Rührschüssel zurückgießen (oben rechts).

Ein gut vermischter Teig

1 **Die Zutaten vermischen.** Das Mehl und eine Prise Salz durch ein Sieb in eine Schüssel streichen. In das Mehl eine Mulde drücken, die Eier hineingeben und allmählich mit dem Mehl verrühren; dabei von der Mitte nach außen arbeiten. Wenn die Mischung ganz glatt ist, die Milch unterrühren (oben).

2 **Den Teig abschmecken.** Wenn der Teig glatt ist, zerlassene Butter dazugießen. Man kann auch einen Schuß Weinbrand oder Likör dazugeben (oben), der den Geschmack der Crêpe-Füllung ergänzt. Zucker nach Belieben hinzufügen, falls man nicht eine sehr süße Füllung für die Crêpes geplant hat. Die Zutaten behutsam verrühren.

3 **Die Konsistenz prüfen.** Crêpe-Teig hat die richtige Konsistenz, wenn er so dünnflüssig wie Kaffeesahne ist und leicht vom Löffel läuft (oben). Wenn der Teig zu dick ist, langsam etwas mehr Milch unterrühren.

2 **Überschüssigen Teig entfernen.** Mit einem Spatel alle Fäden abschneiden, die durch das Ausgießen des überschüssigen Teiges entstanden sind. Die Pfanne für einige Sekunden auf die Kochstelle zurückstellen. Nach etwa 10 Sekunden, wenn die Oberfläche der Crêpe trocken aussieht und die Ränder sich nach oben rollen, die Crêpe wenden.

3 **Die Crêpe wenden.** Die Ränder der Crêpe mit einem Streichmesser oder Spatel ablösen. Eine Seite der Crêpe am Rand mit den Fingern halten und die Crêpe mit einer raschen Bewegung umdrehen (oben). Der Rand ist nicht zu heiß zum Anfassen. Man kann aber auch ein Streichmesser oder einen Spatel zum Wenden unter die Crêpe schieben.

4 **Die Crêpes schichten.** Die zweite Seite der Crêpe backt noch schneller als die erste. Dann läßt man die Crêpe auf einen erwärmten Teller gleiten. Wenn die Pfanne matt und trocken aussieht, noch einmal mit etwas Öl ausreiben. Bevor man neuen Teig in die Pfanne gibt, sollte er umgerührt werden, denn er setzt sich leicht ab. Die Crêpes übereinanderschichten (oben). □

Früchte als Crêpe-Füllung

Apfelfüllung. Die Äpfel halbieren, schälen und das Kerngehäuse entfernen, dann in dünne Scheiben schneiden. Die Apfelscheiben in etwas Butter bei schwacher Hitze weichdünsten. Zucker nach Belieben hinzufügen. Etwas Apfelmischung auf die Crêpe geben, die Crêpe rollen (links) und mit dem eingerollten Ende nach unten in eine mit Butter ausgestrichene Auflaufform geben. Die Crêpes mit Butterflöckchen belegen und mit Zucker bestreuen. Im vorgeheizten Backofen bei 180° C (Gasherd Stufe 2 – 3) etwa 20 Minuten backen.

Soufflé als Crêpe-Füllung

Die Crêpes mit Soufflé-Masse füllen. Auf der Grundlage von Weinschaumcreme (Rezept S. 138) eine Soufflé-Masse zubereiten und mit Grand Marnier oder einem anderen Fruchtlikör abschmecken. Etwa einen Eßlöffel Soufflé-Masse auf jede Crêpe geben (oben); die Füllung dehnt sich während des Garens aus, deshalb nicht zuviel Füllung nehmen. Jede Crêpe über der Füllung zusammenlegen und in eine gut mit Butter ausgestrichene, flache Auflaufform geben. Die Crêpes mit Zucker bestreuen und im vorgeheizten Backofen bei 200° C (Gasherd Stufe 3 – 4) etwa 8 Minuten backen. Die Crêpes sofort mit einer Weinschaumsauce servieren (S. 39).

Eine Crêpe-Torte

Einfache Crêpes werden in einer tiefen Form übereinandergeschichtet und mit roher Eiercreme begossen. So entstehen *crêpes à la crème* (Rezept S. 139), ein gehaltvolles Dessert, das im Ofen gebacken wird, damit die Eiercreme gart; dann wird es gestürzt und wie eine Torte serviert.

Man kann dieses Grundrezept abwandeln, indem man jede Crêpe dick mit einem Püree aus Früchten oder Nüssen bestreicht. Hier werden zum Beispiel abwechselnd pürierte Backpflaumen und Pistazien verwendet, bevor die Eiercreme dazugegeben wird.

Für das Backpflaumenpüree die Backpflaumen in wenig Wasser weichdünsten, abtropfen lassen, die Steine entfernen und die Backpflaumen durch ein Passiersieb pürieren (S. 26). Sahne, eine Prise Salz, einen Schuß Weinbrand und Zucker nach Belieben hinzufügen. Für die Pistazienfüllung die aus den Schalen gelösten Pistazien etwa eine Minute simmern lassen, damit sich die Haut abziehen läßt. Die abgezogenen Pistazien in einen elektrischen Mixer geben oder im Mörser zerstoßen. Zucker und so viel Sahne dazugeben, daß die Mischung die Konsistenz einer dicken Paste erhält.

1 **Die Crêpes übereinanderschichten.** Die Crêpes zubereiten (S. 62). Eine große Form mit Butter ausstreichen und mit frischen Weißbrotbröseln ausstreuen; den Boden der Form mit in Streifen geschnittener Angelikawurzel (kleines Photo) oder kandierten Früchten verzieren. Die Crêpes mit Backpflaumen- und Pistazienpüree bestreichen und sie übereinanderlegen. Bis etwa 5 cm unterhalb des Randes aufschichten.

2 **Mit Eiercreme begießen.** Die rohe Eiercreme um und über die Crêpes bis 1 cm unter den Rand gießen (oben). Ein Blatt Pergamentpapier mit Butter bestreichen und die Torte damit abdecken und im vorgeheizten Backofen bei 150° C (Gasherd Stufe 1) ungefähr 30 bis 40 Minuten backen.

3 **Die Torte servieren.** Wenn die Eiercreme fest ist, die Torte aus dem Backofen nehmen und abkühlen lassen. Mit einem scharfen Messer die Torte vom Rand der Form lösen, dann auf einen Teller stürzen. Die Torte in Portionen schneiden (rechts) und ein Püree aus weichen Früchten darübergießen. □

Ein Kirschauflauf aus dem Limousin

Crêpe-Teig, der mit zusätzlichem Mehl angedickt wurde, ist die Hauptzutat von *clafoutis* – einem Kirschauflauf, der aus dem Limousin stammt, einer französischen Landschaft südlich von Limoges (Rezept S. 141). Der *clafoutis* wird zubereitet, indem man den Teig in eine flache, feuerfeste Auflaufform gibt, das Obst darauf verteilt und bei Mittelhitze im Ofen backt, bis der Auflauf fest ist.

Der traditionelle *clafoutis* wird mit den schwarzen Wildkirschen des Limousin zubereitet, aber man kann statt dessen fast alle kleinen frischen oder getrockneten Früchte verwenden. Nach Belieben kann man frisches Obst mit Zucker bestreuen und etwa eine Stunde in etwas Weinbrand oder Fruchtlikör marinieren. Getrocknete Früchte – zum Beispiel Backpflaumen, Korinthen oder Sultaninen – sollten mit Wein oder Weinbrand knapp bedeckt werden und über Nacht ziehen, damit sie die Flüssigkeit ganz oder größtenteils aufnehmen können. Bevor die Früchte in den Teig gegeben werden, gießt man die restliche Flüssigkeit ab und bewahrt sie auf, um das Dessert kurz vor dem Backen damit zu beträufeln.

1 **Den Teig in die Form schöpfen.** Eine flache Auflaufform aus Porzellan oder Keramik dünn mit Butter ausstreichen; eine Metallform würde die Hitze zu schnell leiten, so daß der Auflauf an den Rändern zu stark gebacken würde. Etwa die Hälfte des vorbereiteten Teiges in die Form füllen.

2 **Die Früchte dazugeben.** Die Früchte in einer dichten Schicht auf dem Teig verteilen. Den restlichen Teig darübergeben, so daß die Früchte knapp bedeckt sind. Nach Belieben mit etwas Weinbrand beträufeln. Den Auflauf anschließend im Backofen bei 180° C (Gasherd Stufe 2 – 3) 25 Minuten backen.

3 **Den Auflauf fertiggaren.** Die Früchte mit etwas Zucker bestreuen, dann den *clafoutis* für weitere 10 bis 20 Minuten in den Backofen zurückstellen. Die Garprobe mit einem spitzen Hölzchen machen (oben). Wenn das Hölzchen beim Herausziehen trocken ist, zeigt es an, daß der Auflauf gar ist.

4 **Den Auflauf servieren.** Den *clafoutis* etwa 15 Minuten abkühlen lassen, bevor man ihn aus dem Backofen nimmt; er ist dann gerade noch warm und schmeckt so am besten. Nach Belieben den Auflauf vor dem Aufschneiden mit Puderzucker bestreuen und mit ungeschlagener Sahne (rechts) servieren. □

Goldene Frucht-Beignets

Fritierte Frucht-Beignets – Obststücke, die in zarten, goldbraunen Teig gehüllt sind – schmecken köstlich und sind leicht zuzubereiten. Hier werden in grünem Chartreuse marinierte Bananen verwendet, aber die meisten anderen Früchte – und sogar Blumen – eignen sich für diese Art der Zubereitung (Rezepte S. 143 und 144).

Der Ausbackteig für Beignets muß sehr leicht sein, damit er schnell gart und eine knusprige Hülle bildet, ohne schwammig zu werden. Der Teig enthält kein Eigelb und wird nicht mit Milch angerührt – wie es für Crêpes erforderlich ist –, sondern mit Wasser, das mit Bier vermischt werden kann, um dem Teig ein erfrischend bitteres Aroma zu geben. Der Beignet-Teig sollte etwa eine Stunde stehen, damit er etwas von seiner Elastizität verliert und gleichmäßig am Fritiergut haftet. Zum Schluß zieht man kurz vor dem Ausbacken das geschlagene Eiweiß unter, damit der Teig besonders leicht wird.

Die Beignets fritiert man in einem geschmacksneutralen Pflanzenöl, das auf etwa 190° C erhitzt wurde. Nur wenige Beignets in das Öl geben, sonst sinkt die Temperatur des Öls, und der Teig wird nicht knusprig.

1 **Den Ausbackteig zubereiten.** Mehl mit einer Prise Salz in eine große Schüssel sieben. Zucker nach Belieben hinzufügen. Zerlassene Butter unterrühren, dann Bier (oben links), Wasser und nach Belieben etwas Weinbrand angießen. Die Masse nur so lange schlagen, bis der Teig glatt ist. Den Teig etwa 1 Stunde an einem warmen Platz ruhen lassen. Kurz vor dem Ausbacken geschlagenes Eiweiß unterziehen (oben rechts).

2 **Die Früchte aromatisieren.** Die Bananen schälen, halbieren und auf einen Teller legen. Mit Weinbrand, Rum oder Likör begießen und mit etwas Zucker bestreuen (oben). Die Früchte etwa eine Stunde marinieren; dabei die Bananenhälften mehrmals wenden.

3 **Die Früchte mit Teig überziehen.** In einen Fritiertopf so viel Öl gießen, daß der Topf 5 cm hoch gefüllt ist. Das Öl auf 190° C erhitzen. Die Temperatur prüfen, indem man etwas Ausbackteig in das Öl gibt: Wenn der Teig zischt und sofort Farbe annimmt, ist das Öl heiß genug. Die Bananenhälften einzeln in den Teig tauchen (oben); dabei überschüssigen Teig durch die Finger abtropfen lassen.

4 **Die Beignets garen.** Je 2 oder 3 Beignets mit einem Drahtsieb in den Fritiertopf senken. Die Beignets 30 bis 40 Sekunden auf beiden Seiten fritieren, bis der Teig goldgelb und luftig aufgegangen ist. Die Beignets aus dem Topf heben (oben) und auf Küchenkrepp abtropfen lassen. Sofort mit Puderzucker bestäuben und servieren. □

5

Gefrorenes
Kühle Leckerbissen - heißbegehrt

Zubereitung von Frucht- und Wassereis
Die Verwendung einer Eismaschine
Ein Parfait aus Eiern und Sahne
Die Vielseitigkeit von Eiscremes
Zusammenstellung einer Eisbombe
Zubereiten eines Eis-Soufflés

Eis gehört zu den köstlichsten Genüssen des Sommers. Früher konnten nur wenige Wohlhabende, die in der warmen Jahreszeit Eis in Blöcken lagerten, an heißen Hochsommertagen gefrorene Leckerbissen servieren. Heute jedoch können alle, die ein Gefriergerät besitzen, zu jeder Jahreszeit das frische Aroma und die unnachahmliche Beschaffenheit von selbstgemachtem Eis genießen.

Die Kunst der Zubereitung solcher Desserts besteht darin, die Zutaten so zu gefrieren, daß kein steinharter Klumpen und keine Masse grober Eiskristalle entsteht. Welche Geräte man dazu benötigt, hängt davon ab, was für Eissorten man herstellen will. Die einfachsten Frucht- oder Wassereissorten (S. 70) lassen sich zum Beispiel im Gefrierfach des Kühlschranks oder in der Tiefkühltruhe zubereiten; gelegentliches Umrühren genügt, um die großen Eiskristalle aufzubrechen. Dadurch bekommt die fertige Speise eine angenehm körnige Struktur. Die gehaltvollsten Eiscremes, die Parfaits (S. 72), lassen sich ohne jedes Umrühren auch in dekorativen Formen gefrieren; durch ihren hohen Eigelb- und Sahnegehalt kristallisieren sie beim Gefrieren nicht. Zur Herstellung von glattem Frucht- oder Wassereis (S. 70) oder Creme-Eis braucht man eine handgetriebene oder elektrische Eismaschine, denn die ständige Bewegung des Rührwerks der Eismaschine verhindert die Entstehung von Eiskristallen.

Bei den meisten Eismaschinen ist das Rührwerk im Inneren einer metallenen Eisbüchse angebracht. Diese Eisbüchse wird in einen Kübel gestellt, der mit einer Mischung aus zerstoßenem Eis und Steinsalz gefüllt ist. Das Salz senkt den Schmelzpunkt des Eises, und die erhöhte Schmelzgeschwindigkeit bewirkt, daß der Inhalt der Eismaschine seine Wärme sehr schnell abgibt. Eine gute Eismaschine braucht nur wenige Minuten, um eine Mischung zu gefrieren, die in einer Form oder Eisschale Stunden brauchen würde, um fest zu werden.

Bei der Zubereitung aller Eissorten muß berücksichtigt werden, daß der Geschmack des fertigen Desserts durch die Kälte abgeschwächt wird. Die Mischung sollte deshalb stärker aromatisiert werden als ein entsprechendes ungefrorenes Dessert. Allerdings darf man Eis nicht zu kalt servieren. Wenn man es vor dem Gebrauch für etwa 30 Minuten in den Kühlschrank stellt, wird es etwas weicher und Aroma und zarte Beschaffenheit kommen besser zur Geltung.

Ein Mango-Parfait (S. 72), das mit kandierten Kap-Stachelbeeren garniert und mit dem wohlschmeckenden Fruchtfleisch von Passionsfrüchten überzogen ist, wird vor dem Servieren aufgeschnitten. Eigelb und Schlagsahne machen das Parfait zart und gehaltvoll; das unter die Grundmasse gemischte Mangopüree verleiht dem Dessert die goldene Farbe.

Frucht- und Wassereis: ein natürliches Aroma

Frucht- oder Wassereis ist das unkomplizierteste aller gefrorenen Desserts – oft besteht es nur aus Fruchtsaft oder Fruchtpüree, die mit einem leichten Sirup gemischt und in einer metallenen Eisschale gefroren werden. Gelegentliches Umrühren während des Gefrierens bricht die Eiskristalle auf, macht das Dessert zart und halb flüssig und verleiht ihm eine gleichmäßige, körnige Struktur.

Frucht- oder Wassereis wird häufig auch Scherbett oder Sorbet genannt; ursprünglich bezeichnete man damit leicht gefrorene Eisdesserts, die mit Wein oder Likör aromatisiert und mit Eischnee gemischt waren und zwischen Entrée und Fleischgang gereicht wurden (Rezepte S. 145).

Alle Fruchteissorten verdanken ihre Beliebtheit ihrem reinen, ausgeprägten Geschmack, der auf der Verwendung bester und frischester Zutaten beruht. Bei dem Melonen- und Champagner-Eis, das hier gezeigt wird (Rezept S. 146), muß die Melone ganz reif und der Champagner von guter Qualität sein. Zuerst kocht man einen leichten Zuckersirup (S. 8); während er abkühlt, wird das Fruchtfleisch der Melone püriert und mit dem Champagner vermischt. Auch ohne Erhitzen verbindet sich dieser Sirup glatt mit den Früchten, und je kühler die Masse vor dem Gefrieren ist, desto weniger Zeit braucht sie, um fest zu werden.

Man kann das Eis in den ausgehöhlten Melonenschalen servieren, die man nach Belieben mit einem dekorativen Muster verziert (S. 22). Kleine Melonen wie die hier abgebildeten nehmen einzelne Portionen auf; eine große Melone eignet sich als Serviergefäß für mehrere Gäste.

Mit Hilfe einer Eismaschine läßt sich ein geschmeidiges Frucht- oder Wassereis zubereiten (Kasten gegenüberliegende Seite). Die Zutaten (Rezept S. 147) werden in die Eisbüchse in der Mitte der Eismaschine gegeben. In den äußeren Behälter gibt man eine Gefriermischung aus einem Teil Salz und drei Teilen zerstoßenem Eis. Das Rührwerk, das sich im Inneren der Büchse dreht, schabt das Fruchteis während des Gefrierens von den Seitenwänden und mischt es ständig, damit es zart bleibt. Nach 20 bis 30 Minuten ist das Fruchteis fertig.

Die meisten Fruchteissorten, die nach einer dieser Methoden zubereitet werden, können im voraus hergestellt und in verschlossenen Behältern in der Tiefkühltruhe gelagert werden. Sie sollten jedoch innerhalb weniger Tage verbraucht werden, denn ihr frisches Aroma verfliegt schnell.

1 **Das Melonenpüree zubereiten.** Einen leichten Sirup kochen (S. 8) und abkühlen lassen. Reife Melonen halbieren (S. 22) und die Kerne entfernen. Das Fruchtfleisch herausnehmen und die Schalen kalt stellen. Das Fruchtfleisch durch ein Sieb in eine Schüssel streichen (oben). Etwas Zitronensaft darunterrühren und etwa halb soviel kalten Champagner wie Früchtepüree dazugeben.

2 **Zuckersirup dazugeben.** Den abgekühlten Sirup unter die Melonen- und Champagnermischung rühren (oben). Die Mischung in einer flachen Eisschale in das Gefriergerät oder in das Gefrierfach des Kühlschranks stellen.

3 **Die Masse umrühren.** Nach etwa 30 Minuten die Eisschale herausnehmen und mit einer Gabel das Eis vom Rand zur Mitte hin umrühren (oben). Auf diese Weise werden große Kristalle gebrochen. Die Eisschale wieder in das Gefriergerät stellen und den Vorgang stündlich wiederholen.

4 **Das Eis schlagen.** Nach drei- bis vierstündigem Gefrieren ist die Masse so fest, daß sie ihre Form behält, und hat eine körnige Struktur. Die Melonenschalen aus dem Kühlschrank nehmen und nach Belieben mit etwas Weinbrand ausschwenken. Die Eismasse in eine gekühlte Schüssel geben und glattschlagen; den Weinbrand daruntermischen, mit dem die Melonenhälften ausgeschwenkt wurden.

Zubereiten von Frucht- oder Wassereis in der Eismaschine

1 **Die Eisbüchse füllen.** Die Eisbüchse in den Kübel der Eismaschine stellen und den Kübel zu drei Vierteln mit einer Mischung aus Steinsalz und Eis füllen. Die Fruchtmischung, hier mit dem Geschmack schwarzer Johannisbeeren, in die Eisbüchse geben (oben).

2 **Die Eismaschine mit Salz und Eis auffüllen.** Die Eisbüchse mit dem Deckel verschließen und so viel Steinsalz und Eis zugeben, daß der Kübel gefüllt ist. Die Kurbel drehen. Nach 20 bis 30 Minuten, wenn sie nur noch schwer zu bewegen ist, ist das Eis gefroren.

3 **Das Eis servieren.** Die Eisbüchse aus dem Kübel nehmen und vor dem Öffnen das salzige Eis abwischen. Das Fruchteis aus der Eisbüchse nehmen und sofort servieren (oben) oder in der Tiefkühltruhe lagern.

5 **Das Eis servieren.** Das Eis in die Melonenschalen geben (rechts) und sofort auf zerstoßenem Eis servieren. Hat man das Dessert etwas zu früh zubereitet, kann man die gefüllten Melonenschalen in der Tiefkühltruhe aufbewahren. Man sollte das Eis nicht länger als 1 bis 2 Stunden dort stehenlassen, sonst prickelt der Champagner nicht mehr, und das Dessert verliert viel von seinem Reiz. □

Eiscremes aus Eiern und Sahne

Die einfachste Eiscreme besteht aus gefrorener Sahne. Sahne wird geschlagen, aromatisiert und in der Eismaschine gedreht oder einfach in der Eisschale gefroren. Durch ihren hohen Fettgehalt kristallisiert die Masse nur wenig und braucht nur gelegentlich umgerührt zu werden.

Noch gehaltvoller ist das hier abgebildete Parfait, auch Halbgefrorenes genannt. Zuckersirup (S. 8) wird unter warmes Eigelb geschlagen und bildet so einen leichten Eischaum, der mit der gleichen Menge Schlagsahne vermischt und dann gefroren wird. Parfaits können mit Likör, Kaffee oder pürierten Früchten aromatisiert werden: Hier verleiht reife Mango dem Parfait eine kräftige goldene Farbe und einen exotischen Geschmack (Rezept S. 148).

Da Parfaits ohne Umrühren gefroren werden können, eignen sie sich ausgezeichnet zum Stürzen. Man sollte dazu eine Metallform benutzen, die die Wärme ungehindert abgibt. Da sich das Eis ausdehnen muß, sollte man die Form nie bis zum Rand füllen. Vor dem Stürzen des Parfaits löst man es vom Rand der Form, indem man um die Form ein Handtuch wickelt, das man in warmes Wasser gelegt hat. Ein heißes Handtuch würde die Oberfläche des Desserts zum Schmelzen bringen.

Die dritte Eiscreme-Art basiert auf einer flüssigen Eiercreme, der englischen Creme, die auf Seite 38 beschrieben wird. Sie wird jedoch mit einem höheren Anteil Eigelb und oft mit Kaffeesahne statt Milch zubereitet. Creme-Eis enthält normalerweise weniger Eier und Sahne als ein Parfait; deshalb muß man es während des Gefrierens ab und zu schlagen oder in einer Eismaschine gefrieren (Kasten rechts).

Creme-Eis kann man mit den verschiedensten aromatischen Zutaten anreichern. Vanille (Rezept S. 167), Kaffee und Schokolade sind klassische Zutaten. Liköre oder zerstoßene Nüsse oder Mandeln, wie bei der hier gezeigten Mandeleiscreme (Rezept S. 150), sind ebenfalls beliebt.

Alle Eiscremes können im voraus zubereitet und in luftdichten Behältern in der Tiefkühltruhe gelagert werden. Eine ein- oder zweiwöchige Lagerung bewirkt sogar eine Verbesserung des Aromas, insbesondere bei den gehaltvollen Parfaits. Direkt aus der Tiefkühltruhe sollte man das Eis allerdings nicht auf den Tisch bringen, da es dann zum Schneiden oder Essen zu hart ist. Man sollte es zuvor im Kühlschrank etwa 30 Minuten weich werden lassen.

1 **Den Sirup unter das Eigelb schlagen.** Einen 28-Grad-Baumé-Sirup (S. 8) zubereiten. Das Eigelb in einem Topf, der in einem Wasserbad mit schwach simmerndem Wasser steht, mit dem Sirup verschlagen. Die Mischung mit dem Schneebesen 10 bis 15 Minuten ständig weiter schlagen, bis sie schaumig ist.

2 **Die Aromastoffe hinzugeben.** Den Topf von der Kochstelle nehmen und in eine mit Eiswürfeln gefüllte Schüssel stellen, damit die Mischung nicht mehr weitergart. Weiter schlagen, bis die Masse abgekühlt ist. Allmählich die Aromastoffe unterrühren. Salz und einige Tropfen Zitronensaft hinzufügen, damit das Fruchtaroma betont wird.

Zubereiten von Creme-Eis in der Eismaschine

1 **Die Aromastoffe hinzufügen.** Für das Mandeleis die Mandeln in einem Mörser (S. 10) zerstoßen und die Milch dazugeben. Eigelb und Zucker schaumig schlagen, dann die Milch und die Mandeln hinzufügen. Für ein gehaltvolleres Eis kann man auch etwas Sahne hinzugeben. Die Masse wie bei der Zubereitung einer englischen Creme (S. 38) bei mittlerer Hitze rühren, bis sie dick wird.

2 **Zum Gefrieren vorbereiten.** Wenn die Eiercreme so fest ist, daß sie den Löffel überzieht, nimmt man sie von der Kochstelle und kühlt sie entweder im Kühlschrank oder rührt sie in einer mit Eis gefüllten Schüssel, bis sie kalt ist (oben). Die kalte Masse zum Gefrieren in die Eismaschine oder in Eisschalen füllen.

3 **Das Parfait fertigstellen.** Ungefähr die gleiche Menge leicht geschlagene Sahne unter die Masse heben. Eine gekühlte Form bis etwa 1 cm unterhalb des Randes mit der Masse füllen (oben). Die Form mit einem Deckel oder mit Alufolie verschließen und mindestens 4 Stunden gefrieren, bis die Masse fest ist.

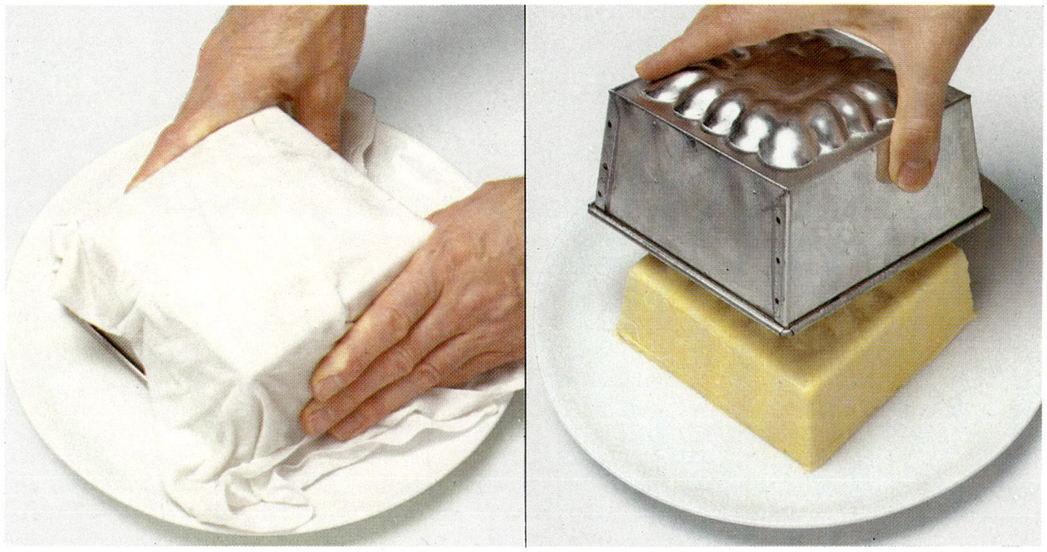

4 **Stürzen.** Den Deckel oder die Alufolie von der Form abnehmen, eine Platte darauflegen und Form und Platte zusammen umdrehen. Ein warmes Handtuch um die Form wickeln (oben links). Das Handtuch entfernen und die Form senkrecht hochheben, um das Eis herauszunehmen, ohne daß seine Form zerstört oder beschädigt wird (oben rechts).

3 **Die Eiercreme gefrieren.** Etwa eine halbe Stunde in der Eismaschine drehen (S. 71) oder ungefähr 3 Stunden in Eisschalen gefrieren lassen. Wenn man Eisschalen verwendet, sollte man die Mischung alle halbe Stunde in eine Schüssel geben und glattschlagen. Man kann die fertige Eiscreme ohne dekorative Beigaben servieren oder eine phantasievolle Komposition zusammenstellen (S. 74).

5 **Servieren.** Ist die Oberfläche des Parfaits etwas geschmolzen, so streicht man sie mit einer Messerklinge glatt und stellt das Dessert noch einige Minuten in die Tiefkühltruhe. Das Parfait nach Belieben mit kandierten Früchten garnieren; hier wird es mit Kap-Stachelbeeren verziert (S. 10). Mit einer Früchtesauce begießen und servieren. □

Eisbombe: Eis als Hülle und Fülle

Für eine Eisbombe werden verschiedenartige Eiscremes in einer Form übereinandergeschichtet und gestürzt. Durch die unterschiedliche Beschaffenheit der Zutaten und die Vielfalt der Aromen ist sie ein kulinarischer Genuß. Bei der hier beschriebenen Eisbombe New York (Rezept S. 151) gibt man Maronen-Parfait mit Früchten, die mit Likör aromatisiert wurden, in eine äußere Schicht Creme-Eis mit Mandelgeschmack (S. 72). In den Rezepten für andere Eisbomben (Rezepte S. 152 und 153) werden verschiedene Eiscremes oder Wassereissorten zusammengestellt. Auf jeden Fall müssen in einer Eisbombe mindestens zwei unterschiedliche Arten von Eis vorhanden sein.

Für die Zubereitung einer Eisbombe lassen sich eventuell vorhandene Speiseeisreste gut verwerten. Man kann die Zutaten für das Dessert natürlich auch frisch herstellen.

Eisbombenformen bestehen normalerweise aus Kupfer, das als guter Wärmeleiter dafür sorgt, daß die Bombe rasch gefriert und sich später leicht stürzen läßt. Wenn eine solche Form nicht erhältlich ist, kann man statt dessen eine tiefe Metallschüssel oder auch eine Charlottenform verwenden.

1 **Die Form mit einer Eisschicht auskleiden.** Die gekühlte Eisbombenform in eine mit Eis gefüllte Schüssel stellen. Mit einer 1 cm dicken Schicht Eiscreme auskleiden – hier mit Mandeleis. Die Eiscreme mit dem Löffelrücken glattstreichen und die Form ins Gefrierfach stellen, während inzwischen die anderen Zutaten vorbereitet werden. Etwas Eiscreme im Gefriergerät beiseite stellen.

2 **Das Maronen-Parfait zubereiten.** Abgezogene, weichgekochte Maronen (S. 30) durch ein Sieb in eine Schüssel streichen. Eigelb und Zucker zum Püree geben und die Schüssel in einen großen Topf mit kochendheißem Wasser stellen. Die Masse etwa 10 bis 15 Minuten ständig schlagen, bis sie glatt ist (oben).

5 **Die Eisbombe füllen.** Die Form aus dem Gefriergerät nehmen und wieder in eine mit Eis gefüllte Schüssel stellen. Die Form etwa zur Hälfte mit den Himbeeren – oder auch jeder anderen weichen Fruchtart – füllen; dann bis etwa 2 cm unterhalb des oberen Randes mit Maronen-Parfait auffüllen (oben) und mit den restlichen Himbeeren bedecken.

6 **Die Eisbombe fertigstellen.** Die Form mit einer abschließenden Schicht Mandeleiscreme, die für diesen Zweck beiseite gestellt wurde, versiegeln und mit dem Löffelrücken glattstreichen (oben). Einen runden Bogen Pergamentpapier auf die Eiscreme legen, dann mit dem Deckel verschließen. Für etwa 4 Stunden in das Gefriergerät stellen.

3 **Die Aromastoffe hinzufügen.** Die Schüssel von der Kochstelle nehmen und in eine mit Eis gefüllte Schüssel stellen. Die Masse schlagen, bis sie erkaltet ist. Die Schüssel aus dem Eis nehmen und den Likör – hier Curaçao – darunterschlagen. Etwa die gleiche Menge Schlagsahne unter die Parfait-Masse ziehen und die Schüssel beiseite stellen.

4 **Die Früchtefüllung zubereiten.** Weiche Früchte – in diesem Fall Himbeeren – mit Kirschlikör beträufeln (oben) und mit Zucker bestreuen. Leicht rütteln, damit alle Beeren gleichmäßig überzogen werden. Die Früchte kann man ganz unter die Eisbombe mischen oder sie wie hier zuerst pürieren. Früchtepüree wird zuerst gefroren, bis es fest ist, bevor man es zur Eisbombe hinzugibt.

7 **Die Eisbombe stürzen und servieren.** Die Form aus dem Gefriergerät nehmen. Den Deckel und das Pergamentpapier entfernen, ein warmes Handtuch um die Form legen (oben) und auf eine gekühlte Platte stürzen. Die Form abnehmen und die Eisbombe vor dem Servieren etwa 30 Minuten im Kühlschrank weich werden lassen. □

Ein vielschichtiges Eis-Soufflé

Ein Eis-Soufflé ist ein herrliches Gebilde. Obwohl es in einer Soufflé-Form serviert wird, aus der es wie ein vollendet gebackenes Soufflé stolz aufragt, besteht es doch ganz aus Eis. Da die Grundlage des Eis-Soufflés eine gehaltvolle Parfait-Masse ist, die während des Gefrierens nicht gerührt zu werden braucht, kann man verschiedene Sorten übereinanderschichten.

Um den Regenbogeneffekt des abgebildeten Eis-Soufflés (Rezept S. 154) zu erzielen, werden für die verschiedenen Schichten Pistazien, Himbeeren, Kaffee, Haselnüsse und Mandeln unter die Grundmasse gemischt. Der Rand der Form wird mit einer Papiermanschette erhöht, damit das Eis-Soufflé eine eindrucksvolle Größe erreicht. Es kann dreimal so hoch wie die Form aufgeschichtet werden, wenn man im Gefriergerät ausreichend Platz hat.

Die Grundmasse für das Parfait kann zubereitet werden, indem man im Wasserbad Zuckersirup unter das Eigelb schlägt (siehe S. 72). Hat man jedoch keinen Sirup zur Hand, so kann man den Zucker direkt unter das Eigelb schlagen.

1 **Zucker und Eigelb vermischen.** Eigelb in eine Schüssel geben und in einen Topf stellen, der mit schwach simmerndem Wasser gefüllt ist. Langsam Zucker in das Eigelb streuen. Es kann auch etwas Vanillezucker dazugegeben werden, der hergestellt wird, indem man eine Vanilleschote etwa eine Woche lang mit Zucker in einen geschlossenen Behälter legt.

2 **Die Masse schlagen.** Eigelb und Zucker bei schwacher Hitze etwa 10 Minuten ständig schlagen, bis der Zucker völlig aufgelöst und die Masse nicht mehr körnig ist. Jetzt hat die Masse ihr Volumen verdreifacht und ist blaßgelb, glänzend und dick genug für die Bandprobe (oben). Den Topf von der Kochstelle nehmen und auf Eis stellen, um den Garvorgang sofort zu beenden.

3 **Die Schlagsahne unterheben.** Die Masse weiter schlagen, bis sie so dick ist, daß sie nicht mehr am Topfrand haftet. Vom Eis nehmen. In einer anderen Schüssel die Sahne schlagen, bis sie weiche Spitzen bildet; dann unter die Eiermasse heben.

4 **Die Aromastoffe hinzufügen.** Die Masse gleichmäßig in ebenso viele Schüsseln verteilen, wie man Eissorten wünscht. Hier werden Himbeerpüree, gemahlene Pistazien, schwarzer Kaffee und eine Mischung aus zerstoßenen Haselnüssen und Mandeln jeweils in eine Schüssel mit der Eiermasse gegeben. Die Schüsseln in den Kühlschrank stellen.

5 **Die Schichten aufbauen.** Eine Manschette aus Pergamentpapier doppelt falten und um die Soufflé-Form legen. Die Manschette oben und unten mit Büroklammern befestigen. Die Form zur leichteren Handhabung auf ein Tablett stellen und die erste Schicht der Parfait-Masse einfüllen (rechts). Die Form auf dem Tablett für etwa 30 Minuten ins Gefriergerät stellen, dann die nächste Schicht (rechts außen) daraufgeben. Den Vorgang wiederholen und Schicht für Schicht gefrieren, bis man die gewünschte Anzahl hat.

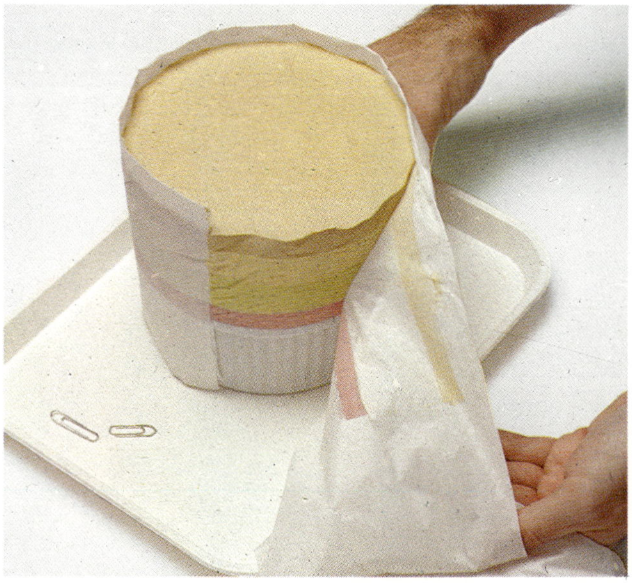

6 **Das Eis-Soufflé servieren.** Das Eis-Soufflé 3 bis 4 Stunden gefrieren. Aus dem Gefriergerät nehmen und vorsichtig die Papiermanschette entfernen. Das Eis-Soufflé in den Kühlschrank stellen, damit es etwas weicher wird und sein volles Aroma entfaltet. Das Dessert mit Borkenschokolade (S. 11) und Pistazien, wie hier gezeigt, garnieren. □

6

Dessert-Kompositionen

Vom Improvisierten zum Imposanten

Eine eindrucksvolle Charlotte Russe
Ein Dessert aus Quark, Eiern und Sahne
Kompositionen mit gedünsteten Früchten
Ein gefüllter Baiserkorb
Aufschichten eines Trifle
Phantasievolle Resteverwertung

Desserts wollen sorgfältig und kunstvoll gestaltet sein, und die Meister der Dessertküche finden von jeher Gefallen daran, sich an ausgefallenen Kompositionen zu versuchen. Fast alle Desserts, die auf den folgenden Seiten gezeigt werden, sind aufsehenerregende Gerichte, die eine Mahlzeit bravourös abrunden und von denen viele zu den kulinarischen Klassikern gehören. Die *charlotte russe* zum Beispiel, ein Dessert aus bayerischer Creme und Löffelbiskuits, die in einer tiefen Form zubereitet wird (S. 80), hat seit dem frühen 19. Jahrhundert ihren festen Platz auf europäischen Speisekarten.

Viele dieser Desserts wirken deshalb so attraktiv, weil sie aus zwei oder mehreren Bestandteilen zusammengesetzt sind, die nach verschiedenen Methoden zubereitet wurden. Eine vielfach verwendete Grundlage für diese Desserts ist zum Beispiel Baiser. Gebackenes Baiser kann zu einem Körbchen geformt (S. 86) und mit Früchten und Eiscreme gefüllt werden, oder man kann zwischen zwei große Baiserscheiben sandwichartig eine Füllung einschichten (Rezept S. 161). Rohe Baisermasse kann man um einen Eiscremeblock spritzen, so daß dieser völlig überzogen ist, und kurz im Ofen backen, bis die Oberfläche gebräunt ist. Die Eiscreme im Innern bleibt fest, da sie durch das luftige Baiser gegen die Hitze isoliert ist (S. 87).

Zu den meisten Dessert-Kompositionen gehören Früchte – sei es als Füllung, Sauce oder Garnierung. Bei dem leckeren Dessert auf Seite 84 steht das Obst im Mittelpunkt. Bei diesem Dessert werden gedünstete frische und getrocknete Früchte um einen Früchtepudding zu einem grandiosen Arrangement von Farbschattierungen vom blassen Gelbbraun bis zu Karminrot und Schwarz angeordnet.

Nicht bei allen Dessert-Kompositionen ist die Herstellung festgelegt, bei manchen sind Zutaten und Mengen variabel und bieten somit einen breiten Spielraum für die eigene Kreativität – und die Verwertung von Resten. Beliebige Kuchen- und Keksreste können zum Beispiel in einen Rest Eiscreme gegeben und in der Form zu einem Pudding gebacken werden (S. 90). Für ein Trifle (gegenüberliegende Seite und S. 88), eine üppige Nachspeise, kann man ebenfalls gut Kuchen- oder Keksreste, Marmelade, Gelee oder überreife Früchte verwerten.

Mit einem altmodischen Schneebesen aus Zweigen wird der Syllabub schaumig geschlagen und über das Trifle gegeben. Die Schichten aus Früchtepüree, Eiercreme und Kuchen sind teilweise miteinander verschmolzen und ergeben einen Marmor-Effekt.

Eine üppige Creme, von Löffelbiskuits umhüllt

Die ersten Desserts, die den Namen „Charlotte" trugen, waren einfache, in Weißbrot gehüllte, gebackene Früchtepürees (S. 32). Im frühen 19. Jahrhundert jedoch erfand der berühmte französische Küchenmeister Antonin Carême die *charlotte russe* (rechts; Rezept S. 155). Diese Charlotte braucht nicht gebacken zu werden. Ihre Füllung besteht aus bayerischer Creme (S. 44), ihre Hülle aus leichtem Biskuit – so bleibt auch bei der *charlotte russe* der traditionelle Kontrast zwischen weicher Füllung und knusprigem Äußerem erhalten. Ihre Zutaten sind allerdings gehaltvoller und ihre Zubereitung aufwendiger als die der meisten anderen Charlotten.

Für die Hülle benötigt man Löffelbiskuits – leichtes Gebäck aus Eiern, Zucker und Mehl (Arbeitsgang 1 bis 3, rechts; Rezept S. 167). Die Löffelbiskuits werden passend zurechtgeschnitten, so daß man damit den Boden und den Rand einer tiefen, runden Form auslegen kann. Die Reste lassen sich gut für ein Trifle (S. 88) verwerten.

Carême aromatisierte seine bayerische Cremefüllung nur mit Vanille, doch auch Schokolade, Kaffee, Krokant, Fruchtsaft oder pürierte Früchte passen dazu. Man kann aber auch Nüsse oder Früchte unter die bayerische Creme mischen.

Nach dem Einfüllen der bayerischen Creme in die mit Biskuit ausgelegte Form muß die *charlotte russe* mehrere Stunden im Kühlschrank stehen, bis sie fest wird. Wenn man die Charlotte aus der Form gestürzt hat, verziert man sie mit Schlagsahne und kandierten Früchten oder serviert sie wie hier mit einem gesüßten Früchtepüree. Säuerliche Früchte wie Heidelbeeren oder Himbeeren bilden einen interessanten Gegensatz zu der cremigen Füllung.

Viele andere Desserts lassen sich auf dieselbe Art wie die *charlotte russe* herstellen, aber nicht alle müssen so lange gekühlt werden, bis sie fest sind. Bei der *charlotte à la chantilly* wird zum Beispiel statt der bayerischen Creme gekühlte gesüßte, mit Vanille aromatisierte Schlagsahne verwendet; das Dessert wird gestürzt, sobald man die Sahne in die Form gegeben hat. Für eine Eiscreme-Charlotte wird die mit Biskuit ausgelegte Form kurz vor dem Servieren mit Eiscreme gefüllt (S. 72).

1 **Die Biskuitmischung zubereiten.** Eiweiß schlagen, bis es steife Spitzen bildet (S. 14). In einem Kochtopf das Eigelb mit feinem Kristallzucker mischen und den Topf bei schwacher Hitze ins Wasserbad stellen. Die Masse schlagen, bis sie blaßgelb und schaumig ist; dann in eine große Schüssel geben und nach und nach gesiebtes Mehl unterrühren (oben links). Wenn die Masse zäher wird und schwerer zu verarbeiten ist, mit einem Spatel oder Plastikschaber (oben rechts) so lange weiterrühren, bis die Zutaten gründlich miteinander vermischt sind.

4 **Den Boden der Form auslegen.** Einen runden Bogen Pergamentpapier in der Größe der Form ausschneiden. In die Mitte des Papiers eine runde Scheibe Löffelbiskuit legen. Dann die Kanten der anderen Biskuits in der Form von Blütenblättern zurechtschneiden, so daß sie sich dicht um den mittleren kreisförmigen Biskuit aneinanderfügen (oben).

5 **Die Form auslegen.** Den Bogen Pergamentpapier in die Form legen und die zurechtgeschnittenen Biskuits mit der flachen Seite nach oben darauf verteilen. Von weiteren Löffelbiskuits ein Ende gerade abschneiden und mit den abgeschnittenen Enden nach unten und mit der gewölbten Oberfläche nach außen am Rand der Form aufstellen.

2 **Den Eischnee unterheben.** Ein Viertel des Eischnees unter die Masse mischen (oben); dadurch wird sie lockerer, und der restliche Eischnee läßt sich leichter unterheben. Den restlichen Eischnee hinzufügen und behutsam mit einem Schneebesen unterziehen.

3 **Die Masse auf das Blech spritzen.** Ein Backblech mit Alufolie auslegen, diese mit Öl bestreichen. Einen Spritzbeutel mit der Biskuitmischung füllen (S. 46) und längliche Formen aufspritzen. Die Löffelbiskuits bei 180° C (Gasherd Stufe 2 – 3) im Backofen 20 Minuten backen, bis sie goldbraun sind.

6 **Das Dessert fertigstellen** Eine bayerische Creme zubereiten (S. 44) und aromatisieren: Hier werden pürierte, getrocknete Aprikosen verwendet. Die Creme kurz vor dem Festwerden in die Form gießen. Die überstehenden Enden der Löffelbiskuits auf gleicher Höhe mit der Füllung abschneiden (oben).

7 **Das Dessert servieren.** Wenn die Charlotte fest geworden ist – nach 4 bis 5 Stunden –, die Form einige Sekunden in heißes Wasser tauchen. Das Desssert stürzen. Das Papier abziehen. Die Charlotte mit Fruchtsauce – hier pürierte Heidelbeeren, mit Zuckersirup vermischt (rechts) – servieren. □

Ein dekoratives Quark-Dessert

Aus ungesalzenem Quark wie *ricotta* kann man ein zartes, cremiges Dessert zubereiten, wenn man den Quark einfach nur mit Zucker, ein wenig Sahne und einem Geschmacksstoff wie kandierten Früchten oder Weinbrand mischt. Dieses Grundrezept läßt sich abwandeln, indem man Eier oder zerlassene Butter hinzufügt und das Dessert in einer Form zubereitet (Rezepte S. 121 und 122). Ein berühmtes Rezept dieser Art ist *paskha,* ein russisches Ostergericht. Wie viele andere gestürzte Quark-Desserts wird es roh gegessen; in seiner Beschaffenheit ähnelt es einem gebackenen Käsekuchen.

Der Quark für ein solches gestürztes Dessert sollte gut abgetropft und fest sein, damit das Dessert seine Form behält; ist er sehr flüssig, so gibt man ihn in ein Sieb und läßt ihn darin über einer Schüssel mehrere Stunden stehen, bis der größte Teil der Molke herausgetropft ist. Der abgetropfte Quark wird durch ein Sieb gestrichen, um Klümpchen zu entfernen. Das *paskha* kann mit Zucker, Eiern, Sahne und Butter angereichert werden; auch gehackte Nüsse und kandierte Früchte können dazugegeben werden. Die Masse wird geschlagen, bis sie glatt und glänzend wie Sahne ist. Dann in eine mit Nesseltuch ausgelegte Form geben. Das Nesseltuch verhindert, daß die Quarkmasse aus der Form läuft und erleichtert das Stürzen; man bedeckt sie mit einem beschwerten Teller und kühlt sie über Nacht. Durch den Druck wird das *paskha* zu einer festen, kompakten Masse, die nach dem Stürzen die Form behält.

Für dieses Dessert kann man jede tiefe, poröse Form benutzen; sie muß nur am Boden eine Öffnung haben, aus der die überschüssige Flüssigkeit abtropfen kann. Traditionell wurde *paskha* in einem besonderen perforierten Holzgefäß zubereitet; ein ausgezeichneter Ersatz dafür ist ein Blumentopf aus Ton, da die Flüssigkeit durch die porösen Seiten und das Loch im Boden gut abfließen kann. Den Topf vor dem Gebrauch gut scheuern; ein neuer Topf wird eine Stunde in kaltes Wasser gelegt, damit der Geschmack von frischem Ton verschwindet, der das Dessert beeinträchtigen könnte.

Paskha wird durch die Lagerung besser und kann zwei bis drei Tage im Kühlschrank aufbewahrt werden. Da es bei Zimmertemperatur am besten schmeckt, nimmt man es eine halbe Stunde vor dem Servieren aus dem Kühlschrank. *Paskha* wird waagerecht aufgeschnitten; wenn man es ein zweites Mal servieren möchte, bewahrt man die oberste Scheibe auf, um das Dessert zu garnieren.

1 **Den Quark vorbereiten.** Wenn der Quark noch zu flüssig ist, in ein feines Sieb über einer Schüssel geben und bei Zimmertemperatur abtropfen lassen, bis keine Flüssigkeit mehr durch das Sieb läuft. Die Flüssigkeit entfernen. Dann mit einem Plastikschaber den Quark durch ein Haarsieb streichen (oben), damit keine Klümpchen im Quark bleiben.

2 **Die Zutaten vermengen.** In einer großen Schüssel das Eigelb und den Zucker schlagen, bis die Masse hellgelb und der Zucker aufgelöst ist. Die Mandeln und kandierten Früchte grobhacken und mit der weichen Butter, dem gesiebten Quark und etwas abgeriebener Zitronenschale zur Eiermasse hinzugeben (oben). Anschließend die Sahne und einige Tropfen Vanille-Extrakt untermischen und die Masse glattschlagen.

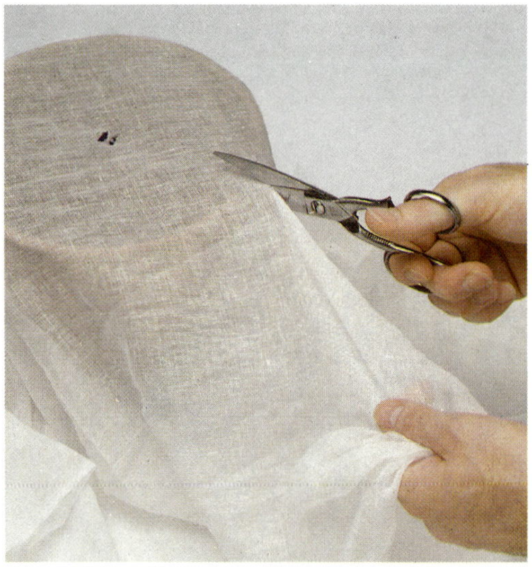

3 **Die Form auslegen.** Ein großes quadratisches Nesseltuch über die Form legen – hier ist es ein Blumentopf aus Ton. Vom Rand zur Mitte einen Schlitz in das Nesseltuch schneiden. Die Mitte des Nesseltuches unten auf den Boden des Blumentopfes legen. An einer Schnittkante beginnend, das Nesseltuch glatt an den Wänden und dem Boden des Topfes entlang auslegen; das Tuch übereinanderlegen, ohne daß es eine Falte wirft, die im Dessert einen Abdruck hinterlassen würde.

4 **Die Tonform füllen.** Die Quarkmasse mit einem Holzlöffel oder einem Spatel in die mit Nesseltuch ausgelegte Form füllen und fest in den Topf drücken. Die losen Enden des Nesseltuches über der Füllung zusammenfalten, so daß die Masse völlig bedeckt ist.

5 **Die Flüssigkeit entweichen lassen.** Die Quarkmasse unter einem Teller mit Gewichten beschweren, um das Abtropfen zu beschleunigen; hier sind es etwa 5 kg. Den Topf auf einem Kuchengitter auf ein Tablett stellen, damit die Flüssigkeit aufgefangen wird. Über Nacht in den Kühlschrank stellen.

6 **Das Dessert stürzen.** Gewichte und Teller von der Form nehmen. Das eingeschlagene *paskha* und die Form auf die Handfläche stülpen und vorsichtig die Form abheben (oben links); dann das Dessert umgekehrt auf das Kuchengitter stellen und das Nesseltuch lockern (oben Mitte). Einen umgedrehten Servierteller auf das *paskha* legen, den Teller mit dem *paskha* umdrehen und das Nesseltuch entfernen (oben rechts).

7 **Garnieren und servieren.** Kandierte Früchteschalen in dünne Streifen schneiden und mit den Fingern oder einer Pinzette (links) in einem beliebigen Muster leicht in die Oberfläche des *paskha* eindrücken. Hier wurde Angelikawurzel verwendet. Das Dessert in waagerechten Scheiben servieren (unten). □

Konzentrische Ringe aus gedünsteten Früchten

Mit ihren leuchtenden Farben eignen sich gedünstete Früchte (S. 34) besonders gut als Zutaten zu dekorativen Dessert-Kompositionen. Wenn man sie wie hier um einen gestürzten Apfelpudding (Rezept S. 96) arrangiert, kann man ein vorzügliches und eindrucksvolles Dessert zubereiten.

Für den Apfelpudding wird püriertes Apfelmus eingekocht, bis es eine sehr steife Konsistenz hat, und dann mit Eiern vermischt. Die Masse wird in einer Ringform im Wasserbad nach derselben Methode wie eine Karamelcreme (S. 42) gegart.

Zum Dünsten wählt man Früchte der jeweiligen Jahreszeit: Hier werden frische Birnen, Pfirsiche, Aprikosen und Nektarinen durch Korinthen und Rosinen ergänzt. Die getrockneten Früchte und alle sehr festen frischen Früchte müssen getrennt vorgegart werden, damit keine Obstsorte zu lange gekocht wird. Die beiden Sirups werden dann vermischt und eingekocht und alle Früchte zusammen in dieser Mischung kurz erhitzt. Fügt man Mandelmilch und Butter hinzu, wird aus dem Sirup eine schimmernde Sauce, mit der die geometrisch angeordneten Früchte begossen werden.

1 **Eier und Äpfel vermischen.** Apfelscheiben mit Zucker garen und das Mus durch ein Sieb passieren (S. 26). Unter ständigem Rühren mit weiterem Zucker und etwas Butter noch ungefähr 15 Minuten einkochen, bis die Flüssigkeit verdunstet ist. Das Mus in eine Schüssel geben, etwas abkühlen lassen, dann die Eier dazugeben. Das Mus darf nicht zu heiß sein, da sonst die Eier gerinnen.

2 **Die Form füllen.** Eine Ringform mit Butter ausstreichen, mit Semmelbröseln ausstreuen, das Apfelmus hineingeben und gegen die Form klopfen, damit es sich setzt. Den Pudding im Wasserbad bei 180° C (Gasherd Stufe 2 – 3) etwa 45 Minuten garen, bis er sich fest anfühlt. 20 Minuten stehenlassen und den Apfelring auf eine Platte stürzen.

3 **Die Früchte vorgaren.** Korinthen und Rosinen 10 bis 20 Minuten in einem mittleren Sirup (S. 8) dünsten, bis sie aufquellen. Inzwischen die festen frischen Früchte in einem mittleren Sirup weichdünsten. Von der Kochstelle nehmen und den Sirup in einen anderen Topf geben. Die rohen Aprikosen und Nektarinen sowie die gedünsteten Korinthen und Rosinen zu den Birnen und Pfirsichen geben.

4 **Den Sirup aromatisieren.** Um das Aroma aus den Obstschalen zu gewinnen, läßt man sie in einem der zum Dünsten verwendeten Sirups simmern – hier in dem Sirup, in dem die festeren Früchte gedünstet wurden. Nach 10 Minuten den Sirup durch ein Sieb zu dem anderen Sirup geben (oben links) und die Obstschalen entfernen. Das Sirupgemisch etwa um ein Drittel einkochen. Zu dem eingekochten Sirup gibt man Mandelmilch (S. 13), deren Menge etwa einem Drittel des Sirups entspricht. Den Sirup weiter einkochen, bis die Früchte nur noch knapp bedeckt sind (oben rechts).

5 **Die Früchte simmern lassen.** Die Früchte mit dem Sirup begießen. Etwa 10 Minuten bei schwacher Hitze simmern lassen, bis sie sehr weich sind, aber noch nicht zerfallen. Keinen Deckel auflegen, damit der Sirup weiter einkochen kann, während die Früchte garen.

6 **Den Sirup mit Butter anreichern.** Den Topf von der Kochstelle nehmen. Einige Stückchen Butter hinzufügen und den Topf vorsichtig rütteln, damit sich die Butter mit dem warmen Sirup verbindet, ohne daß die Früchte zerfallen. Die Butter verleiht dem Sirup einen leichten seidigen Schimmer.

7 **Die Früchte arrangieren.** Die gedünsteten Früchte in einem hübschen Muster auf der Servierschale verteilen. Hier ist der Apfelring von Nektarinen und getrockneten Früchten umgeben; die Mitte des Ringes ist mit Pfirsichen, Birnen und Aprikosen gefüllt. Den Apfelring mit rohen Oblststreifen dekorieren. Das Gericht mit dem Sirup begießen und einige Mandelsplitter darüberstreuen (rechts). Das Dessert warm servieren. □

Ein mit Früchten gefüllter Baiserkorb

Aus Baisers, die mit Eiscreme oder Früchten gefüllt werden (S. 46), lassen sich außergewöhnliche Desserts zubereiten. *Baked Alaska* (Kasten gegenüberliegende Seite) besteht aus weicher Baisermasse, die einen Block aus Eiscreme umgibt; bei dem rechts abgebildeten Dessert bilden Ringe aus gebackener Baisermasse einen festen Korb, der Eis und Früchte enthält.

Für einen 10 cm tiefen Korb braucht man einen runden Boden und sechs Ringe. Wenn der Backofen nicht genügend Einschübe hat, um so viele Backbleche aufzunehmen, kann man die Ringe nacheinander zubereiten und backen. Man kann auch improvisieren und aus Kuchengitter weitere Einschübe herstellen: Die Backbleche mit jeweils einem Baiserring in die vorhandenen Einschübe des Backofens schieben und auf jedes Backblech ein Kuchengitter stellen, das wiederum das nächste Backblech aufnimmt.

Zum Zusammensetzen und Verzieren des Bodens und der Ringe benötigt man frische Baisermasse. Damit der Korb fest genug wird, backt man ihn weitere 1½ Stunden bei niedrigster Temperatur. Er läßt sich dann ohne Füllung bis zu einer Woche in einem luftdichten Behälter aufbewahren.

1 **Den Korbboden aufzeichnen.** Sieben Bleche mit Backtrennpapier auslegen. Auf jeden Bogen einen Teller von 20 bis 22 cm Durchmesser legen und leicht mit dem Bleistift umfahren (oben). Ein Kreis wird für den Korbboden und je einer für die Ringe benötigt, aus denen der Korbrand bestehen soll.

2 **Den Boden herstellen.** Eine Baiser-Grundmasse zubereiten (S. 160). Eine Spritztülle von 1 cm Durchmesser am Spritzbeutel befestigen und die Masse in den Beutel füllen. Ein ausgelegtes Backblech nehmen und – etwas außerhalb der Bleistiftmarkierung beginnend – konzentrische Kreise aus Baiser aufspritzen. Mit einem Spatel glattstreichen.

3 **Baiserringe aufspritzen.** Je einen Baiserring um die kreisförmigen Markierungen auf den übrigen Papierbögen spritzen (oben). Alle Backbleche in den Backofen stellen. Der Backofen sollte auf niedrigste Temperatur vorgeheizt sein. Die Baisers 4 bis 5 Stunden oder über Nacht backen. Die Backbleche aus dem Backofen nehmen.

4 **Papier entfernen.** Die Baisers mit den an ihnen haftenden Papierbögen von den Blechen nehmen und zum Abkühlen auf Kuchengitter stellen. Jeweils einen Bogen auf ein Brett legen, so daß eine Seite des Baisers über die Brettkante hinausragt. Dann behutsam den Bogen unter dem Baiser abziehen (oben); dabei den Ring drehen.

5 **Den Korb zusammensetzen.** Etwas frische Baisermasse zubereiten. Den abgekühlten Boden auf ein mit frischer Folie ausgelegtes Backblech stellen. Die Ringe übereinander auf den Boden setzen (oben). Mit einem Streichmesser ein wenig frische Baisermasse um die Außenseite des Korbes streichen; dabei die Lücken zwischen den Ringen füllen.

6 **Den Korb verzieren.** Eine Sterntülle am Spritzbeutel befestigen und den Beutel mit Baisermasse füllen. Von unten nach oben senkrechte Linien aus Baisermasse auf den Korb spritzen; den Korbrand mit Schnörkeln und Rosetten verzieren (oben). Den Korb bei sehr schwacher Hitze 2 ½ Stunden backen. Abkühlen lassen und die Folie entfernen.

7 **Den Korb füllen.** Frische Ananasstücke mit Zucker bestreuen und etwa 30 Minuten in Kirschwasser marinieren. Kurz vor dem Servieren Eiscreme mit einem Löffel in den Korb geben. Die Ananasstücke abtropfen lassen und auf die Eiscreme legen (oben).

8 **Den Korb servieren.** Weiche Früchte – hier sind es Himbeeren – durch ein Nylonsieb streichen. Das Himbeerpüree nach Belieben süßen, dann Ananas und Eiscreme im Baiserkorb mit dem Püree übergießen. Den Korb mit einigen ganzen Himbeeren garnieren (oben). Anschließend wie eine Torte in Portionsstücke schneiden und sofort servieren. □

Eis in heißer Hülle

Frisch aus dem Backofen serviert, sorgt *Baked Alaska* (Rezept S. 159) für eine gelungene Überraschung: Unter einer äußeren Schicht aus heißem Baiser verbirgt sich kühles Eis, das auf einem Biskuitboden liegt. Die Luft in der Baisermasse wirkt isolierend und verhindert, daß das Eis während der kurzen Zeit im Backofen schmilzt. Die Eiscreme sollte in einer mit Papier ausgelegten Form gefroren werden, so daß man sie stürzen kann, ohne daß sie in heißes Wasser getaucht werden muß. Das Eis muß sehr hart gefroren sein, wenn es in den Ofen kommt.

1 **Die Baisermasse aufspritzen.** Einen Biskuitboden in eine flache feuerfeste Form legen. Einen Block Eiscreme (hier Pfirsicheiscreme) auf den Biskuitboden stürzen. Der Boden soll auf allen Seiten etwas überstehen. Mit Baisermasse das ganze Eis gleichmäßig überziehen.

2 **Backen und servieren.** Das Dessert im vorgeheizten Ofen bei 230° C (Gasherd Stufe 5) etwa 5 Minuten backen, bis die Baisermasse leicht gebräunt ist. Die Baisertorte aus dem Backofen nehmen, in Stücke teilen und servieren (oben).

Trifle – eine Gelegenheit zum Improvisieren

Das englische Wort *trifle* bedeutet eigentlich „Kleinigkeit", und man sollte meinen, daß diese englische Süßspeise leicht und wenig nahrhaft ist. Es handelt sich jedoch um eine üppige Kreation aus Schichten von Eiercreme, Marmelade, Biskuit, Früchten, Nüssen und Sahne, die auf einen Boden von mit Wein getränktem Biskuitkuchen aufgebaut und in einer Glasschüssel serviert (Anleitung rechts; Rezept S. 164) werden.

Die Zutaten eines Trifle hängen ebensosehr vom Inhalt des Vorratsschrankes wie vom jeweiligen Rezept ab, und wie oft man es auch zubereitet – es kommt fast jedesmal dabei ein anderes Dessert zustande. Unerläßlich sind Eiercreme, Früchte zum geschmacklichen Anreichern und Kuchen, der den reichlich darübergeträufelten Dessertwein oder Weinbrand aufsaugt und dem Dessert das unvergleichliche Aroma gibt. Alle Obstsorten, ob geschnitten oder püriert, eignen sich gut für das Trifle, und man kann zusätzlich noch Marmelade oder Fruchtgelee dazugeben (S. 24). Man kann das Trifle mit dem klassischen Syllabub (Kasten gegenüberliegende Seite) oder einfach mit Schlagsahne überziehen.

1 **Das Trifle aufschichten.** Eine flüssige Eiercreme (S. 38) zubereiten und beiseite stellen. Den Boden einer tiefen Glasschüssel mit Biskuitkuchenstücken bedecken. Den Biskuitkuchen mit Sherry oder anderem Dessertwein wie Marsala oder Madeira beträufeln und dick mit Marmelade bestreichen. Eine Schicht aus gehackten Nüssen, ein oder zwei Schöpflöffeln Eiercreme und pürierten Früchten daraufgeben; hier werden Himbeeren und Brombeeren verwendet. Auf die Früchte legt man weitere Kuchenstücke oder wie hier Makronen, die vorher in Sherry getränkt wurden.

2 **Mit Syllabub überziehen.** Nun wieder Marmelade und anschließend Nüsse hinzufügen und so das Trifle weiter aufschichten. Mit einer Schicht Eiercreme etwa 8 cm unterhalb des Schüsselrandes abschließen. Das Dessert mit einer hohen Schicht Syllabub (Kasten gegenüberliegende Seite) bedecken. Das Trifle für einige Stunden in den Kühlschrank stellen, damit es fest wird. □

Ein Syllabub aus Wein und Sahne

Syllabub ist ein Milchpunsch – eine Mischung aus Sahne oder Milch und gesüßtem Wein. Manchmal wird noch Weinbrand dazugegeben. Der hier gezeigte Syllabub (Rezept S. 118) heißt „haltbarer" Syllabub, weil er nicht gerinnt. Bei diesem Rezept wird Sahne zu aromatisiertem Wein gegeben. Langsames Mischen und ständiges Rühren sorgen dafür, daß sich die Sahne glatt mit dem Wein verbindet und nicht gerinnt. Dann wird die Mischung mit dem Schneebesen geschlagen, bis sie dick und schaumig ist.

Normalerweise rechnet man 2 oder 3 Teile Sahne auf einen Teil Wein. Das Verhältnis läßt sich jedoch ziemlich weitgehend verändern, solange die Sahne mindestens die Hälfte der Gesamtmischung ausmacht. Mit weniger Sahne würde die Masse nicht dick werden. Der Syllabub sollte nur so lange mit dem Schneebesen geschlagen werden, bis er weiche Spitzen bildet, die sofort wieder zerfließen. Wenn man weiterschlägt, kann die Mischung gerinnen. Man sollte einen Handschneebesen verwenden, denn mit einem elektrischen Rührgerät wäre es schwierig, den richtigen Zeitpunkt zu erkennen, an dem man mit dem Schlagen aufhören muß.

1 **Den Wein aromatisieren.** Die Schale von 1 oder 2 Zitronen dünn abschälen, in eine Schüssel geben und mit Weißwein und etwas Weinbrand bedecken. Die Zitronen halbieren, den Saft auspressen und in die Schüssel geben (oben). Zugedeckt über Nacht ziehen lassen. Am nächsten Tag die Flüssigkeit durch ein Nylonsieb (kleines Photo) passieren. Den Zucker zur Flüssigkeit geben und rühren, bis er sich auflöst.

2 **Die Sahne hinzufügen.** Die Sahne unter ständigem Rühren langsam in die Flüssigkeit gießen. Etwas Muskatnuß hineinreiben. Den Syllabub mit einem Schneebesen schlagen. Zuerst bemerkt man noch keine Veränderung des Syllabub, aber nach einigen Minuten wird er schnell dick. Mit dem Schlagen aufhören, sobald der Syllabub Spitzen bildet (rechts); er sollte so fest wie leicht geschlagene Sahne sein.

3 **Den Syllabub servieren.** Den Syllabub im Kühlschrank kühlen. Man kann ihn auf ein Trifle geben (gegenüberliegende Seite) oder als erfrischendes Dessert auftragen. Die Gläser sollten fast bis zum Überlaufen gefüllt sein. Man kann ihn mit einem Rosmarinzweig und einer Zitronenscheibe garnieren.

Ein Pudding aus Eiscremeresten

Aus Kuchen- und Keksresten und geschmolzener Eiscreme läßt sich ein phantasievolles und preiswertes Dessert zubereiten. Kuchen und Kekse zerbröselt man in die Eiscreme und gart die Mischung ohne Deckel im Wasserbad (Rezept S. 161).

Da die meisten Eiscremes Eigelb enthalten, wird das Dessert wie eine Eiercreme (S. 40) leicht fest und kann ohne weiteres mit dem Löffel aus der Form geschöpft werden. Vor dem Garen im Wasserbad kann man einige zusätzliche Eier dazugeben, falls man ein festeres Dessert wünscht oder die Eiscreme mit nur wenigen oder ganz ohne Eier hergestellt wurde.

Die verschiedensten Reste lassen sich zu einem Dessert kombinieren. Eiscremereste, falls vorhanden, können gut dafür verwendet werden: Kaffee-, Schokolade- und Krokantgeschmack passen zusammen, und die meisten Fruchteissorten lassen sich ebenfalls gut kombinieren. Knusprige Mandelmakronen, zarter Biskuit und sogar Brot können daruntergemischt werden. Durch das Ausstreichen der Auflaufform mit Karamel (S. 42) gewinnt der Pudding zusätzlich an Aroma: Während des Garens schmilzt der Karamel zu einer wohlschmeckenden Sauce.

1 **Mit Ei binden.** Eiscremereste in einer großen Schüssel stehenlassen, bis sie geschmolzen sind. Es können verschiedene Eissorten gemischt werden; hier wird nur Vanilleeis verwendet. Nach Belieben ein oder zwei zusätzliche Eier unter die Mischung schlagen.

2 **Kuchen und Kekse dazugeben.** Altbackenen Kuchen und Kekse grob zerkleinern und in die Masse geben; etwa halb soviel Kuchen und Kekse verwenden wie Eiscreme. Alle vorrätigen Keks- und Kuchenreste lassen sich verwerten: In diesem Beispiel sind es *petits fours,* Makronen, Biskuitkuchen und Löffelbiskuits.

3 **Die Form füllen.** Den Rand und den Boden einer Auflaufform mit heißem Karamel überziehen (S. 42). Die Mischung aus Kuchen- und Keksbrösel und Eiercreme schlagen, bis die Zutaten gut vermengt sind. Wenn die Karamelschicht erstarrt ist, die Masse mit dem Löffel in die Form füllen (oben).

4 **Den Pudding garen.** Die Auflaufform in einen großen Topf stellen und so viel heißes Wasser einfüllen, daß die Form zu zwei Dritteln darin steht. Den Pudding im Wasserbad bei mittlerer Hitze (180° C, Gasherd Stufe 2 – 3) etwa 45 Minuten garen, bis die Oberfläche des Desserts hellbraun ist (oben).

5 **Den Pudding servieren.** Das Dessert heiß servieren oder über Nacht bei Raumtemperatur oder 3 Stunden im Kühlschrank abkühlen lassen. Den Pudding samt Karamelsauce mit einem Löffel aus der Form heben (oben). □

Rezepte

Aus Kochbüchern und Sammlungen traditioneller Gerichte aus mehr als 20 Ländern haben die Verfasser und Berater dieses Bandes die folgenden 219 Rezepte ausgewählt.

Die Auswahl reicht von der unkomplizierten gegarten Eiercreme bis zum ungewöhnlichen und aufwendigen Eis-Soufflé, vom traditionellen englischen Weihnachtspudding bis zum exotischen Mango-Parfait, vom schlichten Brotpudding mit Korinthen bis zum eindrucksvollen Baiser-Sandwich mit Eisfüllung. Der Schwerpunkt liegt allerdings auf bewährten Gerichten, die aus frischen natürlichen Zutaten sorgfältig zubereitet werden.

Die Sammlung umspannt einen Zeitraum von fast 2000 Jahren und enthält Rezepte von über 130 Autoren, vom römischen Gastronomen Apicius bis hin zu modernen Kochbuchautoren wie Raymond Oliver, Jane Grigson und James Beard. Manche Rezepte stammen von weniger bekannten Autoren und sind Kochbüchern entnommen, die heute schwer zugänglich sind, da sie nicht mehr gedruckt werden und zum größten Teil in Privatbibliotheken stehen. Eine stattliche Anzahl dieser Rezepte, darunter viele von russischen Autoren, ist noch nie zuvor in deutscher Sprache veröffentlicht worden.

In früherer Zeit haben viele Autoren in ihren Rezepten keine genauen Zutatenmengen angegeben; diese sind hier mit Bedacht ergänzt worden. Außerdem sind manche veralteten Ausdrücke durch moderne ersetzt und einer Reihe von Rezepten zusätzlich noch Erläuterungen und Hinweise – durch kursive Schrift gekennzeichnet – vorangestellt worden. Im Interesse einer echten Anthologie und um den Originalcharakter der Rezepte zu erhalten, sind die Texte der Autoren so wenig wie möglich verändert worden. Einige Arbeitsanleitungen wurden erweitert; erscheinen die Anleitungen dennoch nicht ausführlich genug, braucht der Leser nur das entsprechende Kapitel im ersten Teil des Buches aufzuschlagen, wo alle Zubereitungsmethoden in Wort und Bild erklärt werden. Küchentechnische Ausdrücke und nicht allgemein bekannte Zutaten werden am Ende des Buches im kombinierten Register und Glossar erklärt.

Die Rezeptsammlung folgt in ihrer Anordnung den Kapiteln im ersten Teil des Buches; Gelees und Quarkspeisen werden in gesonderten Abschnitten aufgeführt. Standardrezepte für die Zubereitung von Beignet-Teig, englischer Creme, Creme-Eis, Kalbsfußgelee und Löffelbiskuits erscheinen am Ende der Rezeptsammlung. Die Serviervorschläge sind natürlich nur als Anregung gedacht und können nach Belieben abgewandelt werden.

Alle Zutaten sind in der Reihenfolge ihrer Verarbeitung aufgeführt, an erster Stelle erscheinen die Zutaten, die auch im Titel des Rezepts genannt werden. Bei allen in Löffeln angegebenen Mengen ist der gestrichen volle Löffel gemeint.

Früchte

Ananas Surprise

Ananas en Surprise

Für den Ananaskorb schneidet man zuerst das harte Mittelstück der Ananas mit einem scharfen, spitzen Messer heraus und entfernt dann das Fruchtfleisch mit einem längeren Messer und einem Eßlöffel. Nach derselben Methode läßt sich auch Melone Surprise (S. 22) zubereiten: Das Melonenfleisch mit einem Löffel herauslösen, die Kerne entfernen und das Fruchtfleisch in kleine Würfel oder Bällchen schneiden. Für die Obstfüllung eignen sich Pfirsiche, Aprikosen und Himbeeren.

	Für 6 Personen
1	große, frische, reife Ananas
30 g	feiner Kristallzucker
Je 2 EL	Kirschwasser und Maraschino
125 g	gemischte frische Früchte, einschließlich Erdbeeren, je nach Sorte vorbereitet

Den oberen Teil der Ananas als Deckel sauber abschneiden, ohne die Blätter zu beschädigen. Beiseite stellen. Das Fruchtfleisch mit kreisender Bewegung so weit herausschneiden, daß die Schale noch mindestens 1 cm dick ist.

Das Ananasfleisch in dünne Scheiben oder kleine Würfel schneiden. Mit Zucker, Kirschwasser und Maraschino aromatisieren und die anderen Früchte untermischen. Die Früchtemischung, den ausgehöhlten Korb und den Deckel auf Eiswürfel oder in den Kühlschrank stellen.

Kurz vor dem Servieren den Ananaskorb mit dem Obst füllen und den Deckel auflegen. Die Ananas auf eine Serviette stellen und, wenn möglich, mit Eis und einigen frischen Blumen umgeben. Damit das Dessert noch attraktiver aussieht, kann man es statt auf eine Serviette auch auf einen Eisblock stellen, den man nach Belieben phantasievoll zurechtgeschnitten hat.

H. HEYRAUD
LA CUISINE A NICE

Obstsalat aus getrockneten Früchten

Khoshaf

Für diesen köstlichen Obstsalat, ein beliebtes Dessert im Mittleren Osten, werden die Früchte nicht gedünstet, sondern mindestens 48 Stunden eingeweicht. Als Zutaten kommen verschiedene getrocknete Früchte in Frage, doch besondere Feinschmecker meinen, daß nur Aprikosen und Rosinen zusammen mit den Mandeln und Pistazien- oder Pinienkernen für dieses klassische Dessert verwendet werden sollten.

Eine ungewöhnlichere Variante dieses Rezeptes erhält man, wenn man je 125 g getrocknete Feigen und Pfirsiche hinzufügt sowie einige frische Granatapfelkerne, deren glänzendes Rot die orange, bläulichviolette und braune Farbe der Früchte und das Weiß und Grün der Mandeln, Pinien- und Pistazienkerne voll zur Geltung bringt. Man kann auch *amardine* (Tafeln aus getrockneten, gepreßten Aprikosen) in Wasser auflösen, das Dessert damit andicken und gehaltvoller machen.

	Für 10 Personen
500 g	getrocknete Aprikosen
250 g	Backpflaumen
125 g	Rosinen
125 g	Mandeln, blanchiert, abgezogen und halbiert
60 g	Pistazien- oder Pinienkerne
125 bis 250 g	Zucker
1 EL	Rosenwasser
1 EL	Orangenblütenwasser

Die Früchte, wenn nötig, waschen und in eine große Schüssel geben. Mit den Mandeln und Pistazien- oder Pinienkernen mischen und so viel Wasser hinzufügen, daß Früchte und Nüsse bedeckt sind. Zucker nach Belieben dazugeben und mit Rosen- und Orangenblütenwasser beträufeln. Die Früchte mindestens 48 Stunden einweichen. Der Sirup verbindet sich mit dem Saft der Früchte und nimmt eine goldgelbe Farbe an.

CLAUDIA RODEN
A BOOK OF MIDDLE EASTERN FOOD

Obstsalat aus Zitrusfrüchten

Citrussalade

	Für 4 Personen
Je 2	Grapefruits, Orangen und Mandarinen
3 bis 4 EL	Zucker
2 EL	Grand Marnier
	Gemahlener Zimt

Die Grapefruits halbieren, die Spalten mit einem Grapefruitmesser herausholen, die weiße, pelzige Haut entfernen und das Fruchtfleisch grobhacken. Die Grapefruitschalen sauber ausschaben. Auf der Unterseite ein Stück abschneiden, damit die Schalen fest stehen, dann beiseite stellen.

Die Orangen schälen und in Spalten teilen, die weiße Haut abziehen und das Fruchtfleisch grobhacken. Die Schale einer Orange abreiben und beiseite stellen. Die Mandarinen schälen, die weiße Haut von den Mandarinenspalten abziehen und das Fruchtfleisch grobhacken.

Die Früchte behutsam miteinander vermischen und in die vier Grapefruitschalen füllen. Mit dem Zucker und der abgeriebenen Orangenschale bestreuen und mit Grand Marnier beträufeln. Dann die Grapefruithälften mit Klarsichtfolie bedecken und in den Kühlschrank stellen. Vor dem Servieren mit einer Prise gemahlenem Zimt bestreuen.

HUGH JANS
VRIJ NEDERLAND

Gekühlte Melonenkugeln mit Südwein

Melon de Cavaillon à la Saint-Jacques

	Für 4 Personen
1	erstklassige reife Kantalupe, Ogen- oder Honigmelone, halbiert, Kerne entfernt, Fruchtfleisch mit einem Kugelschneider herausgenommen
Etwa 2 EL	feiner Kristallzucker
Etwa 10 cl	Muskateller, Portwein oder anderer süßer Dessertwein

Die Melonenkugeln in eine Schüssel geben. Mit dem Zucker bestäuben und mit Dessertwein begießen. Die Schüssel in den Kühlschrank oder auf zerstoßenes Eis stellen und etwa 1 Stunde lang durchziehen lassen.

Zum Servieren Dessertgläser mit den aromatischen Melonenkugeln und dem gekühlten Saft füllen.

JEAN-NOËL ESCUDIER
LA VÉRITABLE CUISINE PROVENÇALE ET NIÇOISE

Erdbeeren mit Wein

Fraises au Bordeaux

	Für 1 Person
125 g	Erdbeeren, entstielt
15 g	Zucker
1 EL	roter Bordeaux oder Weißwein

Die Erdbeeren mit Zucker bestreuen und mit Wein beträufeln. Zu diesem Dessert sollte man keine Sahne reichen.

X. MARCEL BOULESTIN
SIMPLE FRENCH COOKING FOR ENGLISH HOMES

Frische Feigen mit Sahne

Salade de Figues

	Für 4 Personen
500 g	frische Feigen, abgezogen und in Scheiben geschnitten
15 bis 20 cl	Portwein, mit einigen Tropfen Curaçao und Weinbrand vermischt
15 cl	Sahne

Eine Schüssel auf Eis stellen, die Feigenscheiben hineingeben und die Portweinmischung dazugießen. Die Sahne darübergeben, umrühren und sofort servieren.

ELVIA UND MAURICE FIRUSKI (HERAUSGEBER)
THE BEST OF BOULESTIN

Karamelisierte Orangenviertel

Caramel Orange Quarters

Der Autor regt an, auch Kirschen, große Erdbeeren, Reineclauden, Pflaumen oder Trauben, von denen der Stiel entfernt wurde, auf diese Weise zuzubereiten. Wie man Zucker bis zum harten Bruchgrad einkocht, wird auf S. 8 erklärt.

	Für 6 Personen
3	große Orangen, Schale und weißpelzige Haut behutsam entfernt
500 g	Zucker
4 EL	Wasser

Die Orangen in Viertel oder besser in ihre natürlichen Spalten zerteilen, ohne die dünnen Trennhäute einzureißen. Die Spalten auf ein Kuchengitter legen und etwa 1 Stunde bei normaler Küchentemperatur trocknen lassen, dabei einmal wenden.

Zucker und Wasser kochen, bis der Bruchgrad erreicht ist. Die Orangenspalten auf einen etwa 15 cm langen Holzspieß aufreihen und in den Zucker tauchen. Überschüssigen Zucker abtropfen und die Segmente auf geölten Kuchengittern etwas ruhen lassen; dann an einen kühlen Platz stellen und den Zucker auf den Früchten fest werden lassen.

Um vor dem Servieren den Zuckerüberzug der Früchte nicht zu beschädigen, empfiehlt es sich, unter das Gitter zu fassen und die Orangenscheiben leicht nach oben zu drücken. In einer Kompottschale auf grünen Blättern oder auf einer Dessertplatte reichen.

CHARLES ELMÉ FRANCATELLI
THE ROYAL ENGLISH AND FOREIGN CONFECTIONER

Kakifrüchte mit Rum

Rum Persimmons

Für 4 Personen

4	reife Kakifrüchte, entstielt, der Länge nach halbiert
6 EL	weißer Rum oder dunkler Jamaica-Rum
60 g	hellbrauner Zucker
8 EL	saure Sahne

Die Kakifrüchte mit der Schnittseite nach oben in flache Dessertschalen verteilen. Jede Hälfte reichlich mit Rum, Zucker und 1 EL saurer Sahne bedecken und servieren. Das Fruchtfleisch mit einem Löffel aus der Schale essen.

VICTOR J. BERGERON
TRADER VIC'S RUM COOKERY AND DRINKERY

Aprikosenschaum mit Madeira

Apricot Whip with Madeira

Für 6 Personen

250 g	getrocknete Aprikosen, über Nacht eingeweicht
150 g	Zucker
15 cl	Madeira
2	Eiweiß
¼ l	Sahne, steifgeschlagen
30 g	gehobelte blanchierte Mandeln, geröstet

Die Aprikosen mit dem Einweichwasser in einen Topf geben. Die Hälfte des Zuckers und, wenn nötig, mehr Wasser hinzugeben, so daß die Früchte gerade bedeckt sind. Zum Kochen bringen und ohne Deckel etwa 25 Minuten simmern lassen, bis die Aprikosen weich sind; dann die Früchte mit einem Schaumlöffel herausnehmen und abtropfen lassen.

Die restliche Flüssigkeit zu einem Sirup einkochen. Diese Flüssigkeit zu den gekochten Aprikosen geben und zum Abkühlen beiseite stellen. Die Früchte zusammen mit dem Sirup und 10 cl Madeira im Mixer pürieren.

Das Eiweiß zu steifem Schnee schlagen. Nach und nach den restlichen Zucker darunterschlagen.

Weiter schlagen, bis sich der Zucker aufgelöst hat. Den steifgeschlagenen Eischnee und die Hälfte der Schlagsahne unter das Püree ziehen. Die Masse in eine Schüssel geben und mit den gehobelten Mandeln bestreuen. Vor dem Auftragen gut kühlen. Den restlichen Madeira unter die restliche Schlagsahne rühren und mit dem Aprikosenschaum servieren.

PAULA PECK
PAULA PECK'S ART OF GOOD COOKING

Papayacreme mit Eigelb

Ovos Moles de Papaia

Dieses Dessert aus Mozambique kann für 2 Stunden oder länger in den Kühlschrank gestellt und eisgekühlt serviert werden.

Für 4 Personen

500 bis 750 g	reife Papaya, geschält, entkernt und in Stücke geschnitten
4 EL	Limetten- oder Zitronensaft, durch ein Sieb passiert
4 EL	Wasser
400 g	Zucker
1	Zimtstange
4	Nelken
5	Eigelb

Papayastücke, Limetten- oder Zitronensaft und das Wasser in einen elektrischen Mixer geben, das Gerät auf höchste Stufe schalten und etwa 30 Sekunden mixen. Das Gerät abstellen, die Seiten des Mixbechers mit einem Gummispatel abschaben und weitermixen, bis die Mischung glatt ist. Das Püree mit einem Löffel durch ein feines Nylonsieb in einen 2 l fassenden emaillierten Topf oder Edelstahltopf streichen.

Den Zucker, die Zimtstange sowie die Nelken hinzufügen und unter ständigem Rühren bei starker Hitze zum Kochen bringen. Unter gelegentlichem Rühren sprudelnd kochen lassen, bis der Sirup eine Temperatur von 110° C erreicht oder bis einige Tropfen, die mit dem Löffel in kaltes Wasser gegeben werden, sofort dicke Fäden ziehen. Den Topf von der Kochstelle nehmen und die Zimtstange und die Nelken entfernen.

In einer tiefen Schüssel das Eigelb mit dem Schneebesen, Rotationsschläger oder Handrührgerät etwa 1 Minute schlagen, bis das Eigelb dicklich ist. Unter ständigem Schlagen den heißen Sirup in dünnem Strahl zum Eigelb geben und weiterschlagen, bis die Masse glatt und dick ist und eine tiefgelbe Farbe hat.

Die Creme in vier kleine hitzebeständige Dessertschalen füllen und auf Zimmertemperatur abkühlen lassen. Das Dessert dickt während des Abkühlens noch nach.

TIME-LIFE BOOKS
FOODS OF THE WORLD: AFRICAN COOKING

Stachelbeercreme

Gooseberry Cream

Für 4 Personen

500 g	Stachelbeeren, Stiel und Blütenansatz entfernt
15 g	Butter
Etwa 60 g	Zucker
4	Eigelb

Die Stachelbeeren in einen Topf geben und so viel Wasser hinzufügen, daß sie bedeckt sind. Bei starker Hitze kochen; die Butter unter Rühren dazugeben. Wenn die Stachelbeeren weich sind, durch ein Sieb passieren; das Fruchtfleisch, solange es noch heiß ist, mit Zucker süßen und zusammen mit dem Eigelb schlagen. In einer Schüssel, in Schälchen oder Gläsern servieren.

JOSEPHINE DAVID
EVERYDAY COOKERY FOR FAMILIES OF MODERATE INCOME

Stachelbeer-Schnee

Gooseberry Huff

Wie man Zuckersirup bis zum kleinen Fadengrad einkocht, wird auf S. 8 erklärt. Für einen Apfel-Schnee werden die Stachelbeeren durch 325 g Apfelmus ersetzt.

	Für 4 bis 6 Personen
600 g	Stachelbeeren, weichgekocht und durch ein feinmaschiges Sieb gestrichen
250 g	feiner Kristallzucker
2 EL	Wasser
3	Eiweiß

Aus Zucker und Wasser einen Sirup kochen, der dünne Fäden bildet. Den Sirup fast kalt werden lassen. Das Eiweiß zu Schnee schlagen, mit dem Stachelbeerpüree vermischen und schlagen, bis die Masse weißlich aussieht. Den Sirup angießen und das Ganze schaumig schlagen. Den Stachelbeer-Schnee in Portionsschälchen oder -gläser füllen und servieren.

J. STEVENS COX (HERAUSGEBER)
DORSET DISHES OF THE 17TH CENTURY

Beeren-Kissel

Kisel iz Klubniki, Maliny, Cherniki

Dieses Rezept ist einem russischen Kochbuch-Bestseller aus der Stalin-Ära entnommen.

	Für 4 bis 6 Personen
250 g	Erdbeeren, Himbeeren oder Heidelbeeren, entstielt und durch ein Sieb püriert
90 cl	Wasser
150 g	Zucker
2 EL	Kartoffelmehl

Zwei Drittel des Wassers mit der gesamten Zuckermenge unter Rühren zum Kochen bringen. Das Kartoffelmehl im restlichen Wasser auflösen und in den Sirup hineinrühren. Wieder zum Kochen bringen und 2 Minuten kochen lassen. Von der Kochstelle nehmen, das Früchtepüree dazugeben und gut umrühren. Etwas abkühlen lassen und dann in Gläser füllen. Heiß oder kalt servieren. Dazu kann Schlagsahne gereicht werden.

O. P. MOLCHANOVA
KNIGA O VKUSNOÏ I ZDOROVOÏ PISHCHE

Erdbeeren mit Orangensaft

Fraises à l'Orange

	Für 4 bis 6 Personen
750 g	Erdbeeren, entstielt
125 g	feiner Kristallzucker
Etwa 10 cl	Orangensaft

Etwa 500 g einwandfreie Erdbeeren beiseite stellen. Die restlichen Erdbeeren durch ein Sieb streichen. Dieses Püree mit 40 g Zucker vermischen und die Mischung mit dem Orangensaft verdünnen. Das Püree in eine Servierschüssel geben, die beiseite gestellten Erdbeeren darauf verteilen, mit dem restlichen Zucker bestreuen und sehr kalt servieren.

X. MARCEL BOULESTIN
RECIPES OF BOULESTIN

Rhabarbercreme

Rhubarb Cream

	Für 4 Personen
500 g	Rhabarber, in 2,5 cm lange Stücke geschnitten
8 cl	Apfelsaft
Etwa 100 g	hellbrauner Zucker
1/4 TL	gemahlener Zimt
2	Eier, Eigelb von Eiweiß getrennt
10 cl	Sahne, geschlagen

Rhabarber und Apfelsaft in einem Topf zum Kochen bringen, die Hitze reduzieren, den Deckel auflegen und 5 bis 10 Minuten simmern lassen, bis der Rhabarber weich ist.

Die Masse durch ein Passiersieb streichen oder im elektrischen Mixer pürieren und wieder in den Topf geben. Nach Geschmack braunen Zucker dazugeben. Zimt hinzufügen.

Das Eigelb zusammen mit einem Löffel braunem Zucker schlagen und unter das Püree heben. Unter Rühren kurz erhitzen, bis die Mischung leicht eindickt. Darauf achten, daß die Püreemischung nicht zum Kochen kommt.

Die Creme abkühlen lassen und in den Kühlschrank stellen. Das Eiweiß schlagen, bis es steif, aber nicht trocken ist, und unter die gekühlte Rhabarbermasse heben. Die Schlagsahne unterziehen.

JEAN HEWITT
THE NEW YORK TIMES WEEKEND COOKBOOK

Englische Stachelbeerspeise

Gooseberry Fool

Rhabarberspeise wird nach derselben Methode zubereitet wie Stachelbeerspeise, erfordert aber noch mehr Zucker, am besten dunklen Rohrzucker. Nach dem Garen muß man den Rhabarber unbedingt in einem Sieb abtropfen lassen, damit der überschüssige Saft abläuft, bevor die Sahne untergezogen wird. Der braune Zucker gibt dem Rhabarber einen besonders vollen Geschmack und eine schöne Farbe.

	Für 6 bis 8 Personen
1 kg	Stachelbeeren
250 g	feiner Kristallzucker
30 bis 60 cl	Sahne, steifgeschlagen

Die Stachelbeeren waschen: Blütenansatz und Stielenden brauchen nicht entfernt zu werden. Mit dem Zucker in einen Topf geben und im Wasserbad zugedeckt etwa 30 Minuten dämpfen, bis die Früchte ziemlich weich sind. Die überschüssige Flüssigkeit abtropfen lassen (die sonst die Stachelbeerspeise wäßrig machen würde) und die Stachelbeeren durch ein Passiersieb geben. Wenn das Püree ganz abgekühlt ist, die Sahne unterziehen und eventuell noch mehr Zucker hinzufügen.

ELIZABETH DAVID
SYLLABUBS AND FRUIT FOOLS

Traubencreme

Grozdov Krem

In Bulgarien wird dieses Gericht mit „petmez“, einem dicken Sirup aus Traubensaft, zubereitet. Die Anleitungen dieses Rezeptes führen zu einem sehr ähnlichen Resultat, wenn auch der leicht karamelartige Geschmack des „petmez“ fehlt.

	Für 4 bis 6 Personen
1 l	ungesüßter roter oder weißer Traubensaft
50 g	Maisstärke
90 g	feiner Kristallzucker
Etwa 100 g	Walnußkerne, zwei Drittel feingehackt, der Rest sehr fein zerstoßen
1 TL	gemahlener Zimt

Den Traubensaft bei niedriger Temperatur erhitzen und um ein Viertel reduzieren. Die Maisstärke mit etwas Wasser glattrühren und in den kochenden Saft geben. Rühren, bis die Mischung dick wird, dann den Zucker und die feingehackten Walnüsse dazugeben. Unter Rühren weiter erhitzen, bis der Zucker aufgelöst ist. Etwas abkühlen lassen, dann in Portionsschälchen oder -gläser gießen. Wenn die Creme völlig erkaltet ist, mit Zimt und den fein zerstoßenen Walnüssen bestreuen.

DR. L. PETROV, DR. N. DJELEPOV, DR. E. IORDANOV, S. UZUNOVA
BULGARSKA NAZIONALNA KUCHNIYA

Maronenpüree Mont Blanc

Le Mont Blanc aux Marrons

	Für 6 Personen
1 kg	Maronen, Schalen eingeschnitten
	Salz
Etwa ½ l	Milch
75 g	Zucker
1	Vanilleschote
30 g	Butter
2	Eigelb
30 cl	Sahne
60 g	feiner Kristallzucker

Die Maronen 10 Minuten in gesalzenem Wasser kochen. Etwas abkühlen lassen, dann sowohl die äußere Schale als auch die Innenhaut entfernen. Die Maronen in einen Topf geben, mit Milch bedecken und Zucker und Vanilleschote dazugeben. Etwa 1 Stunde simmern lassen, bis die Maronen weich sind. Dann die Vanilleschote entfernen.

Die Maronen abtropfen lassen und mit einem Stößel durch ein Sieb pürieren. Etwas heiße Milch angießen, damit das Maronenpüree die richtige Konsistenz bekommt. Erst die Butter, dann das Eigelb hineinrühren. Die Mischung zu einem Berg auftürmen und im Kühlschrank kalt stellen.

Die Sahne zusammen mit dem Kristallzucker schlagen. Das eisgekühlte Dessert damit überziehen und servieren.

ÉDOUARD DE POMIANE
LE CODE DE LA BONNE CHÈRE

Gestürzter Apfelpudding

Gâteau de Pommes

	Für 6 Personen
12	mittelgroße Äpfel (geschält und Kerngehäuse entfernt), in Scheiben geschnitten, in eine Schüssel mit Wasser und dem Saft einer halben Zitrone gelegt und abgetropft
Etwa 500 g	Zucker
½	Zimtstange
1	Zitrone, Saft durch ein Sieb passiert
1 EL	Kartoffelmehl
30 g	Butter
6	Eier
3 bis 4 EL	Semmelbrösel

Äpfel, Zucker, Zimt und Zitronensaft in einen Topf geben. Bei mittlerer Hitze zugedeckt garen, bis die Äpfel weich werden; die Temperatur herunterschalten und die Äpfel unter Rühren weitergaren, bis sie zu Mus zerkocht sind. Durch ein Sieb in einen

Kochtopf passieren. Das Kartoffelmehl und die Butter hineinrühren. Das Apfelmus bei schwacher Hitze unter ständigem Rühren einkochen, bis es ganz dick ist. Zum Abkühlen beiseite stellen.

Die Eier unter das Apfelmus schlagen. Eine 1½ l fassende Form mit Butter ausstreichen und mit Semmelbröseln ausstreuen; dann die Form umdrehen und nicht haftende Semmelbrösel herausschütteln. Die Masse bis 2,5 cm unterhalb des Randes in die Form füllen. Im vorgeheizten Backofen bei 180° C (Gasherd Stufe 2–3) etwa 45 Minuten backen, bis sich der Pudding fest anfühlt. Vor dem Stürzen etwa 15 Minuten abkühlen lassen.

MICHEL BARBEROUSSE
CUISINE NORMANDE

Gefüllte Pfirsiche

Pesche Ripiene

Für 6 Personen

6	reife Pfirsiche, halbiert, Steine entfernt und aufgebrochen, Kerne gehackt
50 g	Makronen, zerdrückt
50 g	Mandeln, blanchiert, abgezogen und gehackt
1 EL	Kakao
100 g	Zucker
1	Ei
30 g	Butter
15 bis 20 cl	Muskateller oder anderer süßer Weißwein

Mit einem Teelöffel etwas Fruchtfleisch aus den Pfirsichhälften herausnehmen. Das Pfirsichfleisch, Makronen, gehackte Mandeln und Pfirsichkerne, Kakao und 60 g Zucker in eine Schüssel geben und gut vermischen. Das Ei darunterrühren. Eine flache Steingut-Auflaufform mit Butter ausstreichen und die Pfirsiche mit der ausgehöhlten Seite nach oben hineinlegen. Die Füllung in die Pfirsiche geben. Mit dem restlichen Zucker bestreuen, mit Butterflöckchen belegen und mit dem Wein beträufeln. Im vorgeheizten Backofen bei 220° C (Gasherd Stufe 4–5) 40 Minuten garen. Heiß oder kalt servieren.

LAURA GRAS PORTINARI
CUCINA E VINI DEL PIEMONTE E DELLA VALLE D'AOSTA

Flambierte Bananen

Bananas Vieux Carré

Dies ist eine Spezialität aus New Orleans. Die Bananen können vor der Mahlzeit vorbereitet, während der Mahlzeit gebacken und später bei Tisch flambiert werden.

Für 6 Personen

6	große Bananen, geschält und der Länge nach halbiert
125 g	Butter
4 EL	abgeriebene Orangenschale
10 cl	Orangensaft
3 EL	Limettensaft
½ TL	gemahlener Zimt
4 EL	dünnflüssiger Honig
6 EL	weißer Rum
	Sahne, geschlagen (nach Belieben)

Die Hälfte der Butter in einer feuerfesten Form zerlassen, in der das Dessert später serviert werden kann. (Eine ovale Gratinform ist ideal.) Die Bananenhälften in der zerlassenen Butter wälzen, bis sie gut überzogen sind. Die restliche Butter in Flöckchen darüber verteilen und die abgeriebene Orangenschale, Orangen- und Limettensaft, Zimt und Honig darübergeben. Im vorgeheizten Backofen bei 190° C (Gasherd Stufe 3) 15 Minuten backen.

Den Rum in einer kleinen Pfanne erwärmen und anzünden. Den brennenden Rum löffelweise über die Bananen geben, so daß sie flambiert werden. Nach Belieben Schlagsahne dazu servieren.

JULIE DANNENBAUM
JULIE DANNENBAUM'S CREATIVE COOKING SCHOOL

Gebackene gefüllte Birnen

Pears, Baked and Stuffed

Nach Belieben kann anstatt der Rosinen, Datteln und gehackten Nüsse eine Füllung aus 125 g Kokosraspeln und 60 g säuerlicher Marmelade oder Orangenmarmelade verwendet werden.

Für 6 Personen

6	große Birnen, geschält und Kerngehäuse entfernt
Je 40 g	Rosinen, entsteinte Datteln und gehackte gemischte Nüsse
	Englische Creme (nach Belieben)

Die Birnen mit der Mischung aus Rosinen, Datteln und gehackten Nüssen füllen und dicht nebeneinander in eine Auflaufform legen; etwas Wasser angießen, damit sie nicht anbrennen. Im vorgeheizten Backofen bei 180° C (Gasherd Stufe 2–3) 40 Minuten backen, bis sie weich sind. Die Birnen in eine erwärmte Glasschüssel geben und abkühlen lassen. Vor dem Servieren nach Belieben mit einer einfachen, kalten englischen Creme (S. 166) überziehen.

MAY BYRON
MAY BYRON'S PUDDINGS, PASTRIES AND SWEET DISHES

Bratäpfel

Pommes au Beurre

Wie man Äpfel schält und mit Zitronensaft einreibt, um zu verhindern, daß sie braun werden, wird auf S. 28 erklärt.

	Für 8 Personen
8	gleich große Äpfel, Kerngehäuse entfernt, teilweise geschält und mit Zitronensaft eingerieben
8	Scheiben altbackenes Weißbrot, etwa 1 cm dick, in runde Scheiben vom gleichem Durchmesser wie die Äpfel geschnitten
125 g	brauner Zucker
250 g	Butter

Die Brotscheiben in eine mit Butter ausgestrichene feuerfeste Form legen und auf jede Brotscheibe einen Apfel stellen. Zucker mit Butter vermischen und etwas davon in jeden Apfel füllen.

Im vorgeheizten Backofen bei 150° C (Gasherd Stufe 1) etwa 1 Stunde braten; von Zeit zu Zeit etwas Butter-Zucker-Mischung auf die Äpfel geben, um die geschmolzene Füllung zu ersetzen. Sehr heiß mit Schlagsahne servieren.

X. MARCEL BOULESTIN
THE FINER COOKING

Apfel-Charlotte

Apple Charlotte

	Für 8 bis 10 Personen
24 bis 36	Äpfel, geschält, Kerngehäuse entfernt, in Scheiben geschnitten
500 g	Zucker
60 g	Butter
1	*bouquet* aus Zitronenschale und einer Zimtstange
30 cl	Wasser
1	etwa 2 Tage altes, feinporiges Weißbrot ohne Rinde
Etwa 125 g	Butterschmalz, zerlassen
Etwa 30 g	Puderzucker
250 g	Aprikosenmarmelade, mit 2 bis 3 EL kochendem Wasser verdünnt

Zuerst die Äpfel zu dickem Mus kochen: Die Äpfel mit dem Zucker, der Butter und dem *bouquet* aus Zitronenschale und Zimtstange in einen Schmortopf geben; das Wasser dazugießen und die Äpfel zugedeckt bei starker Hitze weichkochen lassen. Dann den Deckel abnehmen und das Apfelmus unter Rühren (mit einem Holzlöffel) eindicken lassen.

Den Boden einer glatten, 2 l fassenden Charlottenform mit dünnen, runden Weißbrotscheiben auslegen, die zuvor in Butterschmalz getaucht wurden. Die Scheiben sollten einander überlappen und den Boden der Form gut bedecken. Dann dünne Weißbrotscheiben zu Rechtecken schneiden, in Butterschmalz tauchen und am Rand der Form ebenso überlappend aufstellen.

Nun das Apfelmus einfüllen, mit einer dünnen, in Butterschmalz getauchten Brotscheibenschicht abdecken, die Charlotte auf ein Backblech stellen und im vorgeheizten Backofen bei 190° C (Gasherd Stufe 3) 30 bis 50 Minuten backen, bis das Brot eine hellbraune Färbung angenommen hat.

Die Charlotte aus dem Backofen nehmen, einige Minuten abkühlen lassen und behutsam auf einen feuerfesten Servierteller stürzen. Puderzucker durch ein Sieb auf die Charlotte streuen und unter dem heißen Grill einige Minuten glasieren.

Auf den Teller um die Charlotte herum die verdünnte Aprikosenmarmelade geben und servieren.

CHARLES ELMÉ FRANCATELLI
THE MODERN COOK

Pflaumen- oder Aprikosenschnitten

Plum or Apricot Croûtons

Eine köstliche Süßspeise für Kinder, da das Brot knusprig, das Obst weich und klebrig und der Zucker fast karamelisiert ist.

	Ergibt 6 Schnitten
9	reife Pflaumen oder Aprikosen, halbiert und entsteint
6	Scheiben altbackenes Weißbrot
Etwa 40 g	Butter
Etwa 175 g	Zucker

Die Brotscheiben mit Butter bestreichen. Mit der Butterseite nach oben auf ein mit Butter bestrichenes Backblech legen. Auf jede Scheibe 3 Pflaumen- oder Aprikosenhälften geben und die Zwischenräume mit Zucker füllen; die Früchte leicht in das Brot drücken. Auf der obersten Schiene im nur sehr schwach vorgeheizten Backofen bei 170° C (Gasherd Stufe 2) etwa 40 Minuten backen und sofort heiß servieren.

ELIZABETH DAVID
SUMMER COOKING

Brotpudding mit Obstfüllung

Summer Pudding

	Für 4 bis 6 Personen
Je 125 g	Himbeeren, rote Johannisbeeren oder Brombeeren
250 g	schwarze Johannisbeeren
175 g	feiner Kristallzucker
8	dicke Weißbrotscheiben ohne Rinde
	Sahne (nach Belieben)

Die Früchte entstielen, wenn nötig waschen, und mit dem Zucker in einen Topf geben. Bei schwacher Hitze zugedeckt etwa 5 bis 10 Minuten garen, bis die Johannisbeeren weich sind. Den Saft bis auf 6 EL abgießen. Eine 1 l fassende Puddingform mit 3

Brotscheiben auslegen. Das Brot muß so zurechtgeschnitten werden, daß es genau in die Form paßt. Die Früchte löffelweise hineingeben und ein wenig festdrücken. Den beiseite gestellten Saft dazugeben und das restliche Brot auf die Früchte legen. Mit einem kleinen Teller beschweren, der genau auf den Pudding paßt, und einen schweren Gegenstand auf den Teller legen. Den Pudding über Nacht in den Kühlschrank oder an einen sehr kalten Platz stellen. Herausnehmen, auf eine Servierplatte stürzen und nach Belieben mit Sahne servieren.

SUSAN KING
SUSAN KING'S COOK BOOK

Götterspeise

Für 4 Personen

500 g	frische Früchte wie Wald- oder Gartenerdbeeren, rote Johannisbeeren, Himbeeren, Brombeeren oder entsteinte Sauerkirschen (auch gemischt)
75 g	Zucker
2 bis 3	Scheiben Pumpernickel, leicht geröstet und gerieben
60 g	Halbbitterschokolade, gerieben
1 TL	Vanillezucker
1/4 l	Sahne, geschlagen und mit 1 EL Zucker gesüßt

Das Obst in eine Servierschale füllen und mit Zucker bestreuen. Den Pumpernickel mit der Schokolade und dem Vanillezucker mischen und auf die Früchte geben. Die geschlagene Sahne darüberhäufen. Das Dessert vor dem Servieren für 2 Stunden in den Kühlschrank stellen.

HERMINE KIEHNLE UND MARIA HÄDECKE
DAS NEUE KIEHNLE-KOCHBUCH

Geschichteter Apfelauflauf mit Aprikosen

Apple and Apricot Brown Betty

Für 6 bis 8 Personen

850 g	säuerliche Äpfel, geschält, Kerngehäuse entfernt und grobgehackt
125 g	getrocknete Aprikosen, über Nacht in Wasser eingeweicht, abgetropft und grobgehackt
175 g	grobe frische Weißbrotbrösel
75 g	Butter, zerlassen
60 bis 90 g	blanchierte, abgezogene Mandeln, grobgehackt
1	kleine Orange, nur abgeriebene Schale
125 bis 175 g	brauner Zucker
30 g	Butter, in Flöckchen

Die Weißbrotbrösel in der zerlassenen Butter schwenken, bis diese gleichmäßig aufgesogen ist. Den Boden einer 1 1/2 l fassenden Auflaufform mit einer dünnen Schicht Brotbrösel bedecken. Die Mischung aus Äpfeln, Aprikosen und Mandeln darüber verteilen. Mit etwas Orangenschale und Zucker bestreuen, dann die Form mit abwechselnden Schichten füllen; mit einer Schicht Brotbrösel abschließen. Butterflöckchen darüber verteilen und mit dem restlichen Zucker bestreuen. Im vorgeheizten Backofen bei 190° (Gasherd Stufe 3) etwa 30 bis 40 Minuten backen, bis der Auflauf goldbraun und knusprig ist. Sehr heiß mit Sahne servieren.

MARGARET COSTA
MARGARET COSTA'S FOUR SEASONS COOKERY BOOK

Kompott aus grünen Aprikosen und grünen Mandeln

Compotes d'Abricots Verds et Amandes Verdes

Unreife Aprikosen und Mandeln sind sich ähnlich: Aus dem harten äußeren Fruchtfleisch wird später die Mandelschale oder das reife Fleisch der Aprikose.

Für 4 – 6 Personen

250 g	grüne Aprikosen
250 g	grüne Mandeln
30 g	doppelt kohlensaures Natron
Etwa 1/4 l	mittlerer Zuckersirup (S. 8)

Etwa 1/2 l Wasser mit dem Natron in einen Topf geben, zum Kochen bringen und einen Augenblick kochen lassen, bis sich das Natron aufgelöst hat. Die Aprikosen und Mandeln hineingeben und, sobald das Wasser wieder sprudelnd kocht, mit einem Schaumlöffel herausnehmen. Fest zwischen den Händen reiben, um die flaumige Haut zu entfernen, und sofort danach in frisches Wasser geben. 60 cl frisches Wasser in einem Topf zum Kochen bringen, Aprikosen und Mandeln dazugeben und bei schwacher Hitze 20 bis 30 Minuten garen, bis man mit einer Nadel leicht in das Fruchtfleisch einstechen kann. Nun die Früchte herausnehmen und in frisches Wasser geben. Den Sirup zum Kochen bringen, die abgetropften Aprikosen und Mandeln dazugeben und bei schwacher Hitze etwa 10 Minuten simmern lassen. Sofort servieren.

MENON
LA CUISINIÈRE BOURGEOISE

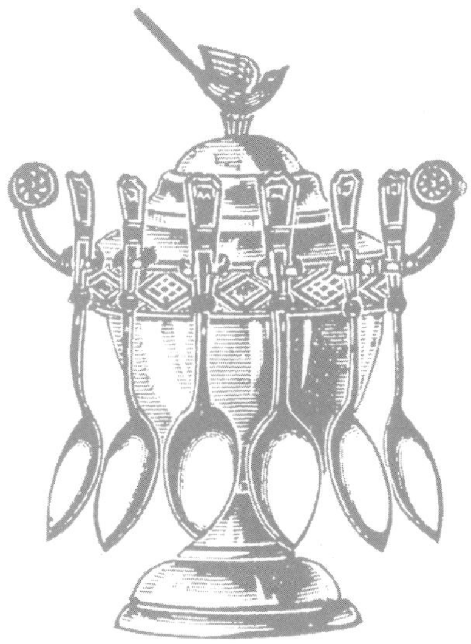

Kompott aus getrockneten Früchten

Compote of Dried Fruit

Für 4 Personen

250 g	Backpflaumen oder getrocknete Aprikosen (oder je 125 g) gewaschen und über Nacht in 100 cl Wasser eingeweicht
100 g	brauner Rohrzucker
1	Streifen Zitronenschale oder ein 2 – 3 cm langes Stück Stangenzimt
2 TL	Zitronensaft
15 g	Mandeln, blanchiert, abgezogen, halbiert und geröstet
6 bis 8	kandierte Kirschen

Die Früchte abtropfen lassen und die Einweichflüssigkeit zusammen mit dem Zucker bei niedriger Temperatur erhitzen, bis der Zucker aufgelöst ist. Zitronenschale oder Zimtstange und Zitronensaft hinzufügen. Bei starker Hitze 10 Minuten ohne Rühren kochen, damit der Sirup dick wird. Die Früchte dazugeben und bei schwacher Hitze 20 bis 30 Minuten simmern lassen, bis sie weich sind, dann vorsichtig in eine Schüssel legen, den Sirup durch ein Sieb über die Früchte geben und mit den Mandeln und den Kirschen garnieren. Heiß oder kalt servieren.

Anstatt die Früchte mit dem Sirup in einem Topf zu garen, kann man sie auch in eine feuerfeste Form oder in einen Schmortopf geben. Den Sirup durch ein Sieb darübergeben. Den Deckel auf die Form legen und im vorgeheizten Backofen bei 150° C (Gasherd Stufe 1) etwa 1 Stunde dünsten, bis das Obst weich ist.

Zum Schluß mit den blanchierten und gerösteten Mandeln und den kandierten Kirschen garnieren und servieren.

CLAIRE McINERNY UND DOROTHY ROCHE
SAVOUR: A NEW COOKERY BOOK

Kirschen in Barolo

Ciliegie al Barolo

Für 4 Personen

500 g	Kirschen, gewaschen und entsteint
200 g	Zucker
10 cl	schwarzes Johannisbeergelee
1	Orange, Schale dünn abgeschält, in Streifen geschnitten und 5 Minuten in kochendem Wasser blanchiert
½	Zimtstange
½ l	Barolo oder anderer körperreicher Rotwein
20 cl	Schlagsahne

Die Kirschen mit Zucker, schwarzem Johannisbeergelee, Orangenschale und Zimtstange in einen Kupfertopf geben und mit dem Wein bedecken. Bei mittlerer Temperatur erhitzen. Sobald der Wein kocht, die Temperatur herunterschalten und die Mischung bei sehr schwacher Hitze 30 Minuten simmern lassen.

Die Kirschen in der Flüssigkeit abkühlen lassen, die Zimtstange entfernen, Kirschen und Sauce in Portionsschälchen geben und mit Schlagsahne garnieren. Vor dem Servieren für 1 bis 2 Stunden in den Kühlschrank stellen.

LAURA GRAS PORTINARI
CUCINA E VINI DEL PIEMONTE E DELLA VALLE D'AOSTA

Birnen in Rotwein

Poires Belle Angevine

Dieses Rezept stammt aus Madame Pruniers Restaurant in Paris.

Für 4 Personen

4	feste, noch etwas unreife Eßbirnen, geschält, halbiert und das Kerngehäuse entfernt
Etwa 60 cl	guter Rotwein, vorzugsweise Bordeaux
50 g	Zucker
1	kleine Zimtstange
2 bis 3 TL	Birnengeist

Die Birnenhälften waschen und in einen schweren Kochtopf legen. Den Rotwein dazugießen; er sollte so bemessen werden, daß er die Birnenhälften gerade eben bedeckt. Den Zucker und die Zimtstange hinzufügen.

Zunächst alles zum Kochen bringen, dann den Deckel auflegen und die Birnen bei niedriger Temperatur etwa 1 Stunde simmern lassen. Nach Ende der Garzeit die Früchte mit einem Schaumlöffel herausnehmen und in eine hübsche Glasschale legen.

Bei starker Hitze die Garflüssigkeit einkochen lassen, bis sie die Konsistenz eines leichten Sirups hat. Jetzt die Zimtstange entfernen, nach Belieben 2 bis 3 TL Birnengeist dazugeben und die Birnen mit dem aromatisierten Sirup überziehen. An einem kühlen Platz – jedoch nicht im Kühlschrank – völlig abkühlen lassen und dann servieren.

ROBERT COURTINE
MES REPAS LES PLUS ÉTONNANTS

Früchtekompott

Compote de Fruits

Für dieses Dessert kann man nach dem Vorschlag des Autors in Scheiben geschnittene Äpfel, Birnen, Quitten, Aprikosen und Pfirsiche verwenden. Kleine Früchte wie Erdbeeren, Stachelbeeren, rote Johannisbeeren, Kirschen und Reineclauden eignen sich ebenfalls dafür, aber man sollte sie unzerteilt lassen.

	Für 6 bis 8 Personen
1 kg	gemischte frische Früchte, je nach Sorte vorbereitet und in Scheiben oder Stücke geschnitten
60 cl	mittlerer Zuckersirup (S. 8)
	Feiner Kristallzucker

Die vorbereiteten Früchte und den Sirup in einen Topf geben und etwa 15 Minuten simmern lassen, bis die Früchte weich sind. Die Früchte mit dem Sirup in eine Glasschüssel geben, nach Belieben mit Zucker bestreuen und heiß oder kalt servieren.

ADRIEN-JEAN BOBINET
GASTRONOMIE

Pfirsiche mit Rosenblättern

Peaches Aswim in Rose Petals

	Für 10 Personen
10	große, feste Pfirsiche, abgezogen, halbiert und entsteint (5 Steine beiseite gestellt)
10	stark duftende Rosenblüten
1	Pelargonienblatt (nach Belieben)
300 g	Zucker
¾ l	Wasser
2 bis 3 EL	Zitronensaft
½	Vanilleschote oder 1 TL Vanille-Extrakt
10 cl	pürierte Himbeeren, gekühlt und durch ein Sieb gestrichen
	Rosafarbene Rosenblätter, die weißen Blattenden abgeschnitten

Die Blütenblätter der Rosen ablösen, mit dem Pelargonienblatt locker in einen Nesseltuchbeutel legen und diesen zubinden.

Zucker und Wasser in einen Topf geben und den Beutel mit den Blütenblättern hineinlegen. Zum Kochen bringen und 5 Minuten simmern lassen. Von der Kochstelle nehmen, den Zitronensaft und die Vanille dazugeben und den Sirup 10 Minuten ziehen lassen. Mit einem Löffel den Beutel mit den Blütenblättern ausdrücken, damit sie möglichst viel Aroma abgeben, dann den Beutel und die Vanilleschote – falls verwendet – entfernen.

Die beiseite gestellten Pfirsichsteine aufbrechen und den Kern herausnehmen. Die Pfirsichhälften und die Kerne in den Sirup legen und simmern lassen, bis die Pfirsiche weich sind. (Mit einer Gabel die Garprobe machen.) Die Pfirsiche im Sirup abkühlen lassen, dann in den Kühlschrank stellen.

Mit einem Schaumlöffel die Pfirsiche in eine schöne Glasschüssel geben. Die Pfirsichkerne mit dem Löffel herausnehmen und abziehen. Das Himbeerpüree mit dem restlichen Sirup mischen und diese Mischung über die Pfirsiche geben. Die Kerne kleinschneiden und darüberstreuen. Die rosafarbenen Rosenblätter dekorativ über den Pfirsich verteilen.

JUDITH OLNEY
SUMMER FOOD

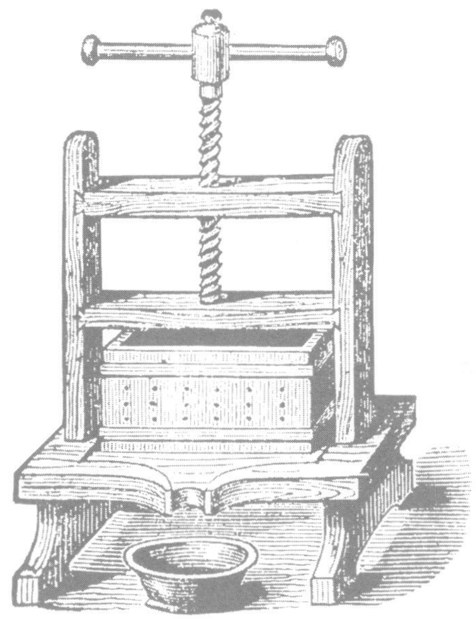

Maronenkompott

Chestnut Compote

Genaue Anleitungen für das Rösten von Maronen werden auf Seite 30 gegeben.

	Für 6 bis 8 Personen
1 kg	Maronen, Schalen eingeschnitten, geröstet, abgezogen und mit der Hand etwas flachgedrückt
½ l	mittlerer Zuckersirup (S. 8), gekühlt
1 EL	Zitronensaft
2 TL	Zitronenschale, in feine Streifen geschnitten
30 g	Puderzucker

Die Maronen mit dem kalten Sirup in einen Topf geben und bei niedriger Temperatur erhitzen, aber nicht zum Kochen bringen. Zitronensaft und -schale dazugeben, dann die Mischung in Kompottschalen füllen. Die Maronen mit Puderzucker bestäuben und im vorgeheizten Grill glasieren.

G. A. JARRIN
THE ITALIAN CONFECTIONER

Kirschtaschen

Vareniki s Vishnyami

	Für 6 Personen
600 g	Sauerkirschen, entsteint
250 g	Zucker
400 g	Mehl
1 TL	Salz
2	Eier, geschlagen
7 EL	kaltes Wasser
30 cl	saure Sahne

Die Kirschen in eine flache Schüssel geben und mit dem Zucker bestreuen. 3 bis 4 Stunden in die Sonne oder an einen anderen warmen Platz stellen. Den Saft in einen Topf abgießen und zur späteren Verwendung beiseite stellen.

Das Mehl mit dem Salz in eine Schüssel sieben, in die Mitte eine Vertiefung drücken, Eier und Wasser hineingeben, von der Mitte aus mit Mehl verrühren und langsam zu einem festen Teig verarbeiten. 5 bis 10 Minuten kneten, bis der Teig glatt ist. Für 15 Minuten in den Kühlschrank stellen.

Eine Arbeitsplatte mit Mehl bestreuen und darauf den Teig 3 mm dick ausrollen. Mit einer Ausstechform (7,5 cm Durchmesser) runde Plätzchen ausstechen und auf jedes einen Teelöffel Kirschen geben. Den Teig halbmondförmig zusammenfalten, die Ränder mit etwas Wasser anfeuchten und fest zusammendrükken. Teigreste können noch einmal ausgerollt werden.

In einem großen Topf gesalzenes Wasser zum Kochen bringen; jeweils bis zu 8 Teigtaschen hineingeben und 10 Minuten garen, bis sie an der Wasseroberfläche schwimmen. Mit dem Schaumlöffel herausnehmen und in eine Servierschüssel geben.

Den beiseite gestellten Kirschsaft bei niedriger Temperatur 10 Minuten einkochen, dann abkühlen lassen. Die Teigtaschen mit dem Kirschsirup und der sauren Sahne servieren.

ELENA MOLOKHOVETS
PODAROK MOLDŶM KHOZYAĬKAM

Feigen mit Thymian

Figues au Thym

	Für 4 bis 6 Personen
500 g	getrocknete Feigen
45 cl	Rotwein
2 oder 3	Stengel Thymian oder ½ TL gerebelter getrockneter Thymian, in Nesseltuch gebunden
3 EL	Honig

Alle Zutaten in einen Edelstahltopf oder einen emaillierten Topf geben, miteinander vermischen und zugedeckt etwa 1 Stunde simmern lassen; dabei die Feigen ab und zu wenden, wenn sie nicht vollständig mit Flüssigkeit bedeckt sind. Die Feigen in eine Schüssel geben, den Thymian entfernen und die Garflüssigkeit bei starker Hitze um etwa ein Drittel reduzieren, bis sie eine sirupartige Konsistenz hat, und über die Feigen gießen. Dieses Dessert kann warm oder eisgekühlt gegessen werden. Dazu trockene Kekse reichen.

RICHARD OLNEY
SIMPLE FRENCH FOOD

Kompott aus Kürbis und Trockenobst

Vahrena Tikva Sus Soosheni Plodove

Wenn der Kürbis wäßrig ist und zu weich wird, bevor die Flüssigkeit verdampft ist, nimmt man kurz vor dem Ende der Garzeit den Deckel ab und schaltet die Temperatur etwas höher. Als Trockenobst können unter anderem Backpflaumen, Äpfel, Birnen, Feigen und Sultaninen verwendet werden.

	Für 4 Personen
500 g	Kürbis, geschält, Kerne entfernt und in etwa 2 cm große Würfel geschnitten
300 g	gemischtes Trockenobst, große Stücke halbiert
Etwa 2 EL	Wasser
50 g	Zucker oder Honig

Kürbis und Trockenobst abwechselnd in einen Topf mit gut schließendem Deckel schichten. Das Wasser angießen. Zugedeckt bei sehr schwacher Hitze 30 Minuten simmern lassen, bis die Früchte gar sind und die Flüssigkeit verdampft ist. Einige Minuten vor Ende der Garzeit Zucker oder Honig dazugeben.

DR. L. PETROV, DR. N. DJELEPOV, DR. E. IORDANOV, S. UZUNOVA
BULGARSKA NAZIONALNA KUCHNIYA

Gelees

Gestreiftes Gelee

Gelée Rubanée

Diese Gelees können mit vielen verschiedenen Aromastoffen und in allen möglichen Farben zubereitet werden; man sollte sie jedoch so in die Form schichten, daß sie auffallend kontrastierende Streifen ergeben.

	Für 6 bis 8 Personen
15 g	weiße Blattgelatine, in etwas Wasser eingeweicht
400 g	Zucker
40 cl	kaltes Wasser
6 EL	pürierte rote Johannisbeeren oder eine Mischung aus roten Johannisbeeren, Himbeeren und Erdbeerpüree
6 EL	Kirschwasser, Rum oder Anisette

Die Gelatine mit Zucker und Wasser in einen unverzinnten Kupferkochtopf geben und rühren; dann bei schwacher Hitze schlagen, bis Zucker und Gelatine aufgelöst sind. Die Flüssigkeit von der Kochstelle nehmen, sobald sie den Siedepunkt erreicht.

Die Hälfte dieser Flüssigkeit mit dem roten Früchtepüree vermischen, die restliche Flüssigkeit mit Kirschwasser, Rum oder Anisette aromatisieren. Die Hälfte der roten Mischung in eine 1¼ l fassende Geleeform füllen und an einem kühlen Platz erstarren lassen. Nach dem Erstarren die Hälfte der weißen Mischung daraufgeben und fest werden lassen. Die restliche rote Mischung daraufgeben und, wenn diese erstarrt ist, die restliche weiße Mischung daraufschichten. An einem kühlen Platz fest werden lassen. DieForm kurz vor dem Servieren in heißes Wasser tauchen, damit das Gelee leicht herausgleitet.

ÉMILE DUMONT
LA BONNE CUISINE

Gefüllte Orangen

Oranges Filled with Jelly

Die Orangen können nach Belieben mit jeder anderen Art Gelee oder Blancmanger gefüllt werden; die Farben sollten jedoch möglichst stark kontrastieren.

	Für 6 Personen
6	große Orangen
30 g	Blattgelatine, in etwas Wasser eingeweicht
	Rote Speisefarbe

Mit der Spitze eines kleinen Messers von den Orangen oben ein rundes, markstückgroßes Stück abschneiden; mit einem Teelöffel die Orangen völlig aushöhlen, Fruchtfleisch und -saft in einer Schüssel beiseite stellen. Die Orangenschale darf unter keinen Umständen durchstoßen werden. Die Schalen in kaltes Wasser geben. Saft und Fruchtfleisch durch ein feines Nesseltuch passieren, um einen klaren Saft zu gewinnen. Den Saft abmessen und mit Wasser auf ¾ l auffüllen.

Den Saft und die eingeweichte Gelatine in einer Schüssel über einen Topf mit simmerndem Wasser stellen, bis die Gelatine völlig aufgelöst ist. Dann von der Kochstelle nehmen und in zwei Hälften teilen. Einer Hälfte tropfenweise die rote Speisefarbe hinzufügen, bis der Saft hellrosa ist, die andere Hälfte des Saftes ungefärbt lassen. Wenn der Saft fast erkaltet ist, die Orangenschalen abtropfen lassen, trockentupfen und abwechselnd den gefärbten und ungefärbten Saft hineingeben. Jede Schicht muß erstarrt sein, bevor die nächste eingefüllt wird. Wenn die Orangen völlig erkaltet sind, in Viertel schneiden und auf einer Platte arrangieren. Einige zarte Myrtenzweige dazwischenlegen.

ELIZABETH RAY (HERAUSGEBERIN)
THE BEST OF ELIZA ACTON

Orangengelee

Gelée à l'Orange

Wenn man dieses Gelee in einer großen 1¼ l fassenden Form statt in kleinen Schälchen zubereiten will, muß man die Gelatinemenge auf 30 g erhöhen und 400 g Zucker verwenden. Das Gelee muß dann vor und nach Zugabe der Orangenspalten jeweils 2 Stunden gekühlt werden.

	Für 12 Personen
1 oder 2	Orangen, geschält, in Spalten zerlegt, weißpelzige Haut und Trennhaut abgezogen
15 g	weiße Gelatine, gemahlen
300 g	feiner Kristallzucker
½ l	kaltes Wasser
2	Eiweiß, zu steifem Schnee geschlagen
1	Zuckerwürfel, an einer Orangenschale gerieben
15 cl	frischer Orangensaft
2 bis 3 EL	frischer Zitronensaft

Gelatine, Zucker, Wasser und Eischnee in einen Kupfertopf geben, umrühren und bei schwacher Hitze so lange schlagen, bis Zucker und Gelatine aufgelöst sind. Sobald die Mischung den Siedepunkt erreicht, von der Kochstelle nehmen und durch ein mit einem Tuch ausgelegtes Sieb passieren, damit die Flüssigkeit klar wird. Den Zuckerwürfel in Orangen- und Zitronensaft auflösen und den Saft durch ein Nylonsieb geben. Den Fruchtsaft mit der geklärten Flüssigkeit mischen.

Glasschälchen oder Weingläser zur Hälfte damit füllen und im Kühlschrank mindestens 1 Stunde fest werden lassen. Eine Orangenspalte in jedes Schälchen oder Glas geben, die restliche Flüssigkeit darübergießen und mindestens 2 Stunden im Kühlschrank gelieren lassen.

ÉMILE DUMONT
LA BONNE CUISINE

Rotes Obstgelee auf italienische Art

Miscela di Frutti Rossi all'Italiana

	Für 6 bis 8 Personen
100 g	Erdbeeren
100 g	Himbeeren
12	Maraschino-Kirschen
4 EL	Maraschino-Likör

	Himbeergelee
350 g	reife Himbeeren
4 EL	Zitronensaft
100 g	Zucker
15 g	rote Gelatine, gemahlen, in 2 EL heißem Wasser aufgelöst

In einer Steingutschüssel die Erdbeeren, Himbeeren und Kirschen in Maraschino marinieren.

Für das Gelee die Himbeeren durch ein Nylonsieb pürieren. Den Zitronensaft dazugeben, mit Zucker abschmecken und mit Wasser auf 60 cl auffüllen. Die in heißem Wasser aufgelöste Gelatine hinzufügen und unterrühren.

Eine Schüssel oder Form in Eiswürfel stellen und innen mit ein wenig Flüssigkeit von den marinierten Früchten überziehen. Zwei Fingerbreit Himbeergelee hineingeben und fest werden lassen. Auf einem Schaumlöffel einige marinierte Früchte abtropfen lassen und diese gleichmäßig auf dem Gelee verteilen. Wiederum 2 Fingerbreit Gelee daraufgeben, erstarren lassen, eine Schicht Früchte darauf verteilen und diesen Vorgang wiederholen, bis die Schüssel fast gefüllt ist. Das Gelee im Kühlschrank erstarren lassen.

Kurz vor dem Servieren die Schüssel in warmes Wasser tauchen, trockenreiben und das Obstgelee auf eine mit einer dekorativen Serviette ausgelegte Schale stürzen.

GIUSEPPE SORBIATTI
LA GASTRONOMIA MODERNA

Weingelee

Wine Jelly

	Für 10 bis 12 Personen
40 cl	weißer Rheinwein
5 EL	Portwein
250 g	Weintrauben
275 g	Zucker
75 cl	Wasser
50 g	Gelatine, in 6 EL Wasser eingeweicht
6	Zitronen, Saft durch ein Sieb passiert

Die Weinbeeren abzupfen, nur eine kleine Weintraube ganz lassen. Nach Belieben die abgezupften Weinbeeren abziehen und entkernen. Den Zucker bei mittlerer Hitze im Wasser auflösen. Die eingeweichte Gelatine hinzufügen und rühren, bis sie sich völlig aufgelöst hat; die Mischung darf nicht zum Kochen kommen. Den Topf von der Kochstelle nehmen und den Zitronensaft und den Rheinwein dazugießen. Die Mischung etwa 20 Minuten stehenlassen, dann durch eine Serviette filtern. Den Portwein angießen. Eine Glasschüssel auf Eis stellen und mit der Hälfte der Geleeflüssigkeit füllen. Sobald diese erstarrt ist, Weinbeeren um das Gelee herum auf den Schüsselrand legen und die kleine ganze Weintraube in die Mitte geben. Etwa 1 cm hoch Geleeflüssigkeit darübergießen und fest werden lassen, so daß Weinbeeren und Weintraube nicht verrutschen. Dann die restliche Flüssigkeit dazugeben und das Dessert anschließend in den Kühlschrank stellen und fest werden lassen.

J. M. ERICH WEBER
THEORY AND PRACTICE OF THE CONFECTIONER

Frischer Obstsalat in Gelee

La Macédoine de Fruits Frais à la Gelée

Für dieses Rezept eignen sich Erdbeeren, Himbeeren, Ananas, Pfirsiche, Aprikosen und Orangen.

	Für 10 Personen
Je 125 g	frische Früchte von 4 oder 5 Sorten, je nach Art vorbereitet
½ l	Weinbrand
100 g	Zucker

	Kirschwasser-Gelee
150 g	Zucker
1 l	Wasser
30 g	weiße Blattgelatine, in etwas Wasser eingeweicht
¼ l	Kirschwasser

Die gemischten Früchte 1 Stunde in Weinbrand und Zucker marinieren. Inzwischen das Gelee zubereiten. Einen Sirup herstellen, indem man Zucker und Wasser zusammen aufkocht. Die eingeweichte Gelatine hinzufügen und bei schwacher Hitze rühren, bis sie aufgelöst ist. Den Sirup abkühlen lassen; dann das Kirschwasser dazugeben.

Eine 2 l fassende Charlottenform auf Eis stellen und etwa 20 cl Sirupmischung hineingeben. Auf Eis oder im Kühlschrank etwa 30 Minuten erstarren lassen, bis das Gelee fast fest ist. Die marinierten gemischten Früchte abtropfen lassen und ein Viertel der Früchtemischung auf dem Gelee verteilen. Die Früchte mit mehr Sirupmischung bedecken und diese Schicht wiederum fest werden lassen. Die Form bis zum Rand schichtweise mit Obst und Sirupmischung füllen. Dann für 2 Stunden auf Eis oder in den Kühlschrank stellen, bis das Dessert erstarrt ist. Das Gelee erst kurz vor dem Servieren stürzen.

ARISTIDE QUILLET
LA CUISINE MODERNE

Champagner-Gelee mit Himbeeren

Champagne Jelly with Raspberries

Für 4 Personen

15 bis 20 cl	Champagner
20 g	Gelatine, gemahlen
40 cl	Wasser
150 g	Zucker
1	Zitrone, Saft ausgepreßt und Schale dünn abgeschält (ohne weiße Haut) und in breite Streifen geschnitten
10 cl	trockener Weißwein
350 g	Himbeeren

Die Gelatine in 3 bis 4 EL Wasser einweichen. Das restliche Wasser in einem Topf erhitzen, die Gelatine dazugeben und rühren, bis sie sich aufgelöst hat. Zucker, Zitronensaft und Zitronenschale dazugeben. Die Flüssigkeit bis kurz vor dem Siedepunkt erhitzen. Den Topf von der Kochstelle nehmen und die Mischung zugedeckt 20 Minuten ziehen lassen.

Dann durch ein mit Nesseltuch ausgelegtes Sieb passieren.

Das Gelee kalt werden lassen und währenddessen beobachten. Kurz vor dem Festwerden den Weißwein und den Champagner unterrühren. In vier Sektkelche oder Weißweingläser geben. Das Gelee gut durchkühlen lassen. Mit Himbeeren servieren und nach Belieben mit Kristallzucker bestreuen.

JUDITH OLNEY
SUMMER FOOD

Einfaches Zitronengelee

A Simple Lemon Jelly

Für 6 bis 8 Personen

6	Zitronen, fein abgeschält, Saft durch ein Sieb passiert
30 g	weiße Blattgelatine, in etwas Wasser eingeweicht und ausgedrückt
300 bis 400 g	Zucker
60 cl	Wasser

In einem Topf Gelatine und Zucker bei mittlerer Hitze im Wasser auflösen, dann Saft und Schale der Zitrone dazugeben. Bis kurz vor dem Kochen erhitzen, dann durch ein Nesseltuch in eine mit kaltem Wasser ausgespülte Form geben. Wenn das Gelee fest ist, stürzen und servieren.

MRS. C. F. LEYEL
PUDDINGS

Kaffee-Gelee

Black Coffee Jelly

Für 4 Personen

60 cl	frisch zubereiteter starker schwarzer Kaffee
125 g	Zucker
5 EL	Wasser
4	Blatt weiße Gelatine, in 2 oder 3 EL Wasser eingeweicht
	Sahne, geschlagen

Zucker und Wasser 1 bis 2 Minuten zu einem Sirup einkochen. Den frisch zubereiteten Kaffee mit dem Sirup vermischen und die Gelatine hineinrühren; darauf achten, daß sie sich völlig auflöst. Die Mischung in eine 90 cl fassende Form geben und erkalten lassen. Im Kühlschrank fest werden lassen. Mit Schlagsahne garniert servieren.

RUTH LOWINSKY
MORE LOVELY FOOD

Cremespeisen

Sahnecreme mit Karamelzucker

Crème Brûlée

Dieses Rezept wurde *The Ocklye Cookery Book* (1909) von Eleanor L. Jenkinson entnommen.

	Für 4 bis 6 Personen
60 cl	Sahne
4	große Eigelbe, gut geschlagen
60 g	feiner Kristallzucker

Die Sahne zum Kochen bringen und etwa 30 Sekunden lang kochen lassen. Sofort über das Eigelb gießen und kräftig verquirlen. (Dann gieße ich – obwohl es im Rezept nicht angegeben ist – die Mischung wieder in den Topf und erhitze sie – ohne sie zum Kochen kommen zu lassen –, bis sie dick wird und den Löffel überzieht.) Die Mischung in eine flache Auflaufform geben. Über Nacht abkühlen lassen.

Zwei Stunden vor dem Auftragen die gekühlte Creme gleichmäßig mit Zucker bestreuen und unter den auf höchste Temperatur vorgeheizten Grill stellen. Der Zucker karamelisiert und bildet eine braune Kruste. Wenn nötig, die Form unter dem Grill drehen, damit die Oberfläche der Creme gleichmäßig braun wird.

JANE GRIGSON
ENGLISH FOOD

Tee-Dickmilch

Tea Cream

	Für 3 oder 4 Personen
3 TL	schwarzer Tee
30 cl	Milch
30 cl	Sahne
2 TL	Labferment
60 g	Zucker

Den Tee mit der Milch kochen lassen und durch ein Sieb geben, um die Blätter zu entfernen; diese Milch in der Servierschüssel mit Sahne, Lab und Zucker verrühren. An einen warmen Platz stellen und mit einem Teller bedecken. Wenn die Dickmilch fest ist, kann sie serviert werden. Nach Belieben mit Konfekt garnieren.

MARY JEWRY (HERAUSGEBERIN)
WARNE'S MODEL COOKERY AND HOUSEKEEPING BOOK

Mandelcreme

Hsing Jen Lou

Dieses Dessert kann im voraus zubereitet, wieder aufgewärmt und heiß serviert werden. Doch auch kalt schmeckt es gut.

	Für 6 bis 8 Personen
125 g	große Mandeln, blanchiert und die dünne Haut abgezogen
1 ½ EL	Langkorn- oder Rundkornreis
1 l	kaltes Wasser
1 EL	Mandelessenz
Etwa 6 EL	Zucker

Mandeln und Reis zusammen waschen und mindestens 4 Stunden in ½ l kaltem Wasser einweichen. Mandeln und Reis mit dem Wasser in einen elektrischen Mixer geben. Etwa 5 Minuten darin mixen, bis die Mischung glatt ist.

Eine Schüssel unter einen großen Nesseltuchbeutel stellen und die Flüssigkeit in den Beutel gießen. Den Beutel am oberen Ende zusammendrehen und die Mischung durchdrücken. Dann ¼ l Wasser in eine andere Schüssel geben, den Inhalt des Beutels damit vermischen, die Mischung wieder in den Beutel geben und noch einmal ausdrücken, um noch mehr Creme zu gewinnen. Mit dem restlichen Wasser den Vorgang wiederholen. Insgesamt sollte man 1 l Mandelcreme erhalten. Die Creme in einen Topf geben. Die restliche Masse aus dem Beutel entfernen und den Beutel waschen, damit er wiederverwendet werden kann.

Die Mandelcreme erhitzen. Mandelessenz und nach Geschmack Zucker hinzufügen und unter ständigem Rühren bei schwacher Hitze in etwa 15 Minuten zum Kochen bringen. Die Creme darf nur langsam erhitzt werden, da sie sonst gerinnt. Nach dem Aufkochen von der Kochstelle nehmen und servieren.

FLORENCE LIN
FLORENCE LIN'S CHINESE VEGETARIAN COOKBOOK

Orangen, gefüllt mit Eiercreme

Butter'd Oranges

Dieses Rezept ist vielleicht mein englisches Lieblingsrezept. Das Buch, in dem ich es fand, wurde von Anne Blencowe verfaßt und 1694 gedruckt (zumindest die Ausgabe, die ich benutzte); es muß also im 17. Jahrhundert bekannt gewesen sein. Bis jetzt habe ich dieses Rezept noch in keinem anderen Kochbuch entdeckt – vielleicht war es eine ihrer Spezialitäten.

Rosenblätter sind leicht und ohne großen Aufwand zu kandieren. Eine stark duftende Rose pflücken. Die Blütenblätter einzeln abzupfen und vorsichtig mit Gummiarabikum bestreichen. Mit feinem Kristallzucker bestreuen, bis die Oberfläche völlig überzogen ist. Ein Kuchengitter mit Pergamentpapier bedecken; die Rosenblätter einzeln darauflegen, sie dürfen sich nicht berühren. An einem warmen Platz trocknen lassen und bis zum Gebrauch in einem luftdicht verschlossenen Gefäß aufbewahren.

	Für 6 Personen
8	große Orangen
5	Eigelb
60 g	feiner Kristallzucker
1 TL	Rosenwasser
125 g	Butter, in 2,5 cm große Würfel geschnitten
15 cl	Sahne
1	großes Stück weiches Orangeat, geraspelt oder in sehr kleine Stücke geschnitten
	Kandierte Rosenblätter oder 15 cl Sahne, geschlagen

Zuerst 6 Orangen zum Füllen vorbereiten. Dazu jede Orange mit dem Stielansatz nach unten hinstellen. Mit einem kleinen, spitzen Küchenmesser einen 2,5 cm hohen Deckel abschneiden, eventuell im traditionellen Zackenmuster.

Mit einem scharfkantigen Teelöffel das Fruchtfleisch aus der Orange lösen, bis die Schale völlig sauber ist. Beim Deckel ebenso verfahren. Die Haut nach Möglichkeit unversehrt lassen. Die Ränder des Unterteils und des Deckels von der weißen Haut säubern. Mit Hilfe eines Cocktailstäbchens können jetzt am Deckel Verzierungen angebracht werden. Draht sollte nicht direkt mit Nahrungsmitteln in Berührung kommen; aber man kann Rosenknospen oder winzige Blüten mit Draht an Cocktailstäbchen befestigen und diese in den Deckel stecken.

Saft und Fruchtfleisch der ausgehöhlten Orangen können als Frühstückssaft oder Saucenzutat verwendet werden.

Die Schale der beiden anderen Orangen abreiben; zusammengedrückt sollte dies einen gestrichenen Eßlöffel ergeben. Den Saft der Orangen auspressen.

Eine Schüssel mit rundem Boden bereitstellen, die gut und fest auf einen Topf mit kochendem Wasser paßt. In dieser Schüssel Orangensaft und abgeriebene Orangenschale mit Eigelb und Zucker vermischen. Die Schüssel auf den mit Wasser gefüllten Topf stellen. Der Schüsselboden muß von Wasser umgeben sein.

Die Mischung mit einem Schneebesen behutsam, aber ständig rühren, bis sie auf die dickliche Konsistenz einer guten Eiercreme eingekocht ist. Während dieses Arbeitsgangs darauf achten, daß sie nicht am Schüsselrand haftet; nicht zu kräftig schlagen, da sonst ein Schaum entsteht, durch den nicht mehr zu erkennen ist, wann die Flüssigkeit eingedickt ist. Sobald die Orangenmischung so dick wird, daß eine Schneebesenspur auf der Oberfläche sichtbar bleibt, die Schüssel aus dem Wasserbad nehmen und in kaltes Wasser stellen, damit die Masse etwas abkühlt. Weiterrühren und das Rosenwasser angießen.

Die Schüssel aus dem kalten Wasser nehmen. Die Butterstücke nach und nach unter die Mischung schlagen; erst wenn ein Stück untergerührt ist, das nächste dazugeben. Die Sahne leicht schlagen und unter die Mischung ziehen. Wenn die Masse fest zu werden beginnt, die Orangeatstückchen unterziehen, so daß sie sich gleichmäßig in der Mischung verteilen und nicht alle nach unten sinken.

Die Orangenschalen füllen und kühlen, bis die Masse fest ist. Die Füllung mit so viel kandierten Rosenblättern garnieren, daß sie unter dem Deckel der Orange üppig hervorquellen.

Wer eine einfachere Garnierung vorzieht, füllt einen Spritzbeutel mit Schlagsahne und spritzt mit der Rosentülle einen Kranz auf den Rand der Orangenschale. Auf der einen Seite wird etwas großzügiger garniert, so daß der Deckel in einem dekorativen schrägen Winkel aufliegt.

Diese Orangen sehen am attraktivsten aus, wenn man sie in eine gefaltete Organza-Serviette setzt oder pyramidenförmig aufbaut.

MICHAEL SMITH
FINE ENGLISH COOKERY

Eiercreme mit Maraschino und Schlagsahne

Crème Carême

Dieses Dessert ist nach seinem Schöpfer Carême, dem berühmten Meisterkoch des 19. Jahrhunderts, benannt.

	Für 8 Personen
8	Eigelb
150 g	Zucker
1 EL	Reismehl oder 2 TL Maisstärke
3/4 l	heiße Milch
6 EL	Maraschino
35 cl	Schlagsahne

Das Eigelb in einer Schüssel mit dem Zucker und dem Reismehl oder der Maisstärke verquirlen, bis die Mischung hellgelb ist. Die heiße Milch sehr langsam dazugießen. Alles in einen Topf geben und bei sehr schwacher Hitze mit einem Holzlöffel rühren, bis die Creme den Löffel dick überzieht. Die Eiercreme von der Kochstelle nehmen und hin und wieder umrühren, bis sie kalt ist. In den Kühlschrank stellen. (Nach Carême soll der Behälter auf Eis gestellt und von Eis umgeben sein.) Ab und zu aus dem Kühlschrank nehmen und umrühren. Kurz vor dem Anrichten den Maraschino und die Schlagsahne unterziehen. Das Ergebnis ist – in den Worten Carêmes – eine leichte, samtartige, zarte Creme.

ALICE B. TOKLAS
THE ALICE B. TOKLAS COOK BOOK

Schokoladencreme im Näpfchen

Pots de Crème Panisse

	Für 6 Personen
175 g	Halbbitterschokolade, in Stücke gebrochen
1/4 l	Wasser
1	Vanilleschote
6	Eigelb, gut geschlagen
30 cl	Sahne, geschlagen

Die Schokolade mit dem Wasser und der Vanilleschote in einen Topf geben und bei schwacher Hitze unter Rühren schmelzen lassen. Sobald die Schokolade glatt ist und glänzt, das Eigelb dazugeben. Unter ständigem Rühren weiter erhitzen, bis die Schokoladencreme dick wird und völlig glatt ist. Von der Kochstelle nehmen, die Vanilleschote entfernen und die Mischung unter Rühren etwas abkühlen lassen. Die Creme durch ein feines Sieb in sechs Näpfchen geben, jedes zu drei Vierteln füllen und mit einer Schlagsahnehaube garnieren.

ÉDOUARD NIGNON
LES PLAISIRS DE LA TABLE

Rotweinschaum

Red Wine Froth

	Für 4 Personen
20 cl	Rotwein (Burgunder oder Bordeaux)
4	Eigelb
125 g	Zucker
1/2 TL	feingeriebene Zitronenschale
1 EL	Gelee von Himbeeren oder roten Johannisbeeren

Alle Zutaten bei schwacher bis mittlerer Hitze verquirlen, bis die Masse dick wird, aber *noch nicht kocht.* Von der Kochstelle nehmen und kräftig weiter schlagen, bis die Masse erkaltet ist. In einer Glasschale oder in kleinen Dessertschalen servieren.

INGA NORBERG
GOOD FOOD FROM SWEDEN

Weincreme

Crème Bachique

	Für 6 Personen
1/2 l	guter Weißwein
125 g	Zucker
1	Streifen dünn abgeschälte Zitronenschale oder 1/2 Zimtstange
7 oder 8	Eigelb

Den Wein in einen Topf gießen und Zucker und Zitronenschale oder Zimt dazugeben. Zum Kochen bringen und zugedeckt ziehen lassen, bis die Flüssigkeit nur noch lauwarm ist. In einer Schüssel das Eigelb mit einem Holzlöffel gut verrühren. Den Wein langsam hineinrühren. Die Mischung durch ein feines Sieb in einzelne feuerfeste Portionsförmchen gießen und im vorgeheizten Backofen bei 170° C (Gasherd Stufe 2) im Wasserbad etwa 20 Minuten garen, bis die Weincreme fest ist.

L. E. AUDOT
LA CUISINIÈRE DE LA CAMPAGNE ET DE LA VILLE

Peruanische Creme

Crème Péruvienne

	Für 6 Personen
60 cl	Milch
60 g	frisch geröstete Kaffeebohnen
1/4	Vanilleschote
90 g	feiner Kristall- oder Würfelzucker
2 EL	kaltes Wasser
2 bis 3 EL	heißes Wasser
100 g	Halbbitterschokolade, in 4 oder 5 Stücke gebrochen
5	Eigelb
1	ganzes Ei

Die Milch in einem Topf zum Kochen bringen. Währenddessen die Kaffeebohnen auf einem Backblech verteilen und im vorgeheizten Backofen bei 180° C (Gasherd Stufe 2–3) einige Minuten erhitzen, bis sie ihr aromatisches Öl abgeben. Die Milch von der Kochstelle nehmen und die Kaffeebohnen mit der Vanilleschote dazugeben. Zugedeckt bei schwächster Hitze 30 Minuten ziehen lassen; dabei den Topfboden durch eine Asbestplatte schützen.

Inzwischen in einem kleinen Topf den Zucker in dem kalten Wasser auflösen und bei mittlerer Hitze hellgelb karamelisieren. Den Topf sofort in kaltes Wasser tauchen; dadurch wird der Karamelisierungsvorgang beendet. Den Karamel mit 2 bis 3 EL heißem Wasser verdünnen. Die Masse bei sehr schwacher Hitze nochmals erwärmen und so lange rühren, bis ein glatter Sirup entsteht. Beiseite stellen.

Die Schokolade in einen Topf geben und einige Löffel aromatisierte Milch hinzufügen – gerade so viel, daß die Schokoladenstücke bedeckt sind. Den Deckel auflegen und bei sehr niedriger Temperatur erhitzen. Wenn die Schokolade nach einigen Minuten weich ist, mit einem Holzlöffel zu einer glatten Paste verrühren.

Die restliche Milch von der Kochstelle nehmen und durch ein feines Sieb in eine saubere Schüssel geben. Die Kaffeebohnen entfernen. Als erstes die Schokolade, danach den Karamelsirup zur Milch geben.

Das Eigelb und das ganze Ei in eine Schüssel geben und mit einem kleinen Schneebesen gut vermischen. Nach und nach unter ständigem Rühren die Milch-Schokolade-Mischung dazugeben. Nicht zu kräftig schlagen: Dies ist nicht notwendig, und es würde dadurch nur ein übermäßiger Schaum entstehen. Die Masse durch ein feines Sieb passieren, um feste Eiteilchen zu entfernen.

Die Creme in Näpfchen füllen und in einen großen Topf nebeneinanderstellen. So viel kochendes Wasser dazugießen, daß sie im Wasser stehen (für diesen Arbeitsgang kann ein Trichter benutzt werden). Den Topf in den auf 150° C (Gasherd Stufe 1) vorgeheizten Backofen stellen. Sofort einen gut schließenden Deckel auf den Topf legen, um die Oberfläche der Creme vor zu starker Hitze zu schützen. Der Backofen sollte so heiß sein, daß das Wasser im Topf fast kocht. Bemerkt man die geringste zitternde Bewegung im Wasser – ein Zeichen dafür, daß es gleich zu kochen beginnt –, müssen sogleich einige Löffel kaltes Wasser dazugegeben werden.

Die Garzeit hängt von der Größe der Näpfchen ab: beispielsweise benötigen Näpfchen mit einem Inhalt von 8 bis 9 cl 18 bis 20 Minuten Garzeit, Näpfchen mit 10 cl Inhalt 23 bis 25 Minuten. Um zu prüfen, ob die Creme gar ist, wird ein Näpfchen leicht schräg gehalten. Die Creme sollte zittern, aber fest bleiben.

Den Topf aus dem Backofen nehmen. Die Näpfchen einige Minuten im Wasser stehenlassen, dann herausnehmen und unbedeckt etwa 2½ Stunden abkühlen lassen.

Vor dem Auftragen die Näpfchen behutsam abwischen und auf einer mit einer Serviette dekorierten Platte servieren.

MADAME SAINT-ANGE
LA CUISINE DE MADAME SAINT-ANGE

Karamelcreme

Crème au Caramel

	Für 6 Personen
175 g	Zucker
3 EL	Wasser
1¼ l	Milch
1	Ei
2	Eigelb
1 TL	Vanille-Extrakt

In einem schweren Topf 60 g Zucker mit dem Wasser kochen lassen, bis die Mischung bernsteinfarben ist. Zum Abkühlen beiseite stellen. Die Milch zum Kochen bringen, leicht abkühlen lassen und in den Topf mit dem karamelisierten Zucker gießen. Bei schwacher Hitze rühren, bis sich der Karamel vollständig in der Milch aufgelöst hat. Das Ei zusammen mit dem Eigelb schlagen und den restlichen Zucker und Vanille-Extrakt hinzufügen. Nach und nach die karamelisierte Milch dazugeben und unter Rühren gründlich vermischen.

Die Creme in Portionsschälchen oder in eine große Form füllen. In einen Topf mit heißem Wasser stellen und im vorgeheizten Backofen bei 170° C (Gasherd Stufe 2) 30 bis 40 Minuten garen, bis die Creme fest ist. Um dies zu prüfen, mit einem silbernen Messer in die Creme stechen: Kommt es sauber heraus, ist die Eiercreme gar. Warm oder eisgekühlt servieren.

LA VÉRITABLE CUISINE DE FAMILLE
PAR TANTE MARIE

Tee-Creme

Crème au Thé

	Für 12 Personen
¼ l	sehr starker schwarzer Tee
1 l	Sahne
125 g	Zucker
4	Eigelb
6	Eier
	Orangenblütensauce
60 g	Zucker
¼ l	Sahne
1 EL	Orangenblütenwasser
2	Eigelb

Die Sahne in einen Topf geben und bei starker Hitze um die Hälfte einkochen lassen. Zucker, Tee, Eigelb und ganze Eier darunterschlagen und die Masse durch ein feinmaschiges Sieb passieren. Schlagen und noch einmal durch ein Sieb streichen. Die Masse in 12 Näpfchen füllen, diese ins Wasserbad stellen und im vorgeheizten Backofen bei 150° C (Gasherd Stufe 1) 20 bis 25 Minuten garen, bis die Creme fest ist.

Die Näpfchen beiseite stellen, bis sie lauwarm sind; dann im Kühlschrank kalt werden lassen. Die Portionen symmetrisch angeordnet auf eine Servierplatte stürzen.

Für die Sauce den Zucker bei schwacher Hitze in der Sahne auflösen. Orangenblütenwasser und Eigelb mit dem Schneebesen untermischen. Bei schwacher Hitze rühren; die Sauce darf nicht kochen. Abkühlen lassen, bis die Sauce lauwarm ist, die kalten Cremehügelchen mit der Sauce überziehen und servieren.

JULES BRETEUIL
LE CUISINIER EUROPÉEN

Mandelpudding auf puertoricanische Art

Pudín de Almendras

Für 6 Personen

150 g	feingemahlene Mandeln
200 g	Zucker
2	Eier, geschlagen
1/4 l	Milch
1/4 l	Sahne
40 g	frische Weißbrotbrösel
2 TL	gemahlener Zimt
1 TL	geriebene Muskatnuß
75 g	kernlose Rosinen, 15 Minuten in 10 cl Weißwein mariniert und abgetropft
	Sahne, geschlagen (nach Belieben)

Den Zucker zu den Eiern geben und gut schlagen, dann Milch und Sahne hineinrühren. Frische Weißbrotbrösel, Mandeln, Zimt, Muskat und Rosinen dazugeben und gut vermischen. Den Backofen auf 180° C (Gasherd Stufe 2–3) vorheizen. Sechs Cremenäpfchen oder andere feuerfeste Portionsschälchen mit Butter ausstreichen. Die Masse hineinfüllen. Die Näpfchen in einen Topf mit warmem Wasser stellen. 25 Minuten im Backofen garen, bis die Puddingoberfläche hellbraun und mäßig fest ist. Heiß oder kalt servieren. Nach Belieben die einzelnen Portionen mit Schlagsahne garnieren.

MYRA WALDO
THE COMPLETE ROUND-THE-WORLD COOKBOOK

Eiercreme mit Honig und Pfeffer

Tyropatinam

Für 4 Personen

60 cl	Milch
10 cl	Honig
5	Eier
	Frisch gemahlener Pfeffer

Die Milch mit dem Honig mischen, dann die Eier dazugeben und glattrühren. Die Mischung durch ein Sieb in einen 90 cl fassenden Tontopf geben und im Wasserbad im vorgeheizten Backofen bei 170° C (Gasherd Stufe 2) etwa 30 Minuten garen, bis das Dessert fest ist. Pfeffer darübergeben und servieren.

BARBARA FLOWER UND ELISABETH ROSENBAUM
THE ROMAN COOKERY BOOK–A CRITICAL TRANSLATION
OF "THE ART OF COOKING BY APICIUS"

Karamel-Wassercreme

Œufs à l'Eau au Caramel

Für 4 bis 6 Personen

125 g	Zucker
60 cl	Wasser
1	Stück Zimtstange
10 bis 15	Koriandersamen, leicht zerdrückt
1	Zitrone, geschält
6	Eigelb, geschlagen

Den Zucker in 10 cl Wasser kochen, bis die Masse karamelfarben ist. Sofort das restliche Wasser dazugießen, Zimt, Koriander und Zitronenschale hinzufügen und bei schwacher Hitze 30 Minuten kochen. Die Mischung durch ein Sieb passieren und abkühlen lassen. Das Eigelb in eine Schüssel geben und unter ständigem Schlagen die lauwarme Karamelmischung dazugeben.

Durch ein Sieb passieren, in eine 1 l fassende Form oder in einzelne Näpfchen geben und im Wasserbad garziehen lassen, bis die Creme fest ist. Dies dauert, wenn man die große Form nimmt, bei den Näpfchen etwa 15 Minuten. Heiß servieren.

MENON
LES SOUPERS DE LA COUR

Pistaziencreme-Näpfchen

Petits Pots aux Pistaches

Wie man Pistazien blanchiert und abzieht, wird auf S. 12 erklärt. Um den Spinatsaft herzustellen, der in diesem Rezept zum Färben benötigt wird, blanchiert man einige Spinatblätter 1 Minute, läßt sie abtropfen und drückt die restliche Flüssigkeit aus. Die Blätter werden im Mörser zerrieben oder püriert und der Saft durch ein Tuch gepreßt; noch schneller und einfacher ist es, die Blätter in eine elektrische Saftpresse zu geben.

Für 8 Personen

125 g	Pistazien, blanchiert, abgezogen und fein zerstoßen
60 cl	Sahne
125 g	Zucker
1	Ei
4	Eigelb
1 TL	Spinatsaft

Die Sahne in einem Topf zum Kochen bringen. Den Zucker dazugeben und rühren, bis er aufgelöst ist. Die zerstoßenen Pistazien untermischen, wieder aufkochen und abkühlen lassen. Das Ei und das Eigelb in einen zweiten Topf geben, miteinander vermischen, die Sahnemasse unterrühren und den Spinatsaft hinzufügen. Die Masse durch ein feines Sieb streichen. In 8 feuerfeste Formen geben und im Wasserbad bei schwacher Hitze etwa 20 Minuten garen, bis die Creme fest ist.

VIARD UND FOURET
LE CUISINIER ROYAL

Sultancreme

Crème à la Sultane

	Für 4 bis 6 Personen
15 cl	Milch
30 cl	Sahne
½	Zimtstange
6	Koriandersamen
1	Streifen Zitronenschale
60 g	Zucker
6	Eigelb, leicht geschlagen
Je 40 g	Schokoladenlöffelbiskuits und Mandellöffelbiskuits, feingehackt
15 g	kandierte Orangenblüten oder Veilchen, zerdrückt
15 g	Zitronat, feingehackt
¼ TL	gemahlener Zimt

Milch und Sahne mit Zimtstange, Koriander, Zitronenschale und Zucker zum Kochen bringen. Nach dem Aufkochen die Mischung etwas abkühlen lassen; das Eigelb unterrühren und die so entstandene Eiercreme durch ein feines Sieb passieren. Löffelbiskuits, Orangenblüten oder Veilchen, Zitronat und gemahlenen Zimt unter die Crememasse rühren. In eine 1 l fassende feuerfeste Auflaufform geben und im Wasserbad im vorgeheizten Backofen bei 170° C (Gasherd Stufe 2) 30 bis 45 Minuten garen, bis die Creme fest ist. Abkühlen lassen und servieren.

LE CUISINIER GASCON

Sellerie-Creme

Crème au Céleri

	Für 14 bis 16 Personen
1½ l	Sahne oder je ¾ l Sahne und Milch
1	Sellerieknolle, geschält und in Viertel geschnitten
8 oder 10	Eigelb
250 g	Zucker

Die Sahne oder Sahne und Milch zum Kochen bringen. Die Sellerieknolle dazugeben und bei niedriger Temperatur etwa 20 Minuten simmern lassen, bis die Sahne den Selleriegeschmack angenommen hat; obwohl die Mischung simmert, gerinnt weder die Milch noch die Sahne. Inzwischen das Eigelb glattschlagen und den Zucker dazugeben. Die Sellerieviertel entfernen und langsam die heiße Sahne hineinrühren. Die Masse durch ein Sieb passieren, in Porzellannäpfchen füllen und im Wasserbad bei schwacher Hitze oder im vorgeheizten Backofen bei 170° C (Gasherd Stufe 2) 15 bis 20 Minuten garen, bis die Creme fest ist.

L. E. AUDOT
LA CUISINIÈRE DE LA CAMPAGNE ET DE LA VILLE

Marmorierte Eier

Œufs Marbrez

Für die grüne Speisefarbe 250 g Mangold oder Spinat blanchieren und durch ein Sieb passieren; um die natürliche rote Speisefarbe herzustellen, eine gegrillte, geschälte und entkernte rote Paprikaschote durch ein Sieb pürieren.

	Für 8 bis 10 Personen
24	Eier
1	rote Paprikaschote, püriert
250 g	Mangold oder Spinat, püriert
¼ TL	Safranpulver, in 1 TL kochendheißem Wasser aufgelöst
	Salz
1 TL	gemahlener Zimt
200 g	Zucker
30 g	Butter
	Orangenblütenwasser
	Granatapfelkerne

Die Eier aufschlagen und gleichmäßig auf vier Schüsseln verteilen. Das Paprikapüree in die erste Schüssel, das Mangold- oder Spinatpüree in die zweite und den aufgelösten Safran in die dritte Schüssel geben. Die Eier in der vierten Schüssel bleiben ungefärbt. Die Eier in sämtlichen Schüsseln nach Belieben mit Salz, Zimt und Zucker würzen und gründlich schlagen.

Die Butter bei schwacher Hitze in einer Auflaufform zerlassen und mit einem Teil der rotgefärbten Eiermasse den Boden der Form bedecken. Wenn die Masse fest geworden ist, eine Schicht safrangelbe Eiermasse daraufgeben. Die aufeinanderfolgenden Schichten mit Ausnahme der letzten können zum Stocken gebracht werden, wenn man die Auflaufform kurz unter den Grill schiebt, bis die Schicht gerade fest genug ist. In abwechselnden Farben weiter übereinanderschichten. Die Form bei 170° C (Gasherd Stufe 2) für 30 Minuten in den Backofen stellen.

Das Dessert in Scheiben schneiden, mit Orangenblütenwasser beträufeln und mit Granatapfelkernen verzieren.

PIERRE DE LUNE
LE NOUVEAU CUISINIER

Pflaumencreme

Œufs à l'Anglaise

Für dieses Rezept werden erstklassige Pflaumen in Weinbrand oder eingemachte Pflaumen in Sirup verwendet.

	Für 8 bis 10 Personen
1/2 l	Pflaumen in Sirup
18	Eier
	Salz
1 TL	gemahlener Zimt
200 g	Zucker
100 g	Sukkade, in Würfel geschnitten
100 g	Rosinen
125 g	Makronen, zerkleinert
1/4 l	Sahne
1 EL	Orangenblütenwasser

Die Eier gut mit Salz, Zimt und Zucker schlagen; dann die Pflaumen zusammen mit Sirup, Sukkade, Rosinen, Makronenbröseln und Sahne untermischen. Diese Mischung in eine große, mit Butter ausgestrichene Auflaufform geben und im Wasserbad im vorgeheizten Backofen bei 170° C (Gasherd Stufe 2) 50 Minuten garen, bis die Eiercreme gerade fest ist. Anschließend das Orangenblütenwasser darüberträufeln, mit einem Löffel Zucker bestreuen und zum Glasieren unter den Grill stellen.

PIERRE DE LUNE
LE NOUVEAU CUISINIER

Gestürzte Vanillecreme mit Karamel

Crème Caramel Renversée à la Vanille

Wie man eine Form mit karamelisiertem Zucker auskleidet, wird auf S. 42 erklärt.

	Für 3 Personen
2	Eier
2	Eigelb
2 TL	feiner Kristallzucker
Etwa 1/2 TL	Vanille-Extrakt
	Salz
30 cl	Milch
	Karamel
90 g	Zucker
5 EL	kaltes Wasser
1 TL	Zitronensaft

Die Zutaten für den Karamel in einen kleinen verzinnten Topf geben und kochen lassen, bis die Mischung hellbraun ist. Dabei aufpassen, daß der Karamel nicht verbrennt. In eine trockene 60 cl fassende Soufflé-Form mit geradem Rand und flachem Boden geben. Die Form schwenken, bis sie innen gleichmäßig mit Karamel überzogen ist. Es empfiehlt sich, die Form vorher zu erwärmen. Den Karamel abkühlen lassen, während die Vanille-Eiercreme zubereitet wird.

Die Eier und das Eigelb mit Zucker, Vanille-Extrakt und einer Prise Salz in eine Schüssel geben und mit einem Holzlöffel schaumig schlagen. Die Milch erhitzen und unter ständigem Rühren langsam zu der Eiermasse gießen. Die Eiercreme durch ein Sieb in die vorbereitete Form füllen und mit gefettetem Pergamentpapier bedecken. Bei *sehr* niedriger Temperatur etwa 1 Stunde im Wasserbad garen, bis sich die Eiercreme in der Mitte fest anfühlt; oder die Form in etwas warmes Wasser stellen und im vorgeheizten Backofen bei 180° C (Gasherd Stufe 2–3) garen. Die Creme vor dem Stürzen stehenlassen, bis sie lauwarm ist. Die gestürzte Creme ist oben mit einer Karamelschicht überzogen, und dünnflüssiger Karamel, der über den Rand nach unten fließt, bildet eine Sauce. Warm oder gekühlt servieren.

FLORENCE B. JACK
CQOKERY FOR EVERY HOUSEHOLD

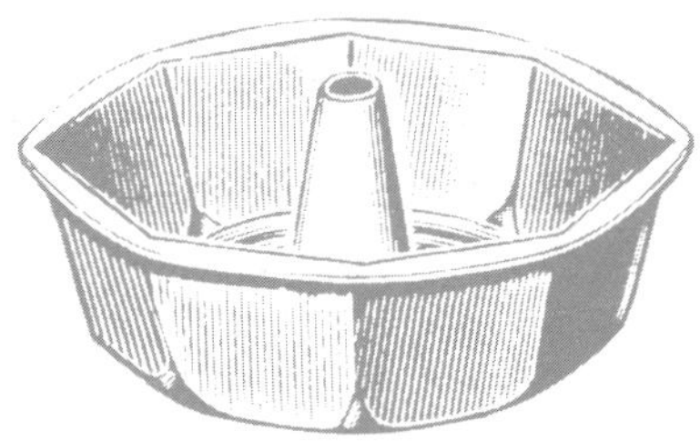

Alisons Orangen-Karamel-Pudding

Pudin de Naranjas

Wie man Zucker karamelisiert, wird auf S. 8 erklärt.

	Für 6 bis 8 Personen
250 g	Zucker
30 g	Butter
30 g	Mehl
6	Eier, Eigelb von Eiweiß getrennt
30 cl	Orangensaft

100 g Zucker in einer schweren Pfanne karamelisieren. Dann in eine 1 l fassende, runde feuerfeste Glasform geben und die Form schwenken, bis Boden und Seiten gleichmäßig mit Karamel überzogen sind. Die Butter mit dem restlichen Zucker schaumig schlagen. Das Mehl hinzufügen und alles gut miteinander vermischen. Das Eigelb sehr gut schlagen und zur Buttermasse geben, dann den Orangensaft daruntermischen. Das Eiweiß zu steifem Schnee schlagen und unter die Masse ziehen. In die mit Karamel überzogene Form füllen, die Form in einen Topf mit heißem Wasser stellen und im vorgeheizten Backofen bei 180° C (Gasherd Stufe 2–3) 1 Stunde garen. Das Dessert auf eine Platte stürzen, so daß die Karamelglasur zu sehen ist. Heiß servieren und nach Belieben mit Weinbrand oder Rum flambieren.

HELEN BROWN
HELEN BROWN'S WEST COAST COOK BOOK

Makronencreme

Bonet

Wie man eine Form mit karamelisiertem Zucker auskleidet, wird auf S. 42 erklärt.

	Für 3 oder 4 Personen
50 g	Makronen, zerkleinert
4	Eigelb
100 g	Zucker
1 EL	Kakao
1 EL	Rum
1/4 l	Milch
2 bis 3 EL	Wasser

Eigelb und 4 EL Zucker in eine Rührschüssel geben und schaumig schlagen. Wenn die Masse hellgelb ist, die zerkleinerten Makronen, Kakao, Rum und Milch unter ständigem Schlagen mit dem Schneebesen dazugeben.

Den restlichen Zucker in dem Wasser auflösen und bei mittlerer Hitze karamelisieren lassen. Den Boden und die Seiten einer 60 cl fassenden Puddingform mit dem Karamel überziehen, dann die Creme hineingeben. Die Form in einen Topf mit so viel sehr heißem, fast kochendem Wasser stellen, daß sie zur Hälfte im Wasser steht. Im vorgeheizten Backofen bei 170° C (Gasherd Stufe 2) 1 Stunde garen. Das Wasser darf jedoch nicht kochen.

Wenn die Creme fest geworden ist, aus dem Backofen nehmen, 10 Minuten beiseite stellen und dann auf einen Teller stürzen. Heiß oder kalt servieren.

LAURA GRAS PORTINARI
CUCINA E VINI DEL PIEMONTE E DELLA VALLE D'AOSTA

Kokoscreme

Special Coconut Custard

Um die für dieses Rezept benötigte Kokosmilch zu erhalten, wird das Fruchtfleisch einer Kokosnuß in eine Schüssel gerieben. Etwa 60 cl kochendes Wasser darübergießen. Gut umrühren, mindestens 30 Minuten stehenlassen, dann durch ein Nesseltuch abtropfen lassen und ausdrücken. Wie man eine Form mit Karamel auskleidet, wird auf S. 42 erklärt.

	Für 6 bis 8 Personen
1/2 l	Kokosmilch
150 g	brauner Zucker
4 EL	Wasser
6	Eigelb
4	Eiweiß, leicht geschlagen
200 g	feiner Kristallzucker
1 EL	abgeriebene Limetten- oder Zitronenschale

In einem Topf den braunen Zucker im Wasser auflösen und bei mittlerer Hitze karamelisieren lassen. Eine 1 l fassende Form innen gleichmäßig mit Dreiviertel des heißen karamelisierten Sirups überziehen und die Form beiseite stellen. Die Kokosmilch unter den restlichen karamelisierten Sirup rühren. Diese Mischung bei niedriger Temperatur erhitzen, dabei ständig rühren, bis der Karamel vollständig aufgelöst ist, und beiseite stellen.

Eigelb und Eiweiß verrühren und leicht schlagen, bis es gut vermischt ist. Den Zucker und die abgeriebene Limetten- oder Zitronenschale dazugeben. Dann die Kokosmilch-Mischung angießen und gut verrühren. Durch ein Stück Käseleinen oder Nesseltuch passieren und in die vorbereitete Form gießen. Die Form in einen mit heißem Wasser gefüllten Topf stellen, so daß sie zur Hälfte im Wasser steht, und im vorgeheizten Backofen bei 150° C (Gasherd Stufe 1) garen, ohne daß das Wasser kocht. Nach einer Garzeit von etwa 1½ Stunden die Form unter den sehr heißen Grill stellen, damit die Oberfläche braun wird. Kühlen und vor dem Servieren stürzen.

HELEN OROSA DEL ROSARIO (HERAUSGEBERIN)
MARIA Y. OROSA: HER LIFE AND WORK

Eiercreme mit Zimt nach alter Art

Lattaiolo

	Für 6 Personen
1 1/4 l	Milch
	Salz
1	kleines Stück Zitronenschale
1	kleines Stück Vanilleschote
2	Eier
6	Eigelb
2 EL	Mehl
	Geriebene Muskatnuß
1/2 TL	gemahlener Zimt
100 g	Puderzucker

Die Milch zusammen mit einer Prise Salz, der Zitronenschale und der Vanilleschote in einen Topf geben und bei mittlerer Temperatur bis zum Siedepunkt erhitzen. Die Hitze reduzieren und die Milch bei sehr niedriger Temperatur 30 Minuten simmern lassen. Mit einem Holzlöffel mehrmals die sich bildende Haut entfernen. Dann von der Kochstelle nehmen und abkühlen lassen.

Den Backofen auf 150° C (Gasherd Stufe 1) vorheizen. Eier und Eigelb in eine Schüssel geben, dann das Mehl hinzufügen und sehr gründlich verquirlen. Eine Prise Muskat und den Zimt dazugeben. Die abgekühlte Milch in die Schüssel gießen und mit den übrigen Zutaten gut vermischen. Die Mischung durch ein Stück Käseleinen in eine andere Schüssel passieren.

Eine Kastenform (27 × 13 × 7 cm) mit Butter ausstreichen und die Mischung hineingeben. Im vorgeheizten Backofen 40 bis 50 Minuten garen, dann herausnehmen und die Eiercreme 1 Stunde abkühlen lassen. Die Kastenform mit Alufolie bedecken und mindestens für 4 Stunden in den Kühlschrank stellen. Danach die Eiercreme aus der Form auf eine Platte stürzen, den Puderzucker darübersieben und servieren.

GIULIANO BUGIALLI
THE FINE ART OF ITALIAN COOKING

Schokoladencreme

Suave

	Für 8 Personen
250 g	Butter
250 g	dunkle Schokolade, gerieben
250 g	feiner Kristallzucker
1 EL	Mehl
5	Eier
	Englische Creme mit Mokkageschmack (S. 116)

Die Butter und geriebene Schokolade bei schwacher Hitze zerlassen. Wenn die Schokolade geschmolzen und glatt ist, den Zucker dazugeben. Das Mehl mit den Eiern vermischen und zur Schokolade geben und die Mischung wie bei einem Omelette mit einem kleinen Schneebesen schlagen. Einen Bogen Pergamentpapier mit Butter bestreichen und eine 1 l fassende Form damit auslegen. Die Schokoladenmasse hineingeben und $1^{1}/_{4}$ Stunden im Wasserbad auf der Kochstelle oder im vorgeheizten Backofen bei 190° C (Gasherd Stufe 3) garen.

Die Creme über Nacht in den Kühlschrank stellen. Stürzen und mit der englischen Mokkacreme kalt servieren.

LES PETITS PLATS ET LES GRANDS

Blancmanger

Blanc-manger aux Amandes

Wie man Mandeln abzieht, wird auf S. 12 erklärt.

	Für 5 Personen
250 g	Mandeln, darunter 5 Bittermandeln, abgezogen
10 cl	kaltes Wasser
10 cl	Milch
250 g	Zucker
6	Blatt weiße Gelatine
$^{1}/_{2}$ l	Sahne

In einem Mörser die Mandeln so fein wie möglich zerstoßen und nach und nach das Wasser dazugießen. Dann die Milch hinzufügen und die Mandeln mit dem Stößel zerreiben. Die so gewonnene Mandelmilch zusammen mit dem Zucker in einen Topf geben. Die Mischung bei niedriger Temperatur 2 bis 3 Minuten erhitzen, aber nicht zum Kochen bringen.

Den Topf von der Kochstelle nehmen. Eine Stoffserviette über eine große Schüssel legen und die Mischung nach und nach auf die Serviette gießen. Die Serviette fest zusammendrehen, um die ganze Mandelmilch herauszupressen.

Die Gelatine bei schwacher Hitze in einem kleinen Topf mit 20 cl Wasser auflösen. Einige Minuten erhitzen und abschäumen. Die aufgelöste Gelatine unter die Mandelmilchmischung geben; abkühlen lassen, bis sie lauwarm ist.

Die Sahne steifschlagen und unterziehen. Die Masse in eine $1^{1}/_{4}$ l fassende Form geben und für etwa 5 Stunden an einen kühlen Platz oder in den Kühlschrank stellen.

Das gekühlte Blancmanger stürzen (S. 45) und servieren.

J.B. REBOUL
LA CUISINIÈRE PROVENÇALE

Apfel-Mousse

Fresh Apple Mousse

	Für 8 Personen
10	große Kochäpfel, geschält, Kerngehäuse entfernt, in ungefähr 1 cm dicke Scheiben geschnitten
100 g	Zucker
15 bis 20 cl	Wasser
2 bis 3 EL	Zitronensaft
15 g	Gelatine gemahlen, in 5 EL heißem Wasser aufgelöst
2 EL	Rum
40 cl	Sahne, geschlagen

Die Äpfel mit dem Zucker, Wasser und Zitronensaft in einen Kochtopf geben. 10 bis 12 Minuten garen, bis die Äpfel zu einer dicken Sauce eingekocht sind; dabei häufig umrühren, damit sie nicht anbrennen. Den Topf von der Kochstelle nehmen.

Die eingeweichte Gelatine zu der Apfelsauce geben und mit einem Schneebesen gut schlagen oder in einen elektrischen Mixer geben. Die Mischung in eine Schüssel füllen und in den Kühlschrank oder in ein Gefäß mit kaltem Wasser stellen; ab und zu umrühren, damit die Masse schneller abkühlt. Wenn die Masse erkaltet ist und fest zu werden beginnt, den Rum und die Schlagsahne unterziehen. In 8 Sektgläser füllen, etwa 1 Stunde kühlen, bis die Mousse fest ist, und sehr kalt servieren.

DOMINIQUE D'ERMO
THE CHEF'S DESSERT COOKBOOK

Quittengelee

Quince Blancmange

Wie man einen Zuckersirup bis zum Fadengrad erhitzt, wird auf S. 8 erklärt.

	Für 8 Personen
1 kg	reife Quitten, geschält und Kerngehäuse entfernt
$1^3/_4$ bis 2 l	Wasser
350 g	feiner Kristallzucker
40 g	weiße Blattgelatine, in etwa 4 EL kaltem Wasser eingeweicht
30 cl	Sahne

Die Quitten mit dem Wasser in einen Topf geben und bei schwacher Hitze simmern lassen, bis sie anfangen zu zerfallen, aber noch nicht breiig sind. Den Quittensaft durch einen Saftbeutel in einen zweiten Topf ablaufen lassen und das Fruchtfleisch entfernen. Den Zucker dazugeben und die Mischung bei starker Hitze unter Rühren kochen, bis sie Fäden zieht. Sorgfältig abschäumen. Die Gelatine dazugeben und rühren, bis sie aufgelöst ist. Die Mischung in eine Schüssel geben, abkühlen lassen und die Sahne hineinrühren. Weiterrühren, bis die Masse beinahe kalt ist, dann eine $2^1/_2$ l fassende Geleeform mit kaltem Wasser ausspülen. Das Quittengelee hineingeben und kalt stellen, bis es fest ist. Vor dem Servieren auf eine dekorative Servierplatte stürzen.

OSCAR TSCHIRKY
THE COOK BOOK BY „OSCAR" OF THE WALDORF

Französischer Flammeri

French Flummery

Dieses Rezept stammt aus einem Buch, das 1747 anonym veröffentlicht wurde, aber im allgemeinen der englischen Kochbuchautorin Hannah Glasse zugeschrieben wird.

	Für 6 Personen
100 cl	Sahne
Etwa 100 g	Zucker
8	Blattgelatine, in 3 bis 4 EL Wasser eingeweicht
Je 1 EL	Rosen- und Orangenblütenwasser

Die Sahne in einen Topf geben und bei schwacher Hitze unter ständigem Rühren 15 Minuten kochen lassen. Von der Kochstelle nehmen, nach Belieben mit Zucker süßen, die Gelatine dazugeben und rühren, bis sie aufgelöst ist. Rosen- und Orangenblütenwasser hinzufügen. Die Masse durch ein Sieb in eine $1^1/_4$ l fassende Form passieren. Für etwa $1^1/_2$ Stunden in den Kühlschrank stellen, bis der Flammeri erstarrt ist. Auf eine Servierplatte stürzen, mit gebackenen Birnen garnieren und mit Sahne servieren.

THE ART OF COOKERY, MADE PLAIN AND EASY

Berliner Luft

	Für 4 Personen
15 cl	Wein
1	Zitrone, Schale abgerieben
15 g	weiße Blattgelatine, in 10 cl heißem Wasser aufgelöst
4	Eier
175 bis 200 g	Zucker
5 EL	Zitronensaft
1 EL	Cognac
$^1/_4$ l	Sahne, geschlagen

Wein und Zitronenschale in die aufgelöste Gelatine hineinrühren. Eier und Zucker im heißen, aber nicht kochenden Wasserbad mit dem Schneebesen verquirlen, bis sie leicht einzudicken beginnen. Von der Kochstelle nehmen. Die Gelatinemischung durch ein Sieb zu den Eiern geben, dann Zitronensaft und Cognac unterrühren. Die Speise bis zum Erkalten schlagen. Zum Schluß die Schlagsahne darunterziehen. In Gläser füllen, mit Makronen oder Waffeln garnieren und servieren.

GRETE WILLINSKY
KOCHBUCH DER BÜCHERGILDE

Erdbeerspeise

Strawberry Cream

	Für 4 Personen
250 g	Erdbeeren, entstielt
60 g	Zucker
2 EL	Zitronensaft
4	Blatt weiße Gelatine, in 4 EL kaltem Wasser eingeweicht
10 cl	Milch
30 cl	Sahne, gekühlt

Die Erdbeeren durch ein Nylonsieb in eine Schüssel streichen und Zucker und Zitronensaft dazugeben. In einem Topf bei schwacher Hitze die Gelatine in der Milch auflösen, anschließend durch ein Sieb zum Erdbeerpüree geben und umrühren. Die Sahne schlagen, mit der Erdbeermasse gut vermischen und in eine 1 l fassende Form füllen. Bis zum Gebrauch in Eis stellen, dann aus der Form stürzen und servieren.

COL. A. F. KENNEY-HERBERT (WYVERN)
FIFTY DINNERS

Bayerische Creme Wahre Liebe

Bavarian Cream Perfect Love

Für eine Schokoladencreme läßt man 90 g Halbbitterschokolde in der Milch schmelzen; für eine Mokkacreme ersetzt man die Milch durch frisch zubereiteten schwarzen Kaffee.

	Für 8 bis 10 Personen
400 g	Zucker
8	Eigelb
45 cl	Milch
6	Nelken
15 g	Gelatine, gemahlen, in 4 EL kaltem Wasser aufgelöst
40 cl	Sahne, geschlagen
2	Zitronen, Schale abgerieben

Zucker und Eigelb in eine Schüssel geben und schlagen, bis die Mischung hellgelb ist. Die Milch zusammen mit den Nelken erhitzen. Sobald sie den Siedepunkt erreicht, die Nelken entfernen und die Milch unter ständigem Rühren langsam zu der Eigelbmischung geben. Die Masse in einem Topf geben und bei sehr niedriger Temperatur erhitzen, aber nicht kochen lassen! Mit einem Holzlöffel ständig rühren, bis die Mischung den Löffel dick überzieht. Von der Kochstelle nehmen und unter die aufgelöste Gelatine rühren. Sobald sie völlig aufgelöst ist, durch ein Sieb passieren und gelegentlich umrühren, bis die Masse erkaltet ist. Wenn die Masse anfängt, dick zu werden, die Schlagsahne mit der abgeriebenen Zitronenschale darunterziehen. Die Masse in eine mit etwas Öl ausgepinselte 1¾ l fassende Form geben und für 4 Stunden in den Kühlschrank stellen. Stürzen und servieren.

ALICE B. TOKLAS
THE ALICE B. TOKLAS COOK BOOK

Himbeer-Creme

Crème Celesta

	Für 6 bis 8 Personen
¼ l	Himbeerpüree, mit 1 EL Kirschwasser oder Maraschino aromatisiert
20 cl	kalter 22-Grad-Baumé-Zuckersirup (S. 9)
10	Eigelb
1	Vanilleschote
30 cl	Sahne
60 g	feiner Kristallzucker

Den Sirup in einen mittelgroßen, verzinnten Kupfertopf geben, der in einem größeren Topf mit simmerndem Wasser steht. Das Eigelb dazugeben und gut schlagen. Die Vanilleschote hinzufügen und die Mischung unter ständigem Rühren erhitzen, bis sie glatt und cremig ist. Wenn sie die Konsistenz einer *sauce hollandaise* hat, die Vanilleschote entfernen, die Mischung in eine emaillierte Schüssel geben und so lange mit dem Schneebesen schlagen, bis sie ausreichend abgekühlt ist.

Das Himbeerpüree zugeben und Portionsschälchen oder Näpfchen zu zwei Dritteln mit der Creme füllen. Im Kühlschrank 1 Stunde abkühlen lassen. Die Sahne mit dem Zucker steifschlagen. Die Schälchen oder Näpfchen bis zum Rand mit der Schlagsahne füllen und bis zum Servieren noch einmal 1 Stunde in den Kühlschrank stellen.

ÉDOUARD NIGNON
LES PLAISIRS DE LA TABLE

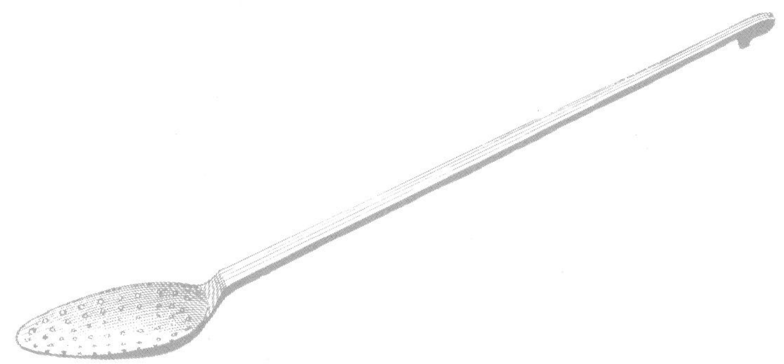

Honigwaben-Creme

Honeycomb Cream

Der Name dieses Desserts weist auf die Ähnlichkeit seiner Beschaffenheit mit einer Honigwabe hin.

Mit Zitrone aromatisiert, ist die Honigwaben-Creme ein köstliches Dessert. Mit Vanillegeschmack eignet sie sich sehr gut als Beigabe zu allen Beerenfrüchten, die – hochaufgetürmt in einer Obstschale – einen reizvollen Gegensatz darstellen. Zusammen mit einer echten Eiercreme, unter die man zum Schluß etwas Schlagsahne gezogen hat, wird sie zu einem geradezu exotischen Genuß. Es empfiehlt sich, dieses Dessert am Tage der Zubereitung zu servieren.

Für das Vanillearoma eine Vanilleschote mindestens eine halbe Stunde lang in die Milch legen, bevor sie aufgekocht wird. Die Vanilleschote entfernen, bevor die heiße Flüssigkeit auf die Eigelbmischung gegossen wird.

	Für 6 bis 8 Personen
20 cl	Sahne
1	Zitrone, Schale abgerieben, Saft ausgepreßt
40 cl	Milch
3	große Eier, Eigelb von Eiweiß getrennt
60 g	Zucker
6	Blatt weiße Gelatine, in 4 EL kaltem Wasser eingeweicht

Die Sahne mit der abgeriebenen Zitronenschale und der Milch mischen. Bei schwacher Hitze langsam zum Kochen bringen, damit sich das Zitronenaroma entfalten kann.

Eigelb, Zucker und Zitronensaft mit dem Schneebesen in einer Schüssel schlagen, dann die Gelatine dazugeben. Unter kräftigem Rühren die erhitzte Milch mit der Sahne hineingeben.

Dann die Schüssel in ein Becken mit kaltem Wasser stellen; darauf achten, daß kein Wasser in die Creme gelangt. Während des Abkühlens gelegentlich umrühren. Die Creme an den Seiten der Schüssel muß mit dem Rest der Masse gut vermischt werden, da sie an den Seiten zuerst fest wird.

Während die Creme noch abkühlt, das Eiweiß zu steifem Schnee schlagen und behutsam, aber gründlich unter die erkaltete und noch nicht fest gewordene Creme mischen.

Die Masse in eine mit Wasser ausgespülte, 90 cl fassende Form gießen. Bis zum Verzehr an einen kühlen Ort, beispielsweise Speisekammer oder Keller, jedoch möglichst nicht in den Kühlschrank stellen, es sei denn, hohe Außentemperaturen machen dies erforderlich. Bei längerer Aufbewahrung im Kühlschrank werden Gelatinespeisen zäh.

MICHAEL SMITH
FINE ENGLISH COOKERY

Mokkacreme mit Tia-Maria-Sauce

Mocha Mousse with Tia Maria Sauce

Wie man eine englische Creme zubereitet, wird auf S. 166 erklärt.

Wenn eine Sauce klar sein soll, wie bei diesem Rezept, sollte man statt Maisstärke lieber Pfeilwurzelmehl nehmen. Man kann aber auch Kartoffelstärke verwenden, wenn kein Pfeilwurzelmehl erhältlich ist. Tia-Maria-Likör kann auch durch anderen Mokkalikör ersetzt werden.

	Für 8 Personen
35 cl	starker Kaffee
6	Eigelb
150 g	Zucker
30 g	Gelatine
10 cl	kaltes Wasser
90 cl	Sahne

	Tia-Maria-Sauce
4 EL	Tia-Maria-Likör
3/4 l	starker Kaffee
300 g	Zucker
2 EL	Pfeilwurzelmehl (ersatzweise Kartoffelstärke)
4 EL	kaltes Wasser

Aus Eigelb, Zucker und Kaffee eine zarte Creme zubereiten. Die Gelatine in kaltem Wasser einweichen und zur Creme hinzugeben. Rühren und abkühlen lassen. Die Sahne steifschlagen und unter die Creme ziehen. Die Mischung in eine 1 3/4 l fassende Halbkugelform geben und kühlen.

Für die Sauce den Kaffee mit dem Zucker erhitzen. Pfeilwurzelmehl oder Kartoffelstärke in das kalte Wasser hineinrühren und zur Kaffeemischung geben. Simmern lassen und rühren, bis die Sauce dick wird. Den Tia-Maria-Likör angießen und kühlen.

Die Mokkacreme stürzen und vor dem Servieren mit der Tia-Maria-Sauce begießen.

JOSÉ WILSON (HERAUSGEBERIN)
HOUSE AND GARDEN'S NEW COOK BOOK

Kaltes Zitronen-Soufflé

Cold Lemon Soufflé

Nach Belieben kann man die Oberfläche des Soufflés mit Rosetten aus gespritzter Schlagsahne garnieren und gehackte, geröstete Nüsse in den Rand eindrücken.

	Für 4 oder 5 Personen
4	große Zitronen, Schale fein abgerieben, Saft durch ein Sieb passiert
4	Eier
15 g	Gelatine, gemahlen
4 EL	kaltes Wasser
200 g	feiner Kristallzucker
30 cl	Sahne

Um eine Auflaufform von 14 cm Durchmesser (am oberen Rand gemessen) eine Manschette aus Pergamentpapier legen, die die Form um mindestens 7,5 cm überragt. Zwei Schüsseln, von denen eine größer als die andere ist, und einen Topf bereitstellen, auf den die größere Schüssel sicher paßt. 5 bis 7,5 cm hoch Wasser in den Topf füllen und bei mittlerer Temperatur erhitzen. Die kleinere Schüssel muß völlig sauber und trocken sein.

Die Eier trennen; das Eigelb in die größere, das Eiweiß in die kleinere Schüssel geben. Das Gelatinepulver in eine Tasse mit dem kalten Wasser streuen und einweichen.

Den Zucker zum Eigelb geben. Die Schüssel auf den mit Wasser gefüllten Topf stellen; das Wasser sollte kaum merklich simmern. Die Eigelbmasse mit dem Schneebesen kräftig schlagen, bis sie dick und locker ist und eine Spur auf der Oberfläche bleibt, wenn der Schneebesen hochgehoben wird. Nach und nach den Zitronensaft unterrühren und mit dem Schneebesen weiterschlagen, bis die Masse wieder dick wird. Diesmal wird der Schneebesen eine gerade noch sichtbare Spur auf der Oberfläche hinterlassen. Den Topf von der Kochstelle nehmen und die Schüssel herausheben. Die Tasse mit der eingeweichten Gelatine in den Topf mit heißem Wasser stellen; die Gelatine unter gelegentlichem Rühren auflösen. Inzwischen die Eigelbmasse weiterschlagen, bis sie gerade lauwarm ist. Sobald die Gelatine aufgelöst ist, die Tasse aus dem Wasser nehmen und etwas abkühlen lassen. Dann die Gelatine und auch die Zitronenschale unter die Eigelbmasse rühren.

Die Sahne schlagen, bis eine Spur auf der Oberfläche gerade sichtbar bleibt; doch nicht zu steif werden lassen, da sie sich sonst nur schwer unterziehen läßt. Sie sollte ungefähr die gleiche Konsistenz wie die Eiermischung haben.

Der Schneebesen muß völlig sauber und trocken sein. Das Eiweiß schlagen, bis es sanfte Spitzen bildet. Mit einem großen Löffel oder Spatel die Sahne unter die Eigelbmasse ziehen, dann das Eiweiß unterheben. Dieser Arbeitsgang sollte so behutsam und so schnell wie möglich durchgeführt werden.

Die vorbereitete Auflaufform auf einen Teller stellen. Die Soufflé-Masse hineingießen, ohne daß die Papiermanschette verrutscht oder zerknittert wird. Die Masse 15 bis 20 Minuten beiseite stellen und etwas fest werden lassen, dann in der Form im Kühlschrank 2 bis 3 Stunden kühlen, bis sie fest ist. Vor dem Servieren die Manschette entfernen und nach Belieben garnieren.

ROBERT CARRIER
THE ROBERT CARRIER COOKERY COURSE

Gestreifte bayerische Creme

Bavarois à la Crème

Dieses Dessert wird hergestellt, indem man Vanillecreme abwechselnd mit einer Creme von kontrastierendem Geschmack und Aussehen aufschichtet. Die hier verwendete Erdbeercreme kann man durch eine Creme aus pürierten Himbeeren oder anderen roten Früchten oder aus getrockneten, eingeweichten, gegarten und durch ein Passiersieb gegebenen Aprikosen ersetzen. Eine Mokkacreme bereitet man wie eine Vanillecreme zu, läßt aber in der Milch 30 g frisch gemahlenen Kaffee ziehen, der zuvor mit etwas kochendem Wasser zu einer glatten Paste angerührt und durch mehrere Lagen Nesseltuch passiert wurde.

	Für 12 Personen
	Erdbeercreme
350 g	Erdbeeren, durch ein feines Nylonsieb gestrichen, so daß sich etwa 30 cl Püree ergeben
250 g	feiner Kristallzucker
15 cl	Wasser
15 g	weiße Gelatine, gemahlen, in 3 EL Wasser aufgelöst
½	Zitrone, Saft durch ein Sieb passiert
30 cl	Sahne, geschlagen, bis sie weiche Spitzen bildet
	Vanillecreme
175 g	feiner Kristallzucker
6	Eigelb
	Salz
40 cl	Milch, zum Kochen gebracht, 10 Minuten mit einer Vanilleschote ziehen gelassen oder mit 1 TL Vanille-Extrakt gemischt
20 g	weiße Gelatine, gemahlen, in 3 EL Wasser aufgelöst
40 cl	Sahne, mit 30 g feinem Kristallzucker geschlagen, bis sie weiche Spitzen bildet

Zuerst die Erdbeercreme zubereiten. Einen schweren Sirup herstellen, indem man den Zucker mit dem Wasser bei mittlerer Hitze 1 bis 2 Minuten kocht. Von der Kochstelle nehmen, die Gelatine dazugeben und rühren, bis sie völlig aufgelöst ist. Den Zitronensaft zum Erdbeerpüree geben. Den warmen Sirup hineingießen und rühren, bis alles gründlich vermischt ist. Die Masse zum Abkühlen beiseite stellen.

Inzwischen die Vanillecreme zubereiten. Den Zucker, das Eigelb und eine kleine Prise Salz in einem schweren Topf mit einem Holzlöffel bei sehr schwacher Hitze vermischen. Wenn die Mischung ganz glatt ist, langsam die Milch hineinrühren, dann die Gelatine hinzufügen. Unter ständigem Rühren garen, bis die Masse den Holzlöffel überzieht; sie darf jedoch nicht zum Kochen kommen. Die Vanillecreme in eine Schüssel geben, auf Eis stellen und unter Rühren kalt werden lassen. Sobald die Masse zu erstarren beginnt, die Sahne unterziehen.

Sobald das Erdbeerpüree fest wird, die Sahne unterziehen.

Ein 2 l fassendes Gefäß mit geradem, sich nach oben erweiterndem Rand mit süßem Mandelöl ausstreichen oder mit Eiswasser ausspülen. Die Form abwechselnd mit den Cremeschichten füllen; jede muß fest sein, bevor man die nächste einfüllt. Die Form zudecken und für etwa 5 Stunden in den Kühlschrank stellen. Vor dem Servieren die Form rasch in warmes Wasser tauchen und trockentupfen. Das Dessert auf eine Schale, die mit einer gefalteten Serviette oder einem Spitzendeckchen aus Papier ausgelegt ist, oder in eine flache Glasschüssel stürzen.

PROSPER MONTAGNÉ
NOUVEAU LAROUSSE GASTRONOMIQUE

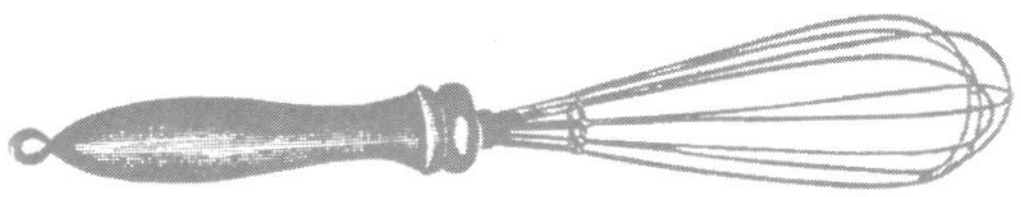

Unvergänglicher Syllabub

Everlasting Syllabub

In früherer Zeit wurden Syllabubs nicht nur als Süßspeise nach einem Mittag- oder Abendessen, sondern als außerordentlich beliebte Erfrischungen bei Kartenspielabenden, Tanzgesellschaften und öffentlichen Festen gereicht. Diese Syllabubs können mindestens zwei Tage im voraus zubereitet werden; an einem kühlen Platz halten sie sich gut.

	Für 4 bis 6 Personen
1	Zitrone, Schale dünn abgeschält, Saft durch ein Sieb passiert
10 cl	Weißwein oder Sherry
2 EL	Weinbrand
60 g	Zucker
30 cl	Sahne
	Geriebene Muskatnuß

Am Tage vor der Zubereitung Zitronenschale und -saft mit Wein und Weinbrand in eine Schüssel geben und über Nacht stehenlassen. Am nächsten Tag die Wein-Zitronen-Mischung durch ein Sieb in eine große, tiefe Schüssel gießen. Den Zucker dazugeben und rühren, bis er aufgelöst ist. Dann die Sahne langsam und unter ständigem Rühren angießen. Mit etwas Muskat würzen. Nun die Masse mit dem Schneebesen schlagen, bis sie dick wird und weiche Spitzen bildet. Dieser Arbeitsgang kann nur 5 Minuten dauern, er kann aber auch 15 Minuten in Anspruch nehmen. Die benötigte Zeit hängt von der Sahne, der Temperatur und der Art des Schlagens ab. Bei kleinen Mengen kann die Benutzung eines elektrischen Mixers gefährlich sein: Mixt man nur einige Sekunden zu lange, gerinnt die Creme. Für kleine Mengen ist ein Schneebesen völlig ausreichend und genauso schnell wie ein elektrisches Rührgerät. Besonders wichtig ist es, zum richtigen Zeitpunkt mit dem Schlagen aufzuhören.

Wenn die Creme fertig ist, mit dem Löffel in 10 Eiercreme-Schälchen oder Sherry-Gläser geben, die nur ein geringes Fassungsvermögen von 5 bis 7 cl haben, aber bis zum Überlaufen gefüllt sein sollten. Wenn die Creme erst in den Gläsern ist, verdirbt sie nicht, fällt nicht in sich zusammen und setzt nicht ab. Ein kleiner Rosmarinzweig oder ein aufgerolltes Stückchen Zitronenschale kann in jedes gefüllte Gläschen gesteckt werden. Die Syllabubs bis zum Genuß an einem kühlen Platz, jedoch nicht im Kühlschrank aufbewahren.

ELIZABETH DAVID
SYLLABUBS AND FRUIT FOOLS

Cremespeise in Förmchen

Les Crémets d'Angers

Für 4 Personen	
3/4 l	Sahne
4	Eiweiß, zu steifem Schnee geschlagen
30 g	feiner Kristallzucker, nach Belieben mit Vanillegeschmack

Von der Sahne 1/2 l steifschlagen. Den Eischnee mit dem Schneebesen behutsam darunterziehen. Kleine, perforierte Förmchen mit Käseleinen auslegen und die Mischung hineinfüllen. An einem kühlen Platz 5 bis 6 Stunden abtropfen lassen.

Auf eine Servierplatte stürzen, die Creme mit der restlichen ungeschlagenen Sahne überziehen und mit Zucker bestreuen.

AUSTIN DE CROZE
LES PLATS RÉGIONAUX DE FRANCE

Dickmilch auf Devonshire-Art

Devonshire Junket

Auf den echten „Devonshire Junket" gibt man eine Schicht aus dickem Rahm. Ist dieser nicht erhältlich, kann man ihn durch leicht geschlagene Sahne ersetzen.

Junket ist die englische Variante von Dickmilch-Rahmspeisen, von denen man in Frankreich noch viele köstliche Arten kennt *(crémets d'Angers, maingaux, cœurs à la crème)*. Wie der französische *fromage frais* wird *junket* hergestellt, indem man warme Milch mit Hilfe von Lab gerinnen läßt. Dann die Dickmilch stehenlassen, bis sie glatt und geleeartig ist. Man rührt die Masse nicht um und läßt die Molke nicht abtropfen, wie man es in Frankreich und früher in England zu tun pflegte. Der Begriff *junket* geht auf das alte normannisch-französische Wort *jonquet* zurück, ein kleiner Korb aus Rohr- oder Reisiggeflecht, der bis in jüngste Zeit zum Abtropfen von Käse benutzt wurde. Wird der Teelöffel Lab zu großzügig bemessen, erhält der *junket* einen etwas salzigen Geschmack.

Wann man auf den Gedanken kam, die zarte Dickmilch unverändert zu lassen, ist mir nicht bekannt. In ihrem Buch *Food and Drink in Britain* zitiert C. Anne Wilson das früheste Rezept, das sie finden konnte, aus dem Jahre 1653. Hier ließ man die Dickmilch nicht abtropfen, sondern verzehrte sie, wie in diesem Rezept, mit Rahm und Zimt.

Für 4 bis 6 Personen	
60 cl	Vorzugsmilch
2 TL	Zucker
2 EL	Weinbrand
1 TL	Lab
125 g	dicker Rahm
	Gemahlener Zimt oder geriebene Muskatnuß

Die Milch in einem Topf bei niedriger Temperatur erhitzen, bis sie handwarm ist; zur Sicherheit kann für die Temperaturprüfung ein Thermometer benutzt werden, denn es ist erstaunlich, wie heiß sich die Flüssigkeit bei 37° C anfühlt. Inzwischen den Zucker und den Weinbrand in einer 90 cl fassenden Porzellanschüssel mischen, die zum Servieren der Dickmilch vorgesehen ist. Die erwärmte Milch in die Schüssel gießen, dann das Lab langsam unterrühren. An einen geeigneten Platz in der Küche stellen, wo die Dickmilch bis zum Verzehr stehenbleibt. Die Herstellung von Dickmilch gelingt am besten bei Zimmertemperatur. Die Dickmilch dort ungestört bis zu 2 Stunden stehenlassen, bis sie fest geworden ist. Sollte der Rahm zu dick sein, etwas frische Sahne darunternischen, damit er glatt auf der Dickmilch verteilt werden kann. Den Rahm mit etwas Zimt oder Muskat bestreuen.

JANE GRIGSON
ENGLISH FOOD

Königlicher Früchtepudding

Queen Mab's Pudding

Statt der kandierten Kirschen kann man eingelegten Ingwer und statt des Orangeats blanchierte, abgezogene und gehackte Pistazien verwenden. Die Kirschen lassen sich auch durch Korinthen ersetzen, die jedoch zuvor 15 Minuten gedämpft werden müssen. Als Sauce eignen sich Ingwersirup oder ein gesüßtes Püree aus Himbeeren, Erdbeeren oder anderen frischen Früchten.

Für 6 Personen	
6	Bittermandeln, blanchiert, abgezogen und leicht zerdrückt
1	Zitrone, sehr dünn geschält
90 cl	Sahne oder 60 cl Milch und 30 cl Sahne
150 g	Zucker
6	Eigelb, gut geschlagen
8	Blatt weiße Gelatine, in 3 bis 4 EL Wasser eingeweicht
	Salz
75 g	kandierte Kirschen
60 g	Orangeat, in feine Streifen geschnitten

Bittermandeln und Zitronenschale mit 60 cl Sahne oder Milch in einen Topf geben. Bei sehr schwacher Hitze rühren, bis die Flüssigkeit den Siedepunkt erreicht und Zitronenschale und Mandeln ihr gesamtes Aroma abgegeben haben. Die Flüssigkeit durch ein feinmaschiges Sieb oder durch Nesseltuch in einen zweiten Topf geben und den Zucker und 30 cl Sahne hinzufügen. Bis zum Siedepunkt erhitzen. Die Temperatur ganz herunterschalten, dann rasch das geschlagene Eigelb hineinrühren.

Weitergaren, bis die Mischung die Konsistenz einer dickflüssigen Eiercreme hat, und dabei ständig behutsam weiterrühren, damit die Masse nicht gerinnt. Die eingeweichte Gelatine hinzufügen, rühren, bis sie aufgelöst ist, und die Mischung in eine Schüssel passieren. Weiterrühren, bis die Creme fast kalt ist. Die Kirschen und das Orangeat untermischen. Eine 1¼ l fassende Form mit wenig Öl auspinseln, die Masse hineingießen und im Kühlschrank etwa 1½ Stunden fest werden lassen. Auf eine Platte stürzen und servieren.

MARY JEWRY (HERAUSGEBERIN)
WARNE'S MODEL COOKERY AND HOUSEKEEPING BOOK

Gestürzte Schnee-Eier

Œufs à la Neige Moulés

Gestürzte Schnee-Eier werden oft schwimmend auf einem See aus gekühlter Eiercreme oder englischer Creme (Rezept S. 166) serviert. Das Früchtepüree für dieses Gericht besteht aus etwa 250 g Himbeeren, 150 g Erdbeeren und 100 g roten Johannisbeeren. Die Früchte werden durch ein Nylonsieb gestrichen und je nach Geschmack mit etwa 100 g Zucker gesüßt.

	Für 4 Personen
4	Eiweiß
125 g	Vanillezucker oder mit Orangen- oder Zitronenschale aromatisierter Zucker
½ l	Püree aus roten Johannisbeeren, Himbeeren und Erdbeeren

Das Eiweiß zu steifem Schnee schlagen. Weiter schlagen und dabei den aromatisierten Zucker langsam hinzugeben. Ein 90 cl fassendes glattes oder verziertes, trichterförmiges Gefäß mit reichlich Butter ausstreichen und mit Zucker ausstreuen. Die Baisermasse bis 3 cm unterhalb des Randes einfüllen. Die Form in einen Topf mit so viel heißem Wasser stellen, daß die Form bis zur Hälfte darin steht. Im vorgeheizten Backofen bei 190° C (Gasherd Stufe 3) mindestens 15 Minuten backen, bis das Baiser fest ist. Herausnehmen und an einem zugfreien Platz einige Minuten ruhen lassen. Die Schnee-Eier auf eine runde Platte stürzen und abkühlen lassen. Mit dem kalten Früchtepüree servieren.

JEAN DE GOUY
LA CUISINE ET LA PATISSERIE BOURGEOISES

Syllabub nach westenglischer Art

A West Country Syllabub

Nach den Anweisungen des Originalrezepts, das aus dem Jahre 1800 stammt, soll die Schüssel mit frisch gemolkener Kuhmilch gefüllt werden. Nach Belieben können Portwein und Sherry durch 60 cl Weißwein ersetzt werden.

	Für 6 bis 8 Personen
30 cl	Portwein
30 cl	Medium Sherry
2 bis 3 EL	feiner Kristallzucker
60 cl	Milch
15 cl	Sahne, geschlagen

Portwein und Sherry in eine 1¾ l fassende Glas- oder Keramikschüssel gießen: Die Schüssel sollte ungefähr zu einem Drittel gefüllt sein. Zucker nach Geschmack unterrühren. Die Milch dazugeben und etwas verrühren. Ungefähr 20 Minuten stehenlassen, bis sich die geronnene Milch vom Wein absetzt. In Portionsgläser füllen, die geronnene Milch mit dem Löffel daraufgeben und jede Portion mit einem Eßlöffel Schlagsahne garnieren.

ELISABETH AYRTON
THE COOKERY OF ENGLAND

Englische Weincreme

Syllabub for Six

Die Rezepte für Syllabub sind von Ort zu Ort verschieden, und bei vielen wird Eiweiß verwendet. Bei diesem Syllabub fehlt das Eiweiß – vielleicht ist es gerade deshalb besonders leicht.

	Für 6 Personen
15 cl	halbtrockener Weißwein
2 TL	sehr fein abgeriebene Zitronenschale
90 g	feiner Kristallzucker
2 EL	Zitronensaft
30 cl	Sahne

Bis auf die Sahne alle Zutaten in eine Schüssel geben und mindestens 3 Stunden stehenlassen. Noch besser ist es, die Mischung über Nacht stehenzulassen. Dann die Sahne dazugeben und mit dem Schneebesen oder dem elektrischen Handrührgerät schlagen, bis die Masse weiche Spitzen bildet, die nicht zusammenfallen. Das Dessert hält sich so mehrere Tage, wird aber sicher vorher verspeist! Am hübschesten sieht es aus, wenn die Weincreme in Eisschalen oder Weingläsern serviert wird.

JOYCE DOUGLAS
OLD PENDLE RECIPES

Schnee-Eier

Œufs à la Neige

Wie man eine englische Creme zubereitet, wird auf S. 38 erklärt.

	Für 6 Personen
8	Eier, Eigelb von Eiweiß getrennt
1 l	Milch
350 g	feiner Kristallzucker
1	Vanilleschote, der Länge nach halbiert
500 g	Puderzucker, durch ein Sieb gestrichen

Die Milch mit der Hälfte des Kristallzuckers und der Vanilleschote zum Kochen bringen. Etwa 10 Minuten ziehen lassen, dann die Vanilleschote entfernen.

Das Eiweiß steifschlagen, dann nach und nach den Puderzucker darunterschlagen. Jeweils einen Löffel Eiweißmasse abstechen, mit einem zweiten Löffel eiförmig abrunden und die Schnee-Eier in der simmernden Milch garziehen lassen; einmal wenden und auf jeder Seite etwa 1 Minute garen. Wenn die Baisers fest sind, mit einem Schaumlöffel herausnehmen und in eine tiefe Schüssel geben. Die heiße Milch beiseite stellen.

Aus dem Eigelb, dem restlichen Kristallzucker und der Milch eine englische Creme zubereiten. Die Creme um die Baisers herum in die Servierschüssel gießen. Die Schnee-Eier sollten auf der Sauce schwimmen. Nach Belieben warm oder kalt servieren.

RAYMOND OLIVER
DAS GROSSE FRANZÖSISCHE KOCHBUCH

Quarkspeisen

Quarkpudding

Pudding au Fromage Blanc

Das Aroma des Puddings kann nach Belieben mit abgeriebener Orangen- oder Zitronenschale, Vanille, Orangenblütenwasser oder Likör verfeinert werden.

	Für 4 bis 6 Personen
250 g	Quark, durch ein Sieb gestrichen, oder *ricotta*
125 g	Zucker
10 cl	Sahne
	Salz
5	Eier, Eigelb von Eiweiß getrennt
2 EL	kernlose Rosinen
5 oder 6	Makronen, fein zerkleinert
Etwa 40 cl	pürierte Himbeeren oder Aprikosen oder eine Mischung aus Himbeeren, roten Johannisbeeren und Erdbeeren

In eine große Schüssel Quark, Zucker, Sahne und eine Prise Salz geben. Gut mit dem Schneebesen schlagen und das Eigelb nach und nach unterziehen. Nach Belieben aromatisieren. Die Masse cremig schlagen, dann Rosinen und Makronen hinzufügen.

In einer anderen Schüssel das Eiweiß zu steifem Schnee schlagen und behutsam unter die Quarkmasse ziehen. In eine mit Butter ausgestrichene und mit Mehl ausgestreute 1 l fassende Savarin-Form füllen und im vorgeheizten Backofen bei 170° C (Gasherd Stufe 2) 45 Minuten garen, bis der Pudding aufgegangen und in der Mitte fest ist. Auf eine vorgewärmte Platte stürzen und sofort servieren. Das Früchtepüree gesondert reichen.

JEAN DE GOUY
LA CUISINE ET LA PÂTISSERIE BOURGEOISES

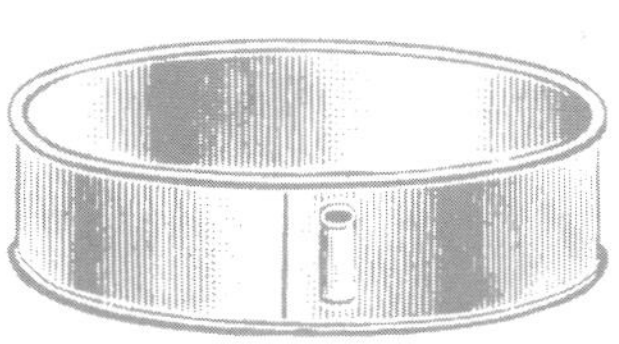

Gewöhnliches Paskha

Paskha Obiknovennaya

Das russische Wort „paskha" bedeutet „Ostern" und bezeichnet auch das traditionelle russische Osterdessert. Dieses wird mit dem orthodoxen Kreuz und den Buchstaben XB – Khristos Voskryesye – „Christus ist auferstanden" – verziert und zum Segnen in die Kirche gebracht. Man verzehrt es im Kreise der Familie am Ostersonntag.

	Für 20 Personen
3 kg	Quark
1/4 l	saure Sahne
200 g	Butter
2 TL	Salz
Etwa 125 g	Zucker

Den Quark in einen Durchschlag geben, mit Nesseltuch oder Käseleinen bedecken und bei Zimmertemperatur 24 Stunden stehenlassen. Den abgetropften Quark durch ein Sieb in eine große Schüssel passieren. Saure Sahne, Butter, Salz und Zucker hinzugeben und gründlich verrühren, so daß eine glatte Mischung entsteht. Nach Belieben mehr Zucker hinzufügen. Die Masse in eine 3½ l fassende Form geben, die mit feinem Käseleinen ausgelegt ist. Mit einem Gewicht beschweren und im Kühlschrank 24 Stunden kühlen. Dann das Tuch entfernen und das *paskha* behutsam auf eine Schale stürzen.

ELENA MOLOKHOVETS
PODAROK MOLODŸM KHOZYAÏKAM

Italienischer Käsekuchen nach Hausfrauenart

Torta di Ricotta alla Casalinga

	Für 4 bis 6 Personen
500 g	italienischer *ricotta* (ersatzweise ausgedrückter Magermilchquark)
	Salz
4 EL	Mehl
4 EL	feiner Kristallzucker
2	Eier, Eigelb von Eiweiß getrennt, Eiweiß zu steifem Schnee geschlagen
	Abgeriebene Schale von 1 Orange
60 g	Rosinen, in warmem Wasser eingeweicht und gut abgetropft
30 g	kandierte Früchte, grobgehackt
	Puderzucker

Mit einem Holzlöffel den *ricotta*, eine Prise Salz, Mehl, Zucker, Eigelb und Orangenschale verrühren, bis alle Zutaten gründlich vermischt sind; dann die Rosinen und kandierten Früchte dazugeben und den Eischnee unterziehen. Eine Kuchenform von 20 cm Durchmesser mit Butter ausstreichen und mit Mehl bestreuen, die Mischung hineingeben und bei mittlerer Hitze im vorgeheizten Backofen bei 180° C (Gasherd Stufe 2–3) etwa 1 Stunde backen. Nach dem Abkühlen den Käsekuchen aus der Form nehmen und mit Puderzucker bestreuen.

MARIÙ SALVATORI DE ZULIANI
LA CUCINA DI VERSILIA E GARFAGNANA

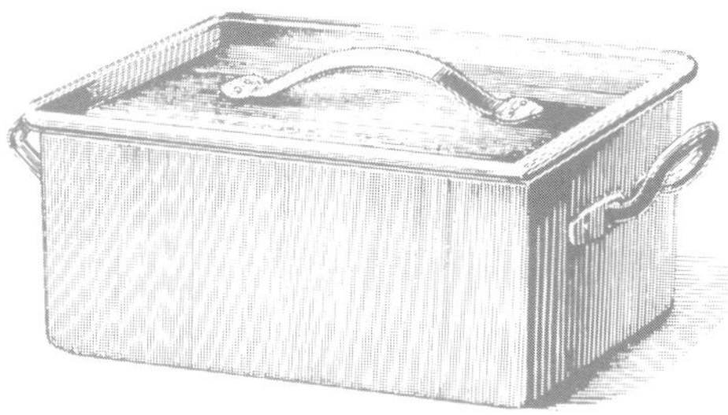

Russische Quarkspeise

Paskha

Das traditionelle *paskha* wird in einer viereckigen Türkenbundform zubereitet, die an ihrem schmalen Ende eine kleine Öffnung besitzt. Statt dessen kann man auch einen großen Blumentopf aus Ton nehmen, der hoch und schmal sein sollte. Den Blumentopf legt man mit drei oder vier Lagen feinem Käseleinen oder Nesseltuch aus; das Tuch sollte überhängen, damit man es über dem *paskha* zusammenfalten kann.

	Für 15 bis 20 Personen
3 kg	Quark oder Hüttenkäse
250 g	Mandeln, blanchiert und abgezogen
250 g	kandierte Kirschen
350 g	Rosinen
500 g	weiche Butter
2 TL	Rosenwasser oder Vanille-Extrakt
250 g	gemischte Sukkade
6	Eier
400 g	feiner Kristallzucker
¼ l	saure Sahne oder Sahne

Der Quark oder Hüttenkäse muß vor dem Gebrauch völlig trocken sein. Man hängt ihn für 12 Stunden in einen Nesseltuchbeutel oder gibt ihn in einen Durchschlag und beschwert ihn mit einem Gewicht. Wenn der Käse trocken ist, streicht man ihn durch ein feines Sieb in eine Schüssel.

Für die Garnierung je 30 g abgezogene, blanchierte Mandeln und kandierte Kirschen beiseite stellen; die restlichen Mandeln und Kirschen hacken und zusammen mit Rosinen, Butter, Rosenwasser oder Vanille-Extrakt und Sukkade unter den Quark oder Hüttenkäse mischen. Eier und Zucker schlagen und zur Quarkmischung hinzufügen. Kräftig rühren, bis die Masse glatt ist. Dann die Sahne hineinrühren und die Masse mit einem Holzlöffel schlagen, bis sie völlig glatt ist.

Die Quarkspeise in eine 4 l fassende Form geben, die mit feinem Käseleinen oder Nesseltuch ausgelegt ist. Die Enden des Tuches über dem *paskha* zusammenfalten, mit einem kleinen Teller bedecken, damit sich das Gewicht verteilt, und den Teller mit einem Gewicht beschweren. Die Form auf einen tiefen Teller stellen und das *paskha* 12 Stunden kühlen.

Wenn das *paskha* aus dem Kühlschrank genommen wird, ist verhältnismäßig viel Flüssigkeit in den Teller und den Stoff abgetropft. Das Käseleinen oder Nesseltuch auseinanderfalten, eine flache Servierplatte auf die Form geben und stürzen; die Form behutsam abheben. Das *paskha* mit den beiseite gestellten Mandeln und kandierten Kirschen garnieren und mit *koulitch*, einem nicht zu süßen Hefegebäck, servieren.

SOFKA SKIPWITH
EAT RUSSIAN

Ofenschlupfer mit Quark

	Für 6 Personen
300 g	Quark, gesiebt
	Salz
3 EL	saurer Rahm
75 g	feiner Kristallzucker
40 g	Sultaninen, gewaschen und abgetropft
4 oder 5	Milchbrötchen, Rinde entfernt, in dünne Scheiben geschnitten
350 g	Äpfel, geschält, Kerngehäuse entfernt und in dünne Scheiben geschnitten (nach Belieben)
2	Eier
15 bis 25 cl	Milch
1 bis 2 TL	abgeriebene Zitronenschale
30 g	Butter, in Flöckchen

Den Quark mit einer Prise Salz, dem sauren Rahm und 40 g von dem Zucker vermischen, dann die Sultaninen unterziehen. Den Boden einer mit Butter ausgestrichenen Auflaufform mit Brötchenscheiben belegen und die Quarkmasse darüber verteilen. Gegebenenfalls eine Schicht Äpfel darübergeben. Mit den restlichen Brötchenscheiben bedecken.

Die Eier und die Milch miteinander verschlagen, anschließend die abgeriebene Zitronenschale und die Hälfte des restlichen Zuckers dazugeben und den Auflauf mit dieser Mischung begießen. Mit dem restlichen Zucker bestreuen, Butterflöckchen darauflegen und im vorgeheizten Backofen bei 180° C (Gasherd Stufe 2–3) etwa 45 Minuten backen.

HERMINE KIEHNLE UND MARIA HÄDECKE
DAS NEUE KIEHNLE KOCHBUCH

Soufflés und Puddings

Erdbeer-Soufflé

Strawberry Soufflé

Dies ist die moderne Version eines Rezeptes von Antonin Carême, dem Erfinder des klassischen Soufflés.

Die Mischung ist so einfach, daß der Geschmack des Soufflés fast ausschließlich von der Qualität der Erdbeeren abhängt, die sehr aromatisch sein sollten. Andernfalls sollte etwas Kirschwasser oder Zitronensaft unter das Erdbeerpüree gezogen werden.

	Für 4 Personen
250 g	Erdbeeren, entstielt
125 bis 175 g	Zucker
	Kirschwasser oder Zitronensaft (nach Belieben)
5	Eiweiß
1 bis 2 EL	Puderzucker

Die Erdbeeren im Mixer pürieren oder durch ein Sieb streichen. Je nach der Süße der Erdbeeren etwa 60 bis 125 g Zucker dazugeben. Eventuell Kirschwasser oder Zitronensaft untermischen. Eine ½ l fassende Soufflé-Form mit Butter ausstreichen und mit Zucker ausstreuen; überschüssigen Zucker entfernen. Den Backofen auf 180° C (Gasherd Stufe 2–3) vorheizen.

Frühestens eine Stunde vor dem Servieren das Eiweiß zu steifem Schnee schlagen. Etwa 60 g Zucker dazugeben und weiterschlagen, bis der Eischnee glänzt und eine hohe Spitze bildet. Etwas Eischnee zu dem Erdbeerpüree geben, gut vermischen, dann das Püree behutsam unter den restlichen Schnee heben. Die vorbereitete Form bis zum Rand mit der Soufflé-Masse füllen. Im vorgeheizten Backofen 25 bis 30 Minuten garen, bis das Soufflé gut aufgegangen und braun ist; in der Mitte sollte eine kleine Vertiefung sein. Das Soufflé mit Puderzucker bestreuen und sofort servieren.

Eine hervorragende Beigabe zu diesem Dessert ist eine Sauce aus pürierten frischen Erdbeeren.

ANNE WILLAN
KOCHKÜNSTE AUS SIEBEN JAHRHUNDERTEN

Makronen-Soufflé

Soufflé de Frangipane

Wenn Bittermandelmakronen nicht erhältlich sind, verwendet man statt dessen 5 Makronen und gibt noch einige Tropfen Bittermandelöl hinzu, damit das Dessert den typischen Geschmack erhält. Das Originalrezept verlangt 1 EL pulverisierte karamelisierte Orangenblüten; diese können jedoch durch Orangenblütenwasser ersetzt werden.

	Für 8 Personen
1	ganzes Ei
8	Eigelb
6 EL	Wasser
½ l	Sahne
2	Bittermandelmakronen
3	Makronen
1	trockener Löffelbiskuit (S. 167)
60 g	feiner Kristallzucker
5	Eiweiß

Das ganze Ei und 4 Eigelb in einen Topf geben und mit dem Wasser vermischen. Die Sahne unterrühren. Die Mischung unter ständigem Rühren bei hoher Temperatur erhitzen, bis sie dick wird. Von der Kochstelle nehmen und abkühlen lassen.

Die Makronen und den Löffelbiskuit sehr fein zerbröseln. Mit dem Kristallzucker zur abgekühlten Eiercreme geben. Gut vermischen, dann die restlichen 4 Eigelb hinzufügen. (Sollte die Mischung zu dickflüssig sein und sich nur schwer rühren lassen, kann man noch mehr Eigelb dazugeben.) Das Eiweiß zu steifem Schnee schlagen und unter die Masse ziehen.

Die Soufflé-Masse in eine mit Butter ausgestrichene, 1¼ l fassende Soufflé- oder Charlottenform geben und im vorgeheizten Backofen bei 180° C (Gasherd Stufe 2–3) 35 Minuten garen, bis das Soufflé gut aufgegangen und hellbraun ist.

VIARD UND FOURET
LE CUISINIER ROYAL

Backpflaumen-Soufflé

Prune Soufflé

	Für 4 bis 6 Personen
250 g	Backpflaumen, über Nacht in Wasser eingeweicht und abgetropft
30 cl	Wasser
125 g	feiner Kristallzucker
5	Eiweiß
	Sahne, geschlagen

Die Backpflaumen im Wasser etwa 10 Minuten garen, bis sie weich sind. Die Backpflaumen abtropfen lassen, die Steine entfernen, dann die Früchte sehr fein schneiden und mit dem Zucker vermischen. Das Eiweiß zu steifem Schnee schlagen und mit einem Messer unter die Backpflaumen heben. Die Masse in eine mit Butter ausgestrichene, 90 cl fassende Soufflé-Form oder metallene Charlottenform füllen.

Im Backofen bei 190° C (Gasherd Stufe 3) etwa 10 Minuten backen. Sofort servieren, dazu Schlagsahne reichen.

INGA NORBERG
GOOD FOOD FROM SWEDEN

Schokoladen-Soufflé

Chocolate Soufflé

	Für 3 oder 4 Personen
90 g	Zartbitter- oder Bitterschokolade, feingerieben
4	Eier, Eiweiß von Eigelb getrennt
3 TL	Zucker
1 TL	Mehl
	Feiner Kristallzucker

Eiweiß und Eigelb in verschiedene Schüsseln geben. Zucker, Mehl und Schokolade zum Eigelb geben und 5 Minuten verrühren. Dann das Eiweiß zu steifem Schnee schlagen und unter die Eigelbmischung ziehen, bis sie glatt und locker ist. Eine runde Kuchenform von 15 cm Durchmesser mit Butter ausstreichen, die Masse hineingeben und bei mittlerer Hitze im vorgeheizten Backofen bei 180° C (Gasherd Stufe 2–3) 15 bis 20 Minuten backen. Eine weiße Serviette um die Form legen und mit Stecknadeln befestigen, etwas Zucker durch ein Sieb auf das Soufflé streuen und sofort servieren. Ob dieses Gericht gelungen aussieht, hängt einzig davon ab, wie schnell es serviert wird. Wenn es nicht direkt aus dem Backofen auf den Tisch kommt, mißlingt das Soufflé, da es fast sofort in sich zusammenfällt.

MRS. ISABELLA BEETON
THE BOOK OF HOUSEHOLD MANAGEMENT

Soufflé aus der Normandie

Soufflé à la Normande

	Für 4 Personen
2	Äpfel, geschält, Kerngehäuse entfernt, in Würfel geschnitten und etwa 2 Stunden in 2 EL mit etwas Zucker gesüßtem Calvados mariniert
10 cl	Milch
40 g	feiner Kristallzucker
1 EL	Mehl, mit etwas kalter Milch vermischt
15 g	Butter
2	Eigelb
2 EL	Calvados
3	Eiweiß
1 EL	Puderzucker

Eine 1 l fassende Soufflé-Form mit Butter ausstreichen und mit Zucker bestäuben. Milch und Zucker in einen Topf geben und zum Kochen bringen. Das Mehl hinzufügen, bei mittlerer Hitze unter Umrühren mit einem Holzlöffel einige Minuten garen, bis die Masse eindickt. Den Topf von der Kochstelle nehmen und Butter, Eigelb und Calvados unterrühren. Das Eiweiß sehr steif schlagen und unter die Masse ziehen.

Eine Schicht Soufflé-Masse mit einem Löffel in die Form füllen. Darüber etwa 2 EL Apfelwürfel verteilen. Die nächste Schicht Soufflé-Masse daraufgeben und weiter im Wechsel Apfel- und Soufflé-Masse einfüllen; mit einer Schicht Soufflé-Masse abschließen. Das Soufflé glattstreichen und im vorgeheizten Backofen bei 180° C (Gasherd Stufe 2–3) 25 bis 30 Minuten backen. Zwei Minuten vor Ende der Garzeit mit Puderzucker bestreuen und die Temperatur auf 230° C (Gasherd Stufe 5) heraufschalten, damit die Oberfläche glasiert wird.

PROSPER MONTAGNÉ
MON MENU

Vanille-Soufflé

Soufflé à la Vanille

Um dieses Rezept zu variieren, schlägt der Autor vor, das Soufflé mit einem Likör wie Chartreuse, Grand Marnier, Kirsch oder Curaçao zu aromatisieren oder, um dem Dessert einen Schokolade- oder Krokantgeschmack zu geben, 50 g geschmolzene Kuvertüre oder 50 g Mandelkrokant hinzuzufügen (siehe S. 13).

	Für 4 Personen
10 cl	Milch
30 g	feiner Kristallzucker
1	Vanilleschote
1 EL	Mehl, mit etwas kalter Milch angerührt
10 g	Butter
2	Eigelb
3	Eiweiß
15 g	Puderzucker

In einem kleinen Topf die Milch zusammen mit dem Kristallzucker und der Vanilleschote (oder beliebigen anderen Geschmackszutaten) zum Kochen bringen. Sobald die Milch den Siedepunkt erreicht, das angerührte Mehl dazugeben. 2 Minuten garen, dabei ständig mit dem Schneebesen schlagen. Den Topf von der Kochstelle nehmen, die Vanilleschote entfernen und Butter und Eigelb hinzufügen. Gründlich vermischen. Das Eiweiß steifschlagen und unter die Soufflé-Masse heben.

Eine 60 cl fassende Soufflé-Form mit Butter ausstreichen und mit dem Kristallzucker ausstreuen. Die Soufflé-Masse hineingeben und die Oberfläche glattstreichen. Im vorgeheizten Backofen bei 180° C (Gasherd Stufe 2–3) etwa 25 bis 30 Minuten garen, bis das Soufflé gut aufgegangen ist. Zwei Minuten vor Ende der Backzeit das Soufflé mit Puderzucker bestäuben und glasieren.

PROSPER MONTAGNÉ UND A. GOTTSCHALK
MON MENU

Orangen mit Soufflé-Füllung

Oranges Soufflées

Dieses Dessert ist eine Kreation von Paul Bocuse für die Gäste seines Restaurants bei Lyon.

	Für 4 Personen
4	große Orangen
4	Eier, Eigelb von Eiweiß getrennt
4 EL	feiner Kristallzucker
1 EL	Cointreau
	Puderzucker

Von den Orangen einen Deckel abschneiden und beiseite stellen. Das Fruchtfleisch aus den Orangen herauslösen; die ausgehöhlten Orangen werden später mit der Soufflé-Masse gefüllt. Die Schale von den Orangendeckeln dünn abschälen, in feine Streifen schneiden und 5 Minuten in kochendem Wasser blanchieren. Abtropfen lassen und beiseite stellen. Den Saft aus dem Fruchtfleisch der Orangen auspressen, in einen kleinen Topf geben und bei starker Hitze bis auf etwa 1 EL einkochen. In einer Schüssel das Eigelb und den Zucker schlagen, bis die Mischung dickflüssig und cremig ist. Die Orangenschalen, den Saft und den Cointreau dazugeben. Das Eiweiß zu steifem Schnee schlagen und behutsam unter die Eigelbmasse heben.

Die ausgehöhlten Orangen mit der Soufflé-Masse füllen und im vorgeheizten Backofen bei 230° C (Gasherd Stufe 5) 10 Minuten garen. Wenige Minuten vor dem Garwerden mit Puderzucker bestreuen. Hierzu empfiehlt sich ein trockener Champagner.

LES PRINCES DE LA GASTRONOMIE

Bananen-Dessert

Flamèri aux Bananes

	Für 6 Personen
4	Bananen, abgezogen, in Scheiben geschnitten, in 3 bis 4 EL Kirschwasser mariniert und durch ein Sieb gestrichen
20 cl	Milch
100 g	Butter
100 g	Mehl
8	Eigelb
6	Eiweiß, zu steifem Schnee geschlagen
	Puderzucker

In einem Topf Milch und Butter zum Kochen bringen. Nach und nach das Mehl dazugeben und bei mittlerer Hitze mit einem Holzspatel rühren, bis sich der Teig von selbst vom Spatel löst.

Den Topf von der Kochstelle nehmen und ein Eigelb nach dem anderen behutsam unterrühren. Das Bananenpüree dazugeben und verrühren, dann den steifen Eischnee unterziehen. Eine Soufflé-Form aus Steingut von geeigneter Größe mit Butter ausstreichen und die Masse einfüllen. Im vorgeheizten Backofen bei 170° C (Gasherd Stufe 2) etwa 25 Minuten garen; dann die Form herausnehmen, das Dessert mit Puderzucker bestreuen und sofort servieren.

PAUL BOUILLARD
LA CUISINE AU COIN DU FEU

Gestürzte Schokoladenspeise mit Schlagsahne

Gâteau Moulé au Chocolat, Crème Chantilly

	Für 4 Personen
90 g	Halbbitterschokolade, in kleine Stücke gebrochen
4 EL	Wasser
90 g	weiche Butter
3	Eier, Eigelb von Eiweiß getrennt
200 g	Zucker
30 g	Mehl
1 TL	Vanille-Extrakt
	Salz
¼ l	Sahne

Wasser und Kuvertüre in eine Metallschüssel mit rundem Boden geben und im Wasserbad bei schwacher Hitze verrühren, bis die Kuvertüre geschmolzen ist. Die Schüssel aus dem Wasserbad nehmen, die Butter unter die geschmolzene Schokolade schlagen, dann das Eigelb und schließlich 150 g Zucker, das Mehl und ½ TL Vanille-Extrakt untermischen. Wenn die Schokolade mit kälteren Zutaten in Berührung kommt, wird sie wieder hart, und die Masse scheint zu gerinnen oder zu zerfallen – dann die Schüssel in eine andere Schüssel mit warmem Wasser stellen und weiterrühren, bis die Masse wieder glatt ist.

Das Eiweiß zusammen mit einer Prise Salz schlagen, bis es steife Spitzen bildet. Etwa ein Drittel davon behutsam unter die Schokoladenmischung ziehen, dann den Rest unterheben. In eine mit Butter ausgestrichene, 1 l fassende Form (eine Savarin-Form oder eine dekorative Ringform) gießen. Die Form ins Wasserbad stellen, so daß das Wasser ebenso hoch wie die Schokoladencreme darin steht, und im vorgeheizten Backofen bei 180° C (Gasherd Stufe 2–3) 40 Minuten garen. Etwas abkühlen lassen und auf eine Platte stürzen; die Form bis kurz vor dem Servieren über der Schokoladenspeise liegenlassen. Für ungefähr 1 Stunde in den Kühlschrank stellen.

Die Sahne zusammen mit dem restlichen Zucker und Vanille-Extrakt schlagen; entweder getrennt zur eisgekühlten Schokoladenspeise reichen oder in die Mitte des Ringes füllen und die Schlagsahne in einen dekorativen Ring um das Dessert geben.

RICHARD OLNEY
THE FRENCH MENU COOKBOOK

Schokoladen-Mousse

Mousse au Chocolat

Um der Mousse zusätzliches Aroma zu geben, schlägt der Autor vor, entweder 2 EL feingehackte geröstete Mandeln oder 1 EL gehacktes Orangeat hinzuzufügen.

	Für 4 bis 6 Personen
250 g	Halbbitterschokolade, in Stücke gebrochen
30 g	Butter
4 EL	Wasser
5	Eier, Eigelb von Eiweiß getrennt
1 EL	Rum

Die Schokolade mit Butter und Wasser in einen Topf geben. Bei sehr schwacher Hitze schmelzen und glattrühren. Den Topf von der Kochstelle nehmen und das Eigelb nach und nach mit einem Holzlöffel unterrühren. Dann den Rum hinzufügen.

Das Eiweiß steifschlagen und vorsichtig unter die Schokoladenmasse ziehen. Die Mousse in eine tiefe, $1\frac{1}{4}$ l fassende Form geben und über Nacht in den Kühlschrank stellen.

LA MÈRE BRAZIER
LES SECRETS DE LA MÈRE BRAZIER

Makronen-Milchpudding

Timballa 'e Latte

	Für 4 bis 6 Personen
$\frac{3}{4}$ l	Milch, zusammen mit einem kleinen Stück Vanilleschote zum Kochen gebracht
200 g	Makronen, durch ein Sieb gerieben
3	Eier
200 g	Zucker
1 bis 2 EL	Zitronensaft

Eier und Zucker schlagen; dann unter ständigem Schlagen nach und nach die heiße, mit Vanille aromatisierte Milch dazugießen. Diese Mischung für 5 Minuten beiseite stellen, ab und zu mit einem Holzlöffel umrühren und abschäumen. Die Makronen und zum Schluß den Zitronensaft hinzufügen. Eine $1\frac{1}{4}$ l fassende Puddingform mit Butter ausstreichen und die Milchmischung einfüllen. Im Wasserbad im Backofen bei 180° C (Gasherd Stufe 2–3) garen. Nach 20 Minuten mit einem Messer prüfen, ob der Pudding gar ist: kommt es sauber und trocken nach dem Einstechen wieder heraus, ist der Pudding gar und kann aus dem Backofen genommen werden. 5 Minuten stehenlassen und dann auf eine runde Platte stürzen. Sofort servieren.

LUIGI CARNACINA UND LUIGI VERONELLI
LA BUONA VERA CUCINA ITALIANA

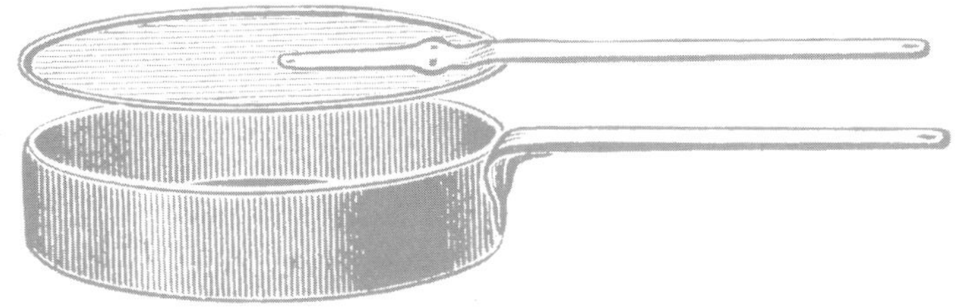

Mandel- und Pistazienbrot

Pain des Houris

Frisch aus dem Backofen ist diese Süßspeise ein Soufflé. Läßt man sie etwas abkühlen, verliert sie an Volumen, aber ihr Aroma entfaltet sich besser. Wird sie kalt serviert, so ist sie feucht, fest und schwer, aber von köstlichem Geschmack.

	Für 4 Personen
125 g	Mandeln, 2 Minuten blanchiert, zwischen Handtüchern gerieben und abgezogen
60 g	Pistazien, 2 Minuten blanchiert, zwischen Handtüchern gerieben und abgezogen
Je 1 EL	in Streifen geschnittene Orangen- und Zitronenschale, einige Sekunden blanchiert und abgetropft
6 EL	Wasser
140 g	Zucker
4 EL	Weißwein
3	Eier, Eigelb von Eiweiß getrennt
	Salz

Die Orangen- und Zitronenschalen in einem Topf mit 1 EL Zucker und 6 EL Wasser vermischen. Zum Kochen bringen und simmern lassen, bis die Flüssigkeit fast ganz verdampft ist und die Schalen mit einem dicken Sirup überzogen sind. Den Topf von der Kochstelle nehmen, bevor der Zucker zu karamelisieren beginnt.

Die Mandeln und Pistazien zusammen in einem großen Mörser zerstoßen und zu Püree zerreiben. Die Zitrusschalen mit dem Sirup und ein wenig von dem restlichen Zucker dazugeben und weiter zerreiben; nach und nach noch etwas Zucker hinzufügen, bis die Mischung sehr steif ist. Dann abwechselnd Weißwein und Zucker hinzufügen, bis der Wein aufgebraucht und nur noch 1 EL Zucker übrig ist. Das Eigelb dazugeben und mit dem Stößel in die Masse hineinarbeiten. Das Eiweiß zusammen mit einer kleinen Prise Salz schlagen, bis es steife Spitzen bildet. Einen gehäuften Löffel Eischnee unter die Mischung im Mörser ziehen, dann den Inhalt des Mörsers in die Schüssel mit dem übrigen Eischnee geben und vorsichtig unterheben.

Diese Mischung in eine mit Butter ausgestrichene Kastenform geben. Die Form in einen größeren Topf mit heißem Wasser stellen. Im vorgeheizten Backofen bei 190° C (Gasherd Stufe 3) etwa 25 Minuten backen, bis sich die Mitte des Puddings fest anfühlt. Mit dem restlichen Zucker bestreuen.

Um die Zutaten – bis auf den Eischnee – schnell und gleichmäßig miteinander zu vermischen, kann man sie auch nacheinander in einen elektrischen Mixer geben.

RICHARD OLNEY
SIMPLE FRENCH FOOD

Paradiespudding

Paradise Pudding

Für 4 bis 6 Personen

175 g	Butter
175 g	Zucker
3	Eier
175 g	Mehl
2 EL	Weinbrand
30 cl	Sahne
	Feiner Kristallzucker
	Kandierte Kirschen, halbiert, und kandierte Angelikawurzel, blättrig geschnitten

Butter und Zucker schaumig schlagen; die Eier nach und nach dazugeben und nach jedem Ei jeweils 5 Minuten schlagen. Zuerst das Mehl, dann den Weinbrand und die Sahne unterziehen. Eine 1 l fassende Form mit Butter ausstreichen, mit Zucker ausstreuen und den Boden mit den kandierten Kirschen und der Angelikawurzel belegen. Die Puddingmasse hineingießen und die Form mit einem Tuch zubinden. In einen Topf mit kochendem Wasser stellen; es darf jedoch kein Wasser in die Puddingform gelangen. 1 Stunde kochen lassen. Stürzen und sofort servieren. Dazu wird Vanillesauce gereicht.

MAY BYRON
MAY BYRON'S PUDDINGS, PASTRIES AND SWEET DISHES

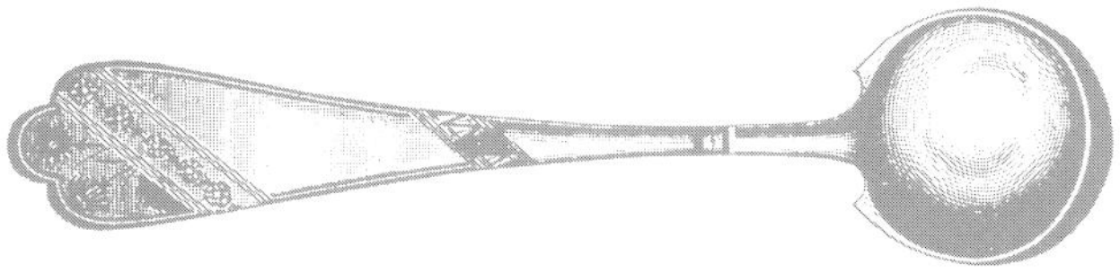

Algerischer Dattelkuchen

Gâteau Algérien

Dieses Rezept für einen algerischen Dattelpudding stammt von dem Arzt Dr. Pierre Uhry aus Neuilly-sur-Seine.

Für 6 bis 8 Personen

250 g	Datteln, entsteint und feingehackt (nach dem Entsteinen 210 g)
210 g	Zucker
110 g	Mandeln, blanchiert, abgezogen und gehackt
100 g	ungesalzene, geröstete, geschälte Erdnüsse, feingehackt
4	Eiweiß, zu steifem Schnee geschlagen

Datteln, Zucker, Mandeln und Erdnüsse vermischen und unter den Eischnee ziehen. Die Mischung in eine gut mit Butter ausgestrichene Auflaufform geben. Im vorgeheizten Backofen bei 170° C (Gasherd Stufe 2) 35 bis 40 Minuten backen. Heiß, lauwarm oder kalt servieren.

70 MÉDECINS DE FRANCE
LE TRÉSOR DE LA CUISINE DU BASSIN MÉDITERRANÉEN

Brotpudding mit Korinthen

Bread and Butter Pudding

Für 4 bis 6 Personen

60 g	Korinthen, gewaschen und verlesen
4	sehr dünne Scheiben Weißbrot, mit Butter bestrichen
3	Eier
1	Eigelb
125 g	Zucker
	Geriebene Muskatnuß
60 cl	Milch

Den Boden einer 1¼ l fassenden Form mit einigen Korinthen bestreuen. Die mit Butter bestrichenên Weißbrotscheiben und die restlichen Korinthen abwechselnd übereinanderschichten. Eier und Eigelb in eine Schüssel geben und gut schlagen. Den Zucker und eine Prise Muskat dazugeben. Dann die Milch angießen und gut verrühren. Etwa 10 Minuten bevor der Pudding in den Backofen gestellt wird, die Weißbrotscheiben mit der Eiermasse überziehen. Im Wasserbad im vorgeheizten Backofen bei 180° C (Gasherd Stufe 2–3) 45 Minuten garen.

MRS. RUNDELL
MODERN DOMESTIC COOKERY

Pudding auf angelsächsische Art

Pouding Saxon

Für 4 Personen

125 g	Butter
60 g	feiner Kristallzucker
125 g	Mehl
90 g	körniger Zucker
40 cl	Milch
5	Eier, Eigelb von Eiweiß getrennt
	Weinschaumcreme (S. 166)

Die Butter und den feinen Kristallzucker in eine Schüssel geben und schaumig schlagen. Das Mehl unterrühren. Den körnigen Zucker in einem kleinen Topf schmelzen und hellbraun werden lassen. Die Milch angießen und die Mischung zum Kochen bringen. Dann nach und nach in die Butter-Mehl-Mischung rühren. Das Ganze in einen Topf geben und unter kräftigem Rühren erhitzen, bis eine dicke Paste entsteht. Von der Kochstelle nehmen und nach und nach das Eigelb unterrühren. Das Eiweiß zu sehr steifem Schnee schlagen und schnell unter den Pudding heben. Eine 1¼ l fassende Puddingform mit Butter ausstreichen und die Masse hineinfüllen. Den Pudding etwa 1 Stunde im Wasserbad dämpfen. Sobald er gar ist, auf eine Platte stürzen und mit Weinschaumcreme servieren.

M. A. FAIRCLOUGH
THE IDEAL COOKERY BOOK

Gebackene Apfelspeise

	Für 8 bis 10 Personen
10	säuerliche Äpfel, geschält, Kerngehäuse entfernt und in Würfel geschnitten
1	Zitrone, Schale abgerieben und Saft durch ein Sieb passiert
125 g	Zucker
	Gemahlener Zimt
150 g	weiche Butter
3	Eier, Eigelb von Eiweiß getrennt
100 g	Korinthen
15 g	Semmelbrösel

Die Äpfel mit dem Zitronensaft beträufeln, etwa 30 g Zucker und ein wenig Zimt darüberstreuen und für 1 Stunde beiseite stellen. Die Butter schaumig schlagen. Nach und nach den restlichen Zucker, das Eigelb, Zitronenschale, Korinthen und Äpfel zugeben. Das Eiweiß schlagen, bis es steife Spitzen bildet, und unter die Mischung ziehen. Eine Auflaufform mit Butter ausstreichen und mit Semmelbröseln ausstreuen. Die Apfelmischung in die Form geben und bei Mittelhitze 1 Stunde im vorgeheizten Backofen bei 180° C (Gasherd Stufe 2–3) backen.

DOROTHEE V. HELLERMANN
DAS KOCHBUCH AUS HAMBURG

Maronenpudding

Gâteau de Marrons

	Für 8 Personen
500 g	Maronen
60 cl	Milch
250 g	Zucker
1 TL	Vanille-Extrakt
3	Eiweiß
	Sahne, geschlagen und gesüßt (nach Belieben)
	Karamel
3 EL	Zucker
1 EL	Wasser

Mit einem scharfen, spitzen Messer die Maronen auf der Flachseite kreuzweise einritzen. In sprudelnd kochendes Wasser geben und 10 Minuten kochen lassen. Aus dem Wasser nehmen und abziehen, solange sie noch heiß sind. Die Milch in einen Topf geben und erhitzen. Den Zucker dazugeben und die Maronen 40 Minuten in der gesüßten Milch garen. Zusammen mit der Milch durch ein Passiersieb geben. Mit Vanille-Extrakt abschmecken und abkühlen lassen.

Die 3 EL Zucker in eine 90 cl fassende glatte oder dekorative Metallform geben. Den Zucker schmelzen und braun werden lassen. Das Wasser dazugießen und die Form schwenken, bis sie innen gleichmäßig mit Karamel überzogen ist.

Das Eiweiß zu steifem Schnee schlagen, unter die Maronenmischung heben und die Form damit füllen; diese in einen mit heißem Wasser gefüllten Topf stellen. Im vorgeheizten Backofen bei 170° C (Gasherd Stufe 2) 40 Minuten garen.

Den Pudding auf eine Platte stürzen und nach Belieben mit Schlagsahne garniert servieren.

LA VÉRITABLE CUISINE DE FAMILLE
PAR TANTE MARIE

Mohr im Hemd

Dieser Wiener Pudding ist sehr beliebt.

	Für 6 Personen
100 g	Halbbitterschokolade, in Stücke gebrochen
100 g	Butter
4	große Eier, Eigelb von Eiweiß getrennt
100 g	feiner Kristallzucker
60 g	Mehl, gesiebt
75 g	gemahlene Mandeln oder Haselnüsse
40 g	altbackener Biskuitkuchen, Löffelbiskuits oder Weißbrot, zerbröselt
15 cl	Sahne, geschlagen
	Schokoladensauce
60 g	Halbbitterschokolade, in Stücke gebrochen
60 g	Zucker
15 cl	Wasser

Eine $1\frac{1}{4}$ l fassende Puddingform mit Butter ausstreichen und mit Kristallzucker oder gemahlenen Mandeln ausstreuen.

Die Schokolade im vorgeheizten Backofen bei 140° C (Gasherd Stufe 1) weich werden lassen. Die Butter schaumig rühren. Die weiche Schokolade, Eigelb und 50 g Zucker dazugeben und die Mischung mit einem Holzlöffel glattrühren. Das Eiweiß so steif wie möglich schlagen und zum Schluß den restlichen Zucker dazugeben. Den Eischnee, Mehl, gemahlene Mandeln oder Haselnüsse und Kuchen- oder Weißbrotbrösel unter die Butter-Schokoladen-Mischung heben.

Die Masse sofort in die vorbereitete Puddingform bis 2,5 cm unterhalb des Randes füllen, damit der Pudding aufgehen kann. 30 bis 40 Minuten im zugedeckten Wasserbad dämpfen oder im Wasserbad im Backofen bei 180° C (Gasherd Stufe 2–3) garen.

Für die Schokoladensauce die Schokolade mit Zucker und Wasser in einen Topf geben und bei schwacher Hitze unter ständigem Rühren einige Minuten kochen lassen.

Die Garprobe machen, indem man mit einer Stricknadel oder einem Hölzchen in den Pudding einsticht. Kommt das Stäbchen sauber heraus, ist der Pudding fertig. Einen erwärmten Teller umgekehrt auf die Puddingform legen. Unter vorsichtigem Schütteln den Pudding stürzen. Die Schokoladensauce über den Pudding gießen. Mit Schlagsahne garnieren und servieren.

ROSL PHILPOT
VIENNESE COOKERY

Schottischer Grießpudding mit Mandelsauce

Holyrood Pudding

Dieses Rezept stammt von D. Williamson and Son, die in der Mitte des 19. Jahrhunderts Konditoren, Gastronomen und Lehrer der Kochkunst im schottischen Edinburgh waren.

	Für 4 bis 6 Personen
60 cl	Milch
60 g	Grieß
90 g	feiner Kristallzucker
60 g	Makronen, zerkleinert
30 g	Butter
3	Eier, Eigelb von Eiweiß getrennt
2 TL	Orangenmarmelade

	Mandelsauce
30 g	gemahlene Mandeln
1	Ei
30	feiner Kristallzucker
15 cl	Milch
1 EL	Orangenblütenwasser

Die Milch zum Kochen bringen und Grieß, Zucker, Makronen und Butter hineinrühren. Die Mischung unter ständigem Rühren etwa 5 Minuten kochen lassen. In eine Schüssel geben und abkühlen lassen. Inzwischen das Eiweiß schlagen, bis es steife Spitzen bildet, und eine $1^{1}/_{4}$ l fassende Puddingform mit Butter ausstreichen. Das Eigelb nach und nach unter die Grießmasse schlagen. Die Orangenmarmelade dazugeben und zuletzt den Eischnee unterziehen. Behutsam vermischen und in die vorbereitete Form füllen. Die Form ins Wasserbad stellen und den Pudding auf der Kochstelle $1^{1}/_{4}$ Stunden garen.

Inzwischen die Mandelsauce zubereiten. In einem kleinen Topf Ei, Zucker, Milch, gemahlene Mandeln und Orangenblütenwasser vermischen. Bei schwacher Hitze aufsetzen und die Mischung mit einem Schneebesen so lange rühren, bis sie cremig wird, aber noch nicht kocht. Den Pudding stürzen und die Mandelsauce getrennt dazu reichen.

F. MARIAN McNEILL
THE SCOTS KITCHEN

Orangen-Grießflammeri

Flamri à l'Orange

	Für 8 bis 10 Personen
4	Orangen, Saft durch ein Sieb passiert
30 g	Orangenzucker (zubereitet, indem man Zuckerstücke leicht an einer Orangenschale reibt)
200 g	Grieß
60 cl	Weißwein
40 cl	Wasser
	Salz
1	*bouquet* aus Orangen- und Zitronenschale, in Streifen geschnitten
220 g	feiner Kristallzucker
5	Eiweiß, zu steifem Schnee geschlagen

In einem Topf Wein mit Wasser, einer Prise Salz und dem *bouquet* zum Kochen bringen, dann nach und nach den Grieß hineingeben und ständig rühren, bis die Masse glatt ist. Die Temperatur herunterschalten, den Zucker dazugeben und unter häufigem Rühren 12 Minuten garen. Orangensaft und Orangenzucker hinzufügen und wieder zum Kochen bringen. Den Eischnee mit dem Schneebesen unterschlagen und, kurz bevor die Masse wieder zu kochen beginnt, schnell von der Kochstelle nehmen und in eine große, $1^{3}/_{4}$ l fassende oder 2 kleine, mit Wasser ausgespülte Charlotten- oder Geleeformen füllen. 4 bis 5 Stunden kühlen. Dann den Flammeri auf eine Platte stürzen und mit dickem Orangensirup überziehen oder mit einem Püree aus Himbeeren und Erdbeeren servieren.

URBAIN DUBOIS
CUISINE DE TOUS LES PAYS

Grießpudding auf russische Art

Kasha Gureva Sladkaya Mannaya

Für 6 bis 8 Personen

200 g	Grieß
1¼ l	Sahne oder Vorzugsmilch
1	Vanilleschote
200 g	gemahlene Mandeln
200 g	feiner Kristallzucker
3 EL	Wasser
	Geröstete Semmelbrösel

Die Sahne oder die Milch und die Vanilleschote in einen Topf geben und zum Kochen bringen. Unter ständigem Rühren den Grieß hineinstreuen, dann etwa 10 Minuten simmern lassen, bis die Mischung dick wird. Mandeln, Zucker und Wasser dazugeben und nochmals aufkochen. Von der Kochstelle nehmen, die Vanilleschote entfernen und den Pudding in eine mit Butter ausgestrichene Auflaufform geben. Mit Semmelbröseln bestreuen und im vorgeheizten Backofen bei 190° C (Gasherd Stufe 3) etwa 30 Minuten garen.

ELENA MOLOKHOVETS
PODAROK MOLODŶM KHOZYAĬKAM

Grießpudding

Flamri

Für 8 Personen

250 g	Grieß
½ l	Weißwein
½ l	Wasser
300 g	Zucker
2	Eier
	Salz
6	Eiweiß, zu steifem Schnee geschlagen
½ l	Püree aus Himbeeren, Erdbeeren, roten Johannisbeeren oder anderen weichen Früchten, nach Belieben mit Zucker gesüßt.

Wein und Wasser in einen Kochtopf geben und zum Kochen bringen. Dann nach und nach unter ständigem Rühren den Grieß hineinstreuen. Zugedeckt bei schwacher Hitze unter gelegentlichem Rühren ungefähr 25 Minuten simmern lassen, bis der Grieß dick und glatt ist.

Den Topf von der Kochstelle nehmen und Zucker, Eier und eine Prise Salz mit dem Grieß vermischen. Den steifen Eischnee unterziehen. Die Masse in eine glatte, mit Butter ausgestrichene Form geben. Die Form in einen Topf mit heißem Wasser stellen und den Pudding zugedeckt bei schwacher Hitze auf der Herdplatte oder im vorgeheizten Backofen bei 170° C (Gasherd Stufe 2) 25 bis 40 Minuten garziehen lassen, bis er sich fest anfühlt. Die Form aus dem Wasserbad nehmen und den Pudding abkühlen lassen. Den Pudding auf eine Servierplatte stürzen, mit dem Früchtepüree begießen und servieren.

PROSPER MONTAGNÉ
NOUVEAU LAROUSSE GASTRONOMIQUE

Makkaronipudding mit Birnen

Mahal

Für 6 Personen

125 g	Makkaroni, in sehr kleine Stücke gebrochen
	Salz
60 cl	Milch
30 cl	Sahne
100 g	brauner Zucker
60 g	Butter
1 EL	abgeriebene Zitronenschale
60 g	gemahlene Mandeln
2	Eier, Eiweiß von Eigelb getrennt, Eigelb mit einem Schneebesen geschlagen
6	Dessertbirnen, geschält, halbiert und das Kerngehäuse entfernt

Die Makkaroni in kochendem Salzwasser 10 Minuten garen. Abtropfen lassen und mit Milch und Sahne in einen Topf geben; 20 Minuten simmern lassen. Den Topf von der Kochstelle nehmen und die Mischung ein wenig abkühlen lassen.

Den Zucker hinzufügen und so lange rühren, bis er sich aufgelöst hat. Butter, Zitronenschale, Mandeln und Eigelb dazugeben. Das Eiweiß zu Schnee schlagen und behutsam die Mischung unterziehen.

Die Hälfte der Makkaronimischung in eine mit Butter ausgestrichene Auflaufform geben, dann die Birnenhälften darauf verteilen und zuletzt noch eine Schicht Makkaronimasse daraufgeben. Im vorgeheizten Backofen bei 180° C (Gasherd Stufe 2–3) 30 Minuten überbacken. Heiß servieren.

IRFAN ORGA
COOKING THE MIDDLE EAST WAY

Reisring mit Aprikosen

Abricots Condé

Wie man einen Zuckersirup zubereitet, wird auf S. 8 erklärt.

Wenn frische reife Aprikosen nicht erhältlich sind, kann man sie durch eingemachte Aprikosen in Sirup ersetzen und den eingekochten Sirup mit 1 EL Aprikosenmarmelade andicken.

	Für 4 bis 6 Personen
10	große, reife Aprikosen
150 g	Zucker
30 cl	Wasser
1	Vanilleschote
4 TL	Kirschwasser

	Reisring
125 g	Langkornreis, gut gewaschen, 2 Minuten in kochendem Wasser blanchiert, abgetropft, nochmals gewaschen und gründlich abgetropft
½ l	Milch
1	Vanilleschote
1	kleiner Streifen Orangen- oder Zitronenschale
¼ TL	Salz
30 g	Butter, zerlassen
Etwa 60 g	Zucker
3	Eier, Eigelb von Eiweiß getrennt, Eigelb leicht geschlagen und mit 1 EL Sahne oder gekochter Milch verdünnt
Etwa 1 EL	Kirschwasser
	Angelikawurzel, kandierte Früchte und Sukkade, glasierte Kirschen

Aus Zucker, Wasser und der Vanilleschote einen leichten Sirup herstellen. Die Aprikosen kurz in kochendes Wasser geben, sofort schälen; dann halbieren und entsteinen. Vier Steine aufbrechen, die Kerne herausnehmen, halbieren und zusammen mit den Aprikosen zum Sirup hinzufügen.

Die Aprikosenhälften bei schwacher Hitze zum Kochen bringen und simmernd ungefähr 8 Minuten garziehen lassen, bis die Früchte gerade weich sind; sie dürfen aber nicht zerfallen oder ihre Form verlieren. Die Aprikosen im Sirup bis zur weiteren Verwendung warm stellen.

Für den Reisring Milch, Vanilleschote, Orangen- oder Zitronenschale und Salz in einen Topf geben und zum Kochen bringen. Vanilleschote und Orangen- oder Zitronenschale entfernen. Den Reis in einen Topf geben, 10 cl der kochenden Milch zusammen mit der zerlassenen Butter hinzufügen und den Reis zugedeckt bei schwacher Hitze garen; ab und zu mit einer Gabel umrühren, bis die Milch vom Reis aufgesogen ist. Weitergaren und nach und nach jeweils etwa 10 cl Milch dazugießen, bis die ganze Milch aufgesogen ist. Den Reis leicht abkühlen lassen.

Den Reis mit Zucker bestreuen. Mit einer Gabel das Eigelb untermischen. (Die Reiskörner dürfen dabei nicht zerdrückt werden.) Das Eiweiß steifschlagen, unter den Reis ziehen und das Kirschwasser hineinmischen. Die Mischung in eine 1 l fassende, mit Butter ausgestrichene Savarin-Form füllen. Mit einem mit Butter bestrichenen Bogen Pergamentpapier bedecken und im Wasserbad im vorgeheizten Backofen bei 180° C (Gasherd Stufe 2–3) 45 Minuten garen. Für die Garprobe eine Nadel hineinstechen, die sauber herauskommen muß. Den Reisring 10 Minuten stehenlassen, bevor er auf eine runde Platte gestürzt wird.

Die Aprikosenhälften abtropfen lassen und den Sirup auf 10 cl einkochen; die Kerne und Vanilleschote entfernen. 16 Aprikosenhälften so auf den Reisring geben, daß sie ein wenig übereinanderliegen. Die Aprikosen mit Angelikawurzel, kandierten Früchten, Sukkade und glasierten Kirschen garnieren. Die restlichen Aprikosenhälften durch ein feines Sieb passieren und mit dem Sirup mischen. Die Sauce mit 4 EL Kirschwasser aromatisieren. Den Reisring mit der Sauce überziehen und warm servieren.

PAUL BOCUSE
DIE NEUE KÜCHE

Alabaster-Milchreis

Alabaster Cream of Rice

Dieses Dessert kann allein oder als Beigabe zu Kompott aus frischen oder getrockneten Früchten oder zu einer „mousse au chocolat" gereicht werden.

	Für 4 Personen
3 EL	Patnareis oder anderer Langkornreis
60 cl	Milch
1	Streifen Zitronenschale
Etwa 60 g	Zucker
15 cl	Sahne

Den Reis, die Milch, die Zitronenschale und Zucker nach Geschmack in einen Topf in ein Wasserbad geben. Zugedeckt bei schwacher Hitze garen, ab und zu umrühren, bis die Reiskörner fast gar, aber immer noch getrennt und weiß sind. Das dauert etwa 25 Minuten. Den Topf von der Kochstelle nehmen. Die Zitronenschale entfernen und die Reismischung in eine Rührschüssel geben. Die Sahne angießen und die Mischung steifschlagen. Darauf achten, daß die Sahne nicht zu Butter wird.

Den Milchreis in eine Silber- oder Kristallschale füllen und gut gekühlt servieren.

MRS. C. F. LEYEL
PUDDINGS

Reispudding

Riz au Lait

Dieses Rezept kann man wie folgt abwandeln: Wenn der Reis gar ist, 3 bis 6 geschlagene Eier einrühren und mit Zucker süßen. Die Reismasse in eine mit Butter ausgestrichene Form geben und im Wasserbad im vorgeheizten Backofen bei 180° C (Gasherd Stufe 2–3) 20 Minuten garen. Den Reispudding vor dem Stürzen einige Minuten stehenlassen. Heiß oder kalt servieren.

	Für 4 bis 6 Personen
125 g	Langkornreis, gründlich gewaschen und abgetropft
	Salz
¾ l	Milch
½	Vanilleschote oder 1 TL feingehackte Orangen- oder Zitronenschale
30 g	Butter
Etwa 75 g	feiner Kristallzucker

Den Reis in leicht gesalzenem, kochendem Wasser 5 bis 6 Minuten blanchieren. Abtropfen lassen, in lauwarmem Wasser spülen und nochmals abtropfen lassen. In einem schweren Topf die Milch mit der halben Vanilleschote oder der Orangen- oder Zitronenschale zum Kochen bringen. Die Vanilleschote herausnehmen; dann Butter und Zucker zur Milch geben und rühren, bis der Zucker aufgelöst ist. Die Milch abkühlen lassen, den Reis dazugeben. Zum Kochen bringen und zugedeckt im vorgeheizten Backofen bei 170° C (Gasherd Stufe 2) 30 Minuten garen, ohne zu rühren. Heiß oder kalt servieren.

ADRIEN-JEAN BOBINET
GASTRONOMIE

Reispudding mit Weißwein

Sutlach Sharapli

	Für 6 Personen
125 g	Reis, gewaschen und abgetropft
	Kochendheißes Wasser
Je 30 cl	Milch und Sahne
30 g	Butter
90 g	kernlose Rosinen
3 EL	feiner Kristallzucker
	Salz
2	Eier, leicht geschlagen
60 g	gemahlene Mandeln
175 g	Zucker
15 cl	trockener Weißwein
30 cl	Sahne, geschlagen

Den Reis in reichlich Wasser kochen, bis er sehr weich ist. In einem Sieb abtropfen lassen; Milch, Sahne, Butter, Rosinen, Kristallzucker und eine Prise Salz hinzufügen. Bei mittlerer Hitze garen, bis die Mischung ganz dick ist, dabei häufig umrühren, damit sie nicht anbrennt. Den Topf von der Kochstelle nehmen und die Masse abkühlen lassen. Die Eier und die Mandeln dazugeben und gut umrühren. Die Masse in eine mit reichlich Butter ausgestrichene, flache Auflaufform geben und im vorgeheizten Backofen bei 180° C (Gasherd Stufe 2–3) etwa 30 Minuten garen, bis die Oberfläche goldbraun ist. Den Pudding aus dem Backofen nehmen und einige Minuten stehenlassen; dann in der Form mit einem sehr scharfen Messer in dreieckige Stücke schneiden und kalt werden lassen.

Inzwischen den Zucker mit dem Wein in einen schweren Kochtopf geben und ohne Deckel zu einem dicklichen Sirup einkochen. Dies dauert etwa 10 Minuten, dabei so lange umrühren, bis der Zucker aufgelöst ist. Den Sirup über die Reispuddingstücke in der Form gießen; er wird von dem Pudding aufgesogen. Mit Schlagsahne kalt servieren.

IRFAN ORGA
COOKING THE MIDDLE EAST WAY

Altirischer Reispudding

Old Irish Rice Pudding

Nach dem Originalrezept wird ein Ring aus Blätterteig auf den Rand der Pastetenform gelegt.

	Für 8 bis 12 Personen
125 g	Langkornreis, gewaschen
1¼ l	Wasser
2½ l	Milch
15 g	Bittermandeln oder einige Tropfen Bittermandelöl
1	Stück Zitronenschale
1	Zimtstange, 10 cm lang
125 g	Butter
Etwa 175 g	Zucker
12	Eigelb, geschlagen
6	Eiweiß, leicht geschlagen
15 cl	Whiskey oder Weinbrand
	Safranpulver

Den Reis im Wasser erhitzen. Wenn er heiß ist, das Wasser abgießen. Die Milch mit Mandeln oder Bittermandelöl, Zitronenschale und Zimtstange zum Reis geben. Kochen lassen, bis der Reis weich ist; dann Bittermandeln, Zimtstange und Zitronenschale entfernen. Solange der Reis noch heiß ist, die Butter untermischen und nach Geschmack mit Zucker süßen. Wenn der Reis abkühlt, Eigelb, Eiweiß, Whiskey oder Weinbrand und eine Prise Safran dazugeben.

Eine 2 l fassende Pastetenform mit Butter ausstreichen und den Reis hineingeben. Im vorgeheizten Backofen bei 150° C (Gasherd Stufe 1) 1½ Stunden garen.

MAY BYRON
MAY BYRON'S PUDDINGS, PASTRIES AND SWEET DISHES

Reispudding mit Walderdbeeren

Timbale de Fraises Germaine

	Für 8 Personen
100 g	Reis, gewaschen
250 g	Walderdbeeren, 1 Stunde in je 2 EL Kirschwasser und Maraschino mariniert
1/2 l	Milch
60 g	Zucker
1/2	Vanilleschote
250 g	frische Ananas, Schale und Strunk entfernt, in Würfel geschnitten und in 2 EL Kirschwasser mariniert
2 EL	Sahne, flüssig
10 cl	Sahne, geschlagen
Je 50 g	Himbeeren und Walderdbeeren, püriert
2 EL	Zucker

Den Reis etwa 5 Minuten in Wasser blanchieren. Abtropfen lassen und in einen Topf oder eine feuerfeste Auflaufform geben. Milch, Zucker und Vanilleschote unterrühren. Die Mischung zum Kochen bringen und zugedeckt im vorgeheizten Backofen bei 170° C (Gasherd Stufe 2) etwa 25 Minuten garen. Die Reismischung in eine Rührschüssel geben und zum Kühlen auf Eis stellen. Nach dem Erkalten die Ananaswürfel und 2 EL Sahne unterziehen. Die Ananas-Reismischung in eine Kristallschüssel füllen und mit den marinierten Erdbeeren bedecken.

In einem Topf Himbeer- und Erdbeerpüree mit dem Kristallzucker vermischen, 3 Minuten garen, von der Kochstelle nehmen und abkühlen lassen. Sobald das Püree kalt ist, die Schlagsahne unterziehen. Diese Mischung über die Erdbeeren geben.

PAUL BOUILLARD
LA CUISINE AU COIN DU FEU

Apfelreis

	Für 6 Personen
100 g	Langkorn- oder Rundkornreis
1/2 TL	abgeriebene Zitronenschale
100 g	Zucker
1/2 TL	Salz
30 cl	Milch
1 kg	Kochäpfel, geschält, Kerngehäuse entfernt und in Scheiben geschnitten
30 g	Butter
10 cl	süßer Apfelwein oder Apfelsaft
2	Eiweiß
2 EL	Puderzucker

Den Reis mit der Zitronenschale, Zucker und Salz etwa 25 Minuten in der Milch garen, bis er weich ist. Eine Schicht Reis in eine tiefe, 2½ l fassende Auflaufform füllen, die Hälfte der Äpfel darübergeben, die Hälfte der Butter in Flöckchen darüber verteilen, dann den restlichen Reis und schließlich die restlichen Äpfel darüber verteilen. Die übrige Butter in Flöckchen darübergeben. Mit Apfelwein oder Apfelsaft begießen. 45 Minuten im vorgeheizten Backofen bei 180° C (Gasherd Stufe 2–3) garen. Das Eiweiß schlagen, bis es steife Spitzen bildet, und den Puderzucker darunterziehen. Den gesüßten Eischnee über den Apfelreis streichen und das Ganze etwa 20 Minuten überbacken, bis die Oberfläche goldgelb ist. Warm servieren.

BETTY WASON
THE ART OF GERMAN COOKING

Indischer Reispudding

Kheer

Der indische Reispudding kann heiß gereicht werden, aber er schmeckt am besten, wenn er gut gekühlt ist. Man serviert ihn in Portionsschalen und mit einigen Mandelsplittern und Pistazien bestreut. Traditionsgemäß wird das gekühlte *kheer* mit einem eßbaren Silber- oder Goldblatt garniert.

	Für 4 bis 6 Personen
1 1/4 l	Milch
90 g	Rundkornreis, gewaschen
175 g	Zucker
30 g	Rosinen
4	Kardamomkapseln, Samen herausgenommen und zerstoßen
2	Nelken oder 1 Zimtstange, 2 cm lang
6 EL	Mandelsplitter
2 TL	Rosenwasser

Die Milch in einem großen Topf zum Kochen bringen. Den Reis dazugeben und unter Rühren bei Mittelhitze 1 Minute kochen lassen. Die Temperatur zurückschalten und unter ständigem Rühren 15 Minuten garen. Zugedeckt weitere 1½ Stunden garen, dabei ab und zu umrühren. Zucker, Rosinen, Kardamom und Nelken oder Zimt hinzufügen und unter gelegentlichem Umrühren noch etwa 10 bis 15 Minuten garen, bis die Rosinen dick werden und die Masse eine dickflüssige Konsistenz bekommt. Nelken oder Zimtstange entfernen und die Mandeln hinzufügen. Die Masse in eine 1½ l fassende Auflaufform geben und im vorgeheizten Backofen bei 180° C (Gasherd Stufe 2–3) 25 Minuten garen. Das Rosenwasser kurz vor dem Servieren unterrühren.

DHARAMJIT SINGH
INDIAN COOKERY

Gestürzter Reispudding mit Früchten

Riz à l'Impératrice

	Für 6 Personen
125 g	Langkornreis
100 g	Zucker
	Salz
30 g	Butter
1	Vanilleschote, der Länge nach halbiert
3/4 l	Milch
4 bis 5 EL	Aprikosenmarmelade oder eingemachte Aprikosen
60 g	kandierte Trauben, Kirschen, Ananas und Angelikawurzel, in Würfel geschnitten und in 4 EL Kirschwasser mariniert, mit 1 EL Zucker gesüßt
1/2 l	englische Creme (S. 166), in der 30 g eingeweichte Blattgelatine aufgelöst wurde
3 EL	Kirschwasser

Den Reis 5 Minuten in kochendem Wasser blanchieren; dann das Wasser abgießen, den Reis abtropfen lassen, in kaltes Wasser geben und nochmals abtropfen lassen. Zucker, eine Prise Salz, Butter, die beiden Hälften der Vanilleschote und Milch in einen schweren Schmortopf geben und zum Kochen bringen; den Reis hinzufügen und gut zugedeckt im vorgeheizten Backofen bei 150° C (Gasherd Stufe 1) ungefähr 30 Minuten garen, bis der Reis weich ist und die Flüssigkeit aufgesaugt hat, die Körner jedoch noch ganz sind.

Die Vanilleschote entfernen, den Reis in eine Schüssel geben und mit der Aprikosenmarmelade oder den eingemachten Aprikosen vermischen. Die in Würfel geschnittenen Früchte, die Eiercreme und das Kirschwasser unterrühren. Diese Masse in eine mit Öl ausgepinselte, 1½ l fassende Ringform füllen. Bis zum Festwerden kühlen – dies dauert 2 bis 3 Stunden, wenn die Form auf zerstoßenes Eis gestellt wird, 4 bis 5 Stunden, wenn sie im Kühlschrank steht. Das Dessert auf eine mit einer Serviette bedeckten Platte stürzen und servieren.

PHILÉAS GILBERT
LA CUISINE DE TOUS LES MOIS

Talgteigpudding mit Zitrone

Sussex Pond Pudding

Dieser Pudding ist der beste von allen englischen gekochten Talgteigpuddings. In seiner Mitte verschmelzen Butter, Zucker und Zitronensaft zu einer gehaltvollen Sauce. Das feine Aroma der Zitrone macht aus diesem Pudding ein Dessert der kulinarischen Spitzenklasse. Beim Servieren sollte jeder Tischgast ein Stück Zitrone bekommen, die durch das Garen ziemlich weich geworden ist, aber immer noch kräftig schmeckt. Als ich einmal keine Zitronen hatte, nahm ich kleine Limetten und erzielte damit ebenfalls ein gutes Resultat.

Der Pudding hat seinen Namen von der Sauce, die aus ihm herausfließt, wenn man ihn auf eine Platte stürzt, und die ihn umgibt wie ein See (Pond).

	Für 4 bis 6 Personen
250 g	Mehl
1/2 Päckchen	Backpulver
125 g	gehackter frischer Rindertalg
Je etwa 5 EL	Milch und Wasser
125 g	schwach gesalzene Butter, in kleine Stücke geschnitten
125 g	brauner Zucker
1	große Zitrone oder 2 Limetten

Mehl, Backpulver und Talg in einer Schüssel vermischen. Mit Milch und Wasser zu einem Teig verkneten. Der Teig sollte gerade so weich sein, daß er zu einer großen Scheibe ausgerollt werden kann. Aus dieser Teigscheibe ein Viertel ausschneiden, das später als Deckel für den Pudding verwendet wird. Eine 1,5 l fassende Puddingform dick mit Butter ausstreichen. Die Dreiviertel-Scheibe des Teiges hineinlegen und an den Schnittkanten fest zusammendrücken, so daß die Form ganz ausgekleidet ist. Die Hälfte der Butterstücke und die Hälfte des Zuckers auf den Teig geben. Die Zitrone mit einer Spicknadel ringsum einstechen, damit der Saft herauslaufen kann, dann auf die Butter und den Zucker legen. Die restlichen Butterstücke und den Zucker dazugeben. Den beiseite gestellten Teig für den Deckel ausrollen und auf die Füllung legen. Den Rand anfeuchten und zusammendrücken, um den Pudding vollständig zu versiegeln.

Die Form mit Alufolie abdecken. In der Mitte eine Falte kniffen. Die Folie mit Garn festbinden, und die Garnenden über der Form zu einer Schlinge verknoten, damit der Pudding leicht aus dem Wasserbad gehoben werden kann. In einem großen Topf Wasser zum Kochen bringen und den Pudding hineinstellen; das Wasser muß kochen, und die Form sollte mindestens bis zur Hälfte im Wasser stehen. Zugedeckt 3 bis 4 Stunden kochen lassen. Kochendes Wasser nachfüllen, falls nötig.

Vor dem Servieren die Form aus dem Wasserbad nehmen und die Folie entfernen. Den Pudding mit einem Messer vom Rand der Form lösen. Eine tiefe Schale auf die Puddingform legen und das Ganze schnell umdrehen. Sofort servieren.

JANE GRIGSON
ENGLISH FOOD

Pudding auf Großmutter-Art

Pwdin Mamgu

Dieses Rezept stammt von der Halbinsel Gower in Süd-Wales.

	Für 6 bis 8 Personen
250 g	Semmelbrösel
30 cl	Milch
60 g	gehackter Rindertalg
350 g	Brombeeren
350 g	Äpfel, geschält, Kerngehäuse entfernt, in Scheiben geschnitten
90 g	Zucker

Die Semmelbrösel in der Milch einweichen, den Rindertalg dazugeben und alles gut vermischen. Eine 1¼ l fassende Pastetenform mit reichlich Butter ausstreichen und etwas Semmelbröselmischung darin verteilen; Brombeeren, Äpfel und Zucker vermischen und eine Lage darübergeben. Dann die Form weiter abwechselnd mit Schichten aus Semmelbröselmischung und Früchte-Zucker-Mischung füllen. Mit einer dicken Schicht Semmelbröselmischung abschließen. Im vorgeheizten Backofen bei 190° C (Gasherd Stufe 3) etwa 1 Stunde backen, bis der Pudding eine goldbraune Farbe hat.

S. MINWEL TIBBOTT
WELSH FARE

Apfelkloß

Apple Dumpling

Dies ist ein feines, altes schottisches Gericht, das besonders Kindern gut schmeckt.

	Für 8 Personen
4	große Kochäpfel, geschält und in Scheiben geschnitten
175 g	frischer Rindertalg
500 g	Mehl
	Salz
Etwa ¼ l	heißes Wasser
1 oder 2	Nelken oder ½ TL gemahlener Zimt
90 bis 125 g	Zucker

Den Rindertalg in sehr kleine Stücke schneiden und in heißem Wasser weich werden lassen. Dann abtropfen und abkühlen lassen und restliches Wasser ausdrücken. In einer Schüssel den Rindertalg mit einem Holzlöffel bearbeiten, bis er geschmeidig ist. Das Mehl und eine Prise Salz durch ein Sieb zum Rindertalg geben. Talg und Mehl mit den Fingerspitzen gründlich verkneten, dann allmählich so viel heißes Wasser angießen, daß ein fester Teig entsteht. Die Äpfel mit Nelken oder Zimt und Zucker vermischen. Den Teig ausrollen und die Äpfel daraufgeben. Den Teig sorgfältig über der Füllung zusammendrücken, den Kloß in ein Tuch einbinden und in einem Topf mit kochendem Wasser mindestens 2 Stunden garen. Man kann auch eine 1½ l fassende, mit Butter ausgestrichene Schüssel mit dem Teig auslegen, die Teigenden etwas überhängen lassen, mit der Apfelmischung füllen und den Teig darüber zusammenlegen. Den Teig versiegeln oder einen Teigdeckel fest andrücken, die Schüssel in ein Tuch einbinden und etwa 2¼ Stunden kochen. Mit Sahne servieren.

JENNY WREN
MODERN DOMESTIC COOKERY

Irischer Früchtepudding

Trinity College Pudding

	Für 6 oder 7 Personen
250 g	frische Weißbrotbrösel, gesiebt
250 g	Rindertalg, gehackt
2 EL	Makronen, zerkleinert
Je 125 g	Rosinen und kandierte Kirschen, gehackt
125 g	feiner Kristallzucker
60 g	Zitronat, gehackt
1 EL	Mehl
1 TL	Lebkuchengewürz
	Salz
7	Eigelb, geschlagen, oder 4 Eigelb und 3 EL Milch, geschlagen
5 EL	Weinbrand
2	Eiweiß
	Rumcreme (S. 167)

Weißbrotbrösel, Talg, Makronen, Rosinen, kandierte Kirschen, Zucker, Zitronat, Mehl, Lebkuchengewürz und eine Prise Salz in einer Schüssel vermengen. Nach und nach das geschlagene oder mit Milch verquirlte Eigelb unterrühren. Dann den Weinbrand angießen. Das Eiweiß zu steifem Schnee schlagen und unter die Puddingmasse heben. Dreiviertel davon in eine mit Butter ausgestrichene, 2 l fassende Puddingform füllen. Pergamentpapier mit Butter bestreichen, über die Form decken und gut festbinden. Den Pudding 4 Stunden im Wasserbad garen. Auf eine vorgewärmte Platte stürzen und mit Rumcreme servieren.

ELIZABETH CRAIG
THE ART OF IRISH COOKING

Englischer Weihnachtspudding

Christmas Pudding

Die hier angegebenen Mengen können vervielfacht werden, so daß man mehrere Puddings gleichzeitig zubereiten kann. Bei guter Lagerung sind sie bis zu zwei Jahren haltbar. Wie man Nahrungsmittel für lange Lagerung luftdicht verschließt und den Pudding zum Garen mit einem bemehlten Tuch bedeckt, wird auf S. 59 erklärt.

	Für 8 bis 10 Personen
150 g	frischer oder abgepackter zerkleinerter Rindertalg
Je 175 g	Korinthen, Sultaninen und Rosinen
150 g	Brösel von altbackenem Weißbrot
150 g	brauner Zucker
30 g	blanchierte und abgezogene Mandeln, grobgehackt
30 g	gemischte Sukkade, gehackt
125 g	kandierte Kirschen, halbiert
1	Zitrone, Schale feingerieben
3	große Eier
2 EL	Whisky

Bei Verwendung von frischem Rindertalg das durchsichtige Gewebe entfernen und den Talg mehr oder weniger fein raspeln. Die getrockneten Früchte verlesen; die Stiele der Sultaninen, wenn nötig, entfernen. Die Korinthen, Sultaninen und Rosinen in kaltem Wasser waschen; in ein Sieb geben und abtropfen lassen. Ein sauberes Geschirrtuch auf ein Kuchengitter oder ein Tablett legen. Die Früchte auf dem Tuch verteilen und an einem warmen Platz trocknen lassen. Die Rosinen grobhacken.

Eine $1\frac{1}{2}$ l fassende Puddingform mit Pflanzenöl sorgfältig ausstreichen. Zwei Bögen Pergamentpapier kreisförmig ausschneiden, so daß sie ebenso groß sind wie der Boden und die obere Öffnung der Form. Das Pergamentpapier gründlich mit Pflanzenöl bestreichen, damit der Pudding nicht ansetzt.

Alle trockenen Zutaten in eine große Rührschüssel geben und gut vermischen. Dann die Eier und den Whisky hineinrühren. Einen Bogen mit Öl bestrichenes Pergamentpapier auf den Boden der Form legen und die Puddingmasse mit einem Löffel daraufgeben. Mit dem zweiten Blatt Pergamentpapier abdecken. Ein Stück Alufolie auf die Form legen und am Rand mit Küchengarn festbinden. Der Pudding kann aber auch mit einem mit Mehl bestreuten Tuch bedeckt werden, das um den Rand herum gefältelt und mit einem Stück Küchengarn festgebunden wird. Die Ecken des Tuches zu einem Griff verknoten.

Einen kleinen Holzklotz oder einen Dreifuß auf den Boden eines großen Topfes stellen. Dies verhindert, daß der Boden des Puddings mit der direkten Hitze in Berührung kommt. Den Pudding in den Topf stellen und den Topf mit Wasser auffüllen, so daß die Form etwa bis halber Höhe darin steht. Einen gut schließenden Deckel auf den Topf legen. Das Wasser zum Kochen bringen, dann die Temperatur zurückschalten. Den Pudding bei schwacher Hitze 9 Stunden garen lassen. Ab und zu das verdampfte Wasser durch kochendes ersetzen.

Den Pudding aus dem Wasserbad nehmen. Die Form sorgfältig abwischen und die Alufolie oder das Tuch sowie die obere Lage Pergamentpapier entfernen. Einen frischen Bogen Pergamentpapier mit Pflanzenöl bestreichen und den Pudding damit bedecken. Alufolie auf den Pudding legen und mit Küchengarn festbinden. Den Pudding in ein sauberes Geschirrtuch einschlagen und bis zum Weihnachtstag an einem kühlen Platz aufbewahren. Vor dem Servieren den Pudding nochmals 2 Stunden im Wasserbad garen. Auf eine Platte stürzen und mit frischer Schlagsahne servieren.

SUSAN KING
WOMAN'S REALM (ZEITSCHRIFT)

Feigenpudding mit Limettensauce

Fig Pudding with Lime Sauce

	Für 6 bis 8 Personen
250 g	getrocknete Feigen, in kleine Stücke geschnitten
175 g	frische Semmelbrösel
250 g	Rindertalg, sehr fein gehackt
5	Eier, gut geschlagen
125 g	Zucker
2	Limetten, Schale abgerieben, Saft durch ein Sieb passiert
	Geriebene Muskatnuß
	Salz
15 bis 20 cl	Rum
15 g	Butter
	Limettensauce
2	Limetten, Schale sehr dünn abgeschält, Saft durch ein Sieb passiert
3 EL	Zucker
20 cl	Wasser
2 bis 3 EL	Rum
	Rote Speisefarbe (nach Belieben)

Semmelbrösel, Rindertalg und getrocknete Feigen gut mit den geschlagenen Eiern, dem Zucker, der abgeriebenen Schale und dem Saft der Limetten vermischen; zum Schluß eine Prise Muskat und Salz sowie den Rum dazugeben.

Die Mischung in eine mit Butter ausgestrichene $1\frac{1}{4}$ l fassende Form füllen und gut andrücken. Pergamentpapier mit Butter bestreichen, den Pudding damit bedecken, ein Tuch darüberbinden und mindestens 4 Stunden im Wasserbad garen. Bei Bedarf verdampftes Wasser auffüllen.

Für die Sauce den Zucker mit der Limettenschale und dem Wasser in einen Topf geben. Zum Kochen bringen und simmern lassen, bis ein dünnflüssiger Sirup entsteht, dann abschäumen und Limettensaft und Rum angießen. 1 oder 2 Tropfen rote Speisefarbe geben der Sauce eine schönere Farbe.

Den Pudding stürzen und mit der Limettensauce servieren. Nach Belieben kann man den Pudding wie einen englischen Weihnachtspudding mit Weinbrand flambieren.

COL. A. F. KENNEY-HERBERT (WYVERN)
SWEET DISHES

Eierkuchen und Beignets

Pfannkuchen mit Quarkfüllung

Blinchiki s Tvorogom

Dieses Rezept ist einem russischen Kochbuch-Bestseller aus der Stalin-Ära entnommen.

	Für 6 Personen
1	Ei
Etwa 3 EL	Zucker
1/2 TL	Salz
3/4 l	Milch
250 g	Mehl, durch ein Sieb gestrichen
60 g	Butter
20 cl	saure Sahne

	Quarkfüllung
500 g	Quark
1	Ei, Eigelb vom Eiweiß getrennt, Eiweiß leicht geschlagen
200 g	Zucker
1/2 TL	Salz
1	Zitrone oder Orange, Schale feingerieben
15 g	Butter, zerlassen
60 g	Rosinen, gewaschen (nach Belieben)

Für die Pfannkuchen das Ei in eine Schüssel geben und mit einem Holzlöffel schlagen. 1 EL Zucker, das Salz und 1/4 l Milch dazugeben und gut verrühren; Mehl und Milch abwechselnd nach und nach unter ständigem Rühren hinzufügen und alles zu einem Teig verarbeiten. Etwas Butter in einer Pfannkuchen- oder Crêpe-Pfanne von 12 cm Durchmesser bei mittlerer Hitze zerlassen; nur so viel Teig hineingeben, daß der Boden der Pfanne dünn bedeckt ist. Sobald der Pfannkuchen auf einer Seite hellbraun gebacken ist, ihn auf einen Teller legen und beiseite stellen. Auf diese Art weitere Pfannkuchen zubereiten, bis der Teig restlos verarbeitet ist. Wenn die Pfannkuchen zu dick werden, den Teig mit etwas Milch verdünnen.

Für die Füllung den Quark zuerst durch ein Sieb in eine Schüssel passieren. Eigelb, Zucker, Salz, Zitronen- oder Orangenschale, zerlassene Butter und nach Belieben Rosinen untermischen. Einen Eßlöffel Füllung auf die bereits gebackene Pfannkuchenseite verstreichen; den Pfannkuchen etwa zur Hälfte aufrollen, die Ränder nach innen schlagen und, um zu verhindern, daß der Pfannkuchen beim Backen auseinanderfällt, den Teigumschlag zum Versiegeln mit etwas geschlagenem Eiweiß bestreichen. Die Pfannkuchen auf beiden Seiten in Butter braunbacken; mit der eingerollten Seite nach unten beginnen und einmal wenden; mit dem restlichen Zucker bestreuen und heiß servieren; dazu paßt saure Sahne.

O. P. MOLCHANOVA
KNIGA O VKUSNOĬ ZDOROVOĬ PISHCHE

Crêpes mit Mandarinenbutter

Crêpes Suzette

Robert Courtine weist in seiner Einleitung zu diesem Rezept darauf hin, daß sich die Crêpes Suzette nicht durch das Flambieren von anderen Crêpes unterscheiden, sondern durch die Zugabe von Mandarinensaft und Curaçao.

	Für 6 Personen
	Crêpe-Teig (S. 167)
1 TL	Curaçao
1 TL	Mandarinensaft
40 g	Butterschmalz

	Mandarinenbutter
2	Mandarinen, Saft durch ein Sieb passiert
2	Zuckerwürfel
60 g	Butter
40 g	Zucker
1 TL	Curaçao

Für die Mandarinenbutter die Zuckerwürfel an den Schalen der Mandarinen reiben, bis sie die Farbe und das Aroma der Schalen angenommen haben. In einer Schüssel die Butter mit einem Holzlöffel weichrühren; den Zucker dazugeben und die Mischung cremig rühren. Die Zuckerwürfel zerkleinern und zusammen mit dem Mandarinensaft und dem Curaçao hineinmischen.

1 TL Curaçao und 1 TL Mandarinensaft in den Crêpe-Teig geben. In einer kleinen Crêpe-Pfanne etwas Butterschmalz erhitzen, jeweils einen kleinen Schöpflöffel Teig hineingießen und die Crêpe auf beiden Seiten backen. Auf einen vorgewärmten Teller legen und warm halten. Der Teig ergibt 12 Crêpes.

Jede Crêpe mit einem Löffel Mandarinenbutter bestreichen, zweimal falten und auf eine sehr heiße Servierplatte legen; dann erst die nächste Crêpe mit Mandarinenbutter bestreichen. Je 4 Crêpes mit ihren Spitzen nach innen zusammenlegen, so daß sie einen Kreis bilden. Auf heißen Tellern sofort servieren.

ODETTE KAHN (HERAUSGEBERIN)
CUISINE ET VINS DE FRANCE

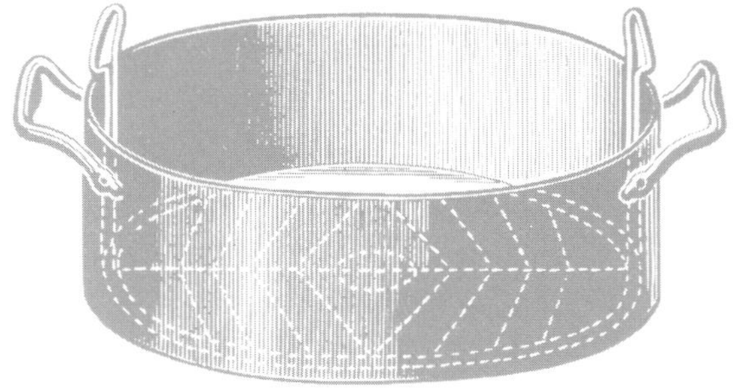

Quark-Pfannkuchen

Túróspalacsinta

Jeder ungarische Haushalt hat eine besondere Methode, um außergewöhnlich dünne Pfannkuchen zuzubereiten. In diesem Rezept wird Mineralwasser verwendet, damit die Pfannkuchen hauchdünn und zart werden.

	Für 6 Personen
125 g	Mehl
1	Ei, geschlagen
15 cl	Milch
¼ TL	Salz
15 cl	Mineralwasser
	Öl zum Backen
30 g	Butter
30 g	Zucker

	Quarkfüllung
250 g	frischer Quark oder Hüttenkäse
2	Eier, Eigelb von Eiweiß getrennt
175 g	Vanillezucker
1	Zitrone, Schale fein abgerieben

Das Mehl in eine Schüssel sieben und das Ei, die Milch und eine Prise Salz dazugeben. Mit einer Gabel glattschlagen. Das Mineralwasser dazugießen und den Teig mit einem Holzlöffel wieder glattschlagen. Beiseite stellen und 10 bis 15 Minuten stehenlassen. Etwas Öl in eine Pfannkuchenpfanne geben und erhitzen. Nur so wenig Teig hineingießen, daß die Pfanne dünn bedeckt ist. Den Pfannkuchen auf einer Seite knusprig backen, wenden, etwas mehr Öl dazugeben und auf der anderen Seite backen. Falls der Teig zum Schluß zu dick wird, noch etwas Mineralwasser dazugeben. Diese Teigmenge ist ausreichend für etwa ein Dutzend hauchdünne Pfannkuchen.

Für die Füllung den Quark durch ein Sieb in eine Schüssel passieren und Eigelb, Zucker und Zitronenschale hineinrühren. Das Eiweiß zu steifem Schnee schlagen und unter die Quarkmasse ziehen. Zum Füllen der Pfannkuchen entweder auf jeden Pfannkuchen etwas Füllung geben, aufrollen und mit der eingeschlagenen Seite nach unten in eine vorgewärmte Auflaufform legen. Man kann aber auch Pfannkuchen und Füllung in die vorgewärmte Auflaufform schichten, wobei man mit einem Pfannkuchen beginnt und abschließt. Butterflöckchen auf die Pfannkuchen geben, Zucker darüberstreuen und im vorgeheizten Backofen bei 220° C (Gasherd Stufe 4–5) 10 Minuten backen.

KATO FRANK
COOKING THE HUNGARIAN WAY

Gefüllte Crêpes mit Champagner-Schaumsauce

Crêpes Soufflée au Sabayon

Wie man Crêpes zubereitet, wird auf S. 62 erklärt.

Dieses Rezept stammt aus dem Pariser Restaurant Le Taillevent.

	Für 4 Personen
12	kleine Crêpes (Teig S. 167)
4	Eier, Eigelb von Eiweiß getrennt
75 g	feiner Kristallzucker
30 g	Mehl
¼ l	Milch, bis zum Siedepunkt erhitzt
10 cl	Grand Marnier
4 EL	Puderzucker

	Champagner-Schaumsauce
4	Eigelb
50 g	feiner Kristallzucker
15 cl	Champagner

Zuerst die Crêpes zubereiten. Beiseite stellen.

Für die Soufflé-Masse Eigelb und Kristallzucker in einem emaillierten Topf 1 Minute schlagen. Erst das Mehl, dann nach und nach die heiße Milch unterrühren. Unter ständigem Rühren aufkochen lassen, die Hitze reduzieren und 2 Minuten garen. Den Topf von der Kochstelle nehmen und den Grand Marnier dazugeben. Das Eiweiß schlagen, bis es steife Spitzen bildet, und unter die Masse heben.

Eine große feuerfeste Form mit Butter ausstreichen. Zum Füllen der vorbereiteten Crêpes je einen gehäuften Löffel Soufflé-Masse auf die eine Hälfte jeder Crêpe geben, die andere Hälfte locker darüberschlagen. Die gefüllten Crêpes nebeneinander in die Form legen.

Im vorgeheizten Backofen bei 220° C (Gasherd Stufe 4–5) 7 Minuten backen. Die Crêpes nach der Hälfte der Garzeit zum Glasieren mit Puderzucker bestreuen.

Die Crêpes mit der Champagner-Schaumsauce servieren. Die Sauce folgendermaßen zubereiten: Eigelb, Kristallzucker und Champagner in einen Kupfertopf geben. Den Topf bei mittlerer Hitze in ein Wasserbad stellen und die Mischung so lange mit dem Schneebesen schlagen, bis sie dick und schaumig ist.

LES PRINCES DE LA GASTRONOMIE

Crêpes mit Walderdbeeren

Crêpes Richelieu

Wie man Crêpes zubereitet, wird auf S. 62 erklärt.

	Für 4 bis 6 Personen
Etwa 12	Crêpes (Teig S. 167)
	Erdbeerfüllung
250 g	Walderdbeeren
60 g	feiner Kristallzucker, mit 4 EL Kirschwasser gemischt
25 g	feiner Kristallzucker
1 ½ EL	Mehl
10 cl	Milch
	Salz
½ TL	Vanille-Extrakt
1	Eigelb

Zuerst die Füllung zubereiten: die Erdbeeren in Zucker und Kirschwasser legen und 30 Minuten in dieser Mischung ziehen lassen. Inzwischen in einer anderen Schüssel Zucker, Mehl und Milch mit einer Prise Salz und dem Vanille-Extrakt mischen. Die Masse in einen Topf geben und unter ständigem Rühren zum Kochen bringen. Von der Kochstelle nehmen, das Eigelb darunterschlagen und die Creme kalt werden lassen. Behutsam die Erdbeeren unterheben; sie dürfen nicht zerdrückt werden.

Die Crêpes zubereiten; auf jede ein wenig Erdbeerfüllung geben, aufrollen und servieren.

PAUL BOUILLARD
LA CUISINE AU COIN DU FEU

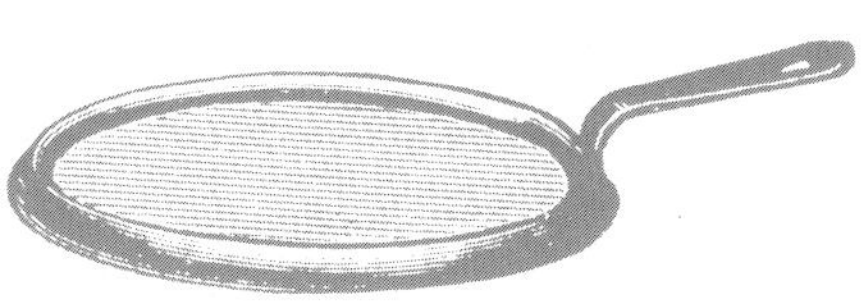

Crêpe-Charlotte mit Cremefüllung

Pain de Crêpes à la Crème

Wie man Crêpes zubereitet, wird auf S. 62 erklärt.

	Für 6 bis 8 Personen
250 bis 300 g	Mehl
1 EL	Zucker
	Salz
4	Eier, Eigelb von Eiweiß getrennt, Eiweiß zu steifem Schnee geschlagen
½ l	Milch
50 g	Butter, zerlassen und abgekühlt
	Öl
	Semmelbrösel
	Cremefüllung
4	Eigelb
Etwa 90 g	Zucker
30 cl	Sahne
½ TL	Vanille-Extrakt und/oder 1 TL fein abgeriebene Zitronenschale

Mehl, Zucker und Salz in eine Schüssel geben. In die Mitte eine Vertiefung drücken, Eigelb hineingeben und Milch und Butter hinzufügen; dabei mit dem Schneebesen schlagen, bis der Teig glatt ist. Den Eischnee unterziehen.

Etwas Öl in einer Crêpe-Pfanne erhitzen. So viel Teig hineingießen, daß der Boden der Pfanne bedeckt ist. Wenn die Crêpe am Rand braun zu werden beginnt, wenden und auf der anderen Seite garen. Weitere Crêpes auf die gleiche Weise zubereiten, bis der Teig aufgebraucht ist.

Für die Füllung das Eigelb mit dem Zucker schlagen, bis die Masse blaßgelb und schaumig ist, dann die Sahne dazugeben und alles gut vermischen. Vanille-Extrakt oder Zitronenschale – oder am besten beides – unterrühren. Eine 1 l fassende Charlottenform mit Butter ausstreichen und mit Semmelbröseln ausstreuen. Die Crêpes in die Form schichten, dabei zwischen jede Schicht etwas Cremefüllung geben. Mit einer Crêpe abschließen.

Im vorgeheizten Backofen bei 180° C (Gasherd Stufe 2–3) etwa 20 Minuten garen, bis die Creme fest ist. Stürzen und mit Zucker bestreuen. Kalt servieren.

H. WITWICKA UND S. SOSKINE
LA CUISINE RUSSE CLASSIQUE

Crêpes mit Soufflé-Füllung

Crêpes Soufflées

Wie man Crêpes zubereitet, wird auf S. 62 erklärt.

	Für 4 Personen
10	Crêpes (S. 167)
3 EL	Zucker
5	Eier, Eigelb von Eiweiß getrennt
	Vanille-Extrakt

Für die Soufflé-Masse Zucker, Eigelb und 1 bis 2 Tropfen Vanille-Extrakt in eine Schüssel geben und mit einem Holzlöffel gründlich verrühren. Das Eiweiß zu steifem Schnee schlagen und unter die Eigelbmasse ziehen.

Eine Auflaufform mit etwas Butter ausstreichen. Die Crêpes hineinschichten, dabei auf jede Crêpe einen gehäuften Eßlöffel Soufflé-Masse streichen. Mit der restlichen Masse vollständig überziehen und im vorgeheizten Backofen bei 200° C (Gasherd Stufe 3–4) 20 Minuten backen. Sofort servieren.

LES PETITS PLATS ET LES GRANDS

Gefüllte Pfannkuchentorte

Csúsztatott Palacsinta

	Für 8 bis 12 Personen
60 g	weiche Butter
1 EL	grobkörniger Zucker
4	Eier, Eigelb von Eiweiß getrennt, Eiweiß zu steifem Schnee geschlagen
	Salz
10 cl	Milch
3 EL	Mehl
4 EL	Sahne
	Butterschmalz

	Pfannkuchenfüllung
50 g	Vanillezucker
125 g	Halbbitterschokolade, gerieben
250 g	Marmelade

In einer Schüssel Butter zusammen mit Zucker, Eigelb und einer Prise Salz schlagen. Nach und nach die Milch und dann das Mehl dazugeben und den Teig glattschlagen. Zum Schluß die Sahne hinzufügen und den Teig 1 Stunde ruhen lassen.

Den Backofen auf 180° C (Gasherd Stufe 2–3) vorheizen. Den Eischnee unter den Teig heben. In einer Crêpe-Pfanne von 20 cm Durchmesser etwas Butterschmalz erhitzen. Mit einem Schöpflöffel etwa 10 cl Teig in die heiße Pfanne gießen. Die Pfanne schwenken, bis der Teig den Boden der Pfanne ganz bedeckt; bei schwacher Hitze nur auf einer Seite backen.

Den Pfannkuchen mit der gebackenen Seite nach unten in eine ziemlich tiefe Auflaufform von 20 cm Durchmesser gleiten lassen, mit Vanillezucker und geriebener Schokolade bestreuen und/oder Marmelade bestreichen. Nach Belieben kann entweder Schokolade oder Marmelade verwendet oder beides abwechselnd auf die Pfannkuchen gegeben werden.

Den zweiten Pfannkuchen backen und auf den ersten gleiten lassen. Mit etwas Vanillezucker bestreuen; darauf Marmelade und/oder Schokolade geben. Die weiteren Pfannkuchen wie beschrieben backen und übereinanderschichten.

Den letzten Pfannkuchen auf beiden Seiten backen und die Torte damit bedecken. Im vorgeheizten Backofen 10 bis 15 Minuten backen. Zum Servieren in Portionen schneiden.

GEORGE LANG
THE CUISINE OF HUNGARY

Crêpe-Schichttorte mit Quarkfüllung

Gâteau Livonien

Wie man Crêpes zubereitet, wird auf S. 62 erklärt.

	Für 8 Personen
10 bis 12	Crêpes (Teig S. 167)
1 kg	frischer Quark
175 g	weiche Butter
250 g	feiner Kristallzucker
	Salz
8	Eigelb
Je 60 g	Rosinen, Korinthen, Zitronat und kandierte Angelikawurzel
4	Eiweiß, steifgeschlagen
	Sahne

Zuerst die Crêpes zubereiten. Dann Quark, Butter, Zucker, eine Prise Salz und Eigelb in eine Schüssel geben und gründlich vermischen. Die Mischung durch ein Sieb in eine Schüssel passieren und Rosinen, Korinthen, Zitronat, Angelikawurzel und das steifgeschlagene Eiweiß unterziehen.

Eine Charlottenform mit reichlich Butter ausstreichen und den Boden und den Rand der Form mit Crêpes auslegen. Ein Viertel der Quarkmasse hineinfüllen, mit einer Crêpe bedecken; Quark und Crêpes weiter hineinschichten und mit einer Crêpe abschließen. Im vorgeheizten Backofen bei 190° C (Gasherd Stufe 3) etwa 45 Minuten backen, bis die Torte goldgelb ist. Eine Serviette auf eine Servierplatte legen, die Torte darauf stürzen und mit ungeschlagener Sahne servieren.

A. PETIT
LA GASTRONOMIE EN RUSSIE

Backpflaumen-Beignets

Pruneaux en Beignets

	Für 4 oder 5 Personen
20	Backpflaumen, mindestens 3 Stunden in Wasser eingeweicht, abgetropft und entsteint
20	Walnußhälften
	Ausbackteig (S. 167)
	Öl zum Fritieren
40 g	Kakao, gesiebt
100 g	feiner Kristallzucker

Jede Backpflaume mit einer Walnußhälfte füllen. Die Backpflaumen gut zudrücken und in den Ausbackteig tauchen. In heißem Öl fritieren, bis sie goldgelb sind. Abtropfen lassen, dann die Backpflaumen-Beignets sofort in einer Mischung aus Kakao und Zucker wenden, pyramidenartig anrichten und heiß servieren.

HUGUETTE COUFFIGNAL
J'AIME LES NOIX

Kirschauflauf

Le Clafoutis

Statt wie unten beschrieben, kann der Auflauf auch folgendermaßen zubereitet werden: man gibt eine Schicht Teig in die Auflaufform, darüber die Kirschen und bedeckt diese mit dem restlichen Teig (S. 66). Bei dieser Zubereitungsart sollte das Dessert nicht gestürzt, sondern in der Form serviert werden.

Der *clafoutis* ist eines der beliebtesten Desserts des Limousin, der zentralfranzösischen Landschaft. Er wird mit saftigen schwarzen Kirschen zubereitet.

	Für 6 bis 8 Personen
750 g	schwarze Kirschen, entstielt und entkernt
125 g	Mehl
4	Eier
2 EL	feiner Kristallzucker
	Salz
1/2 l	Milch
4 oder 5 EL	Cognac
2 EL	Puderzucker

Das Mehl in eine Schüssel sieben. Eier, Zucker und eine Prise Salz dazugeben und zu einem glatten Teig verkneten. Die Milch angießen; dann die Kirschen hinzufügen und gleichmäßig im Teig verteilen. Zum Schluß den Cognac hineinrühren.

Eine 1 3/4 l fassende flache Auflaufform mit reichlich Butter ausstreichen, damit der *clafoutis* nach dem Backen leicht aus der Form gleitet. Die Auflaufmasse einfüllen und im vorgeheizten Backofen bei 180° C (Gasherd Stufe 2–3) 30 bis 45 Minuten garen.

Den *clafoutis* stürzen und mit Puderzucker bestreuen.

GASTON DERYS
L'ART D'ÊTRE GOURMAND

Rhabarber-Beignets

Rhubarb Fritters

	Für 4 bis 6 Personen
750 g	junger Rhabarber, in 2,5 cm lange Stücke geschnitten
125 g	feiner Kristallzucker
3 EL	Weinbrand
	Ausbackteig (S. 167)
	Öl zum Fritieren

Die Rhabarberstücke 15 Minuten in Wasser kochen; abtropfen lassen und in kaltes Wasser legen. Nachdem sie völlig abgekühlt sind, aus dem Wasser nehmen und abtropfen lassen. In eine flache Schüssel legen, Zucker darüberstreuen, mit dem Weinbrand beträufeln und 2 Stunden durchziehen lassen.

Die Rhabarberstücke herausnehmen, in den Ausbackteig tauchen und in heißem Öl fritieren, bis sie goldgelb sind. Die Beignets auf Küchenkrepp abtropfen lassen, damit das überflüssige Fett aufgesogen wird. Eine Schale mit einer gefalteten Serviette oder dekorativem Papier auslegen und die Beignets darauf verteilen.

OSCAR TSCHIRKY
THE COOK BOOK BY „OSCAR" OF THE WALDORF

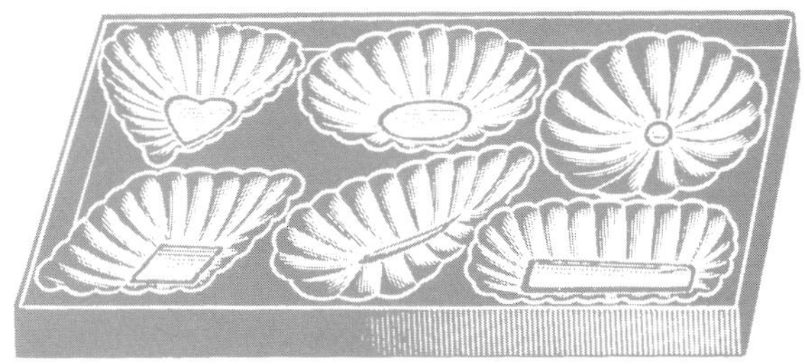

Indonesische Bananen-Soufflés

Kue Talam Pisang

Für das *santen* oder die Kokosmilch, die für dieses Rezept benötigt wird, das Fruchtfleisch einer Kokosnuß in eine Schüssel reiben und etwa 35 cl Wasser dazugeben. 20 Minuten stehenlassen, dann jeweils eine Handvoll Kokosraspeln ausdrücken. Das Wasser nimmt den Saft des Fruchtfleischs auf und färbt sich dadurch weiß. Weiter ausdrücken, bis keine Flüssigkeit mehr im Fruchtfleisch ist. Dann die Flüssigkeit durch ein feinmaschiges Sieb passieren, die Kokosraspeln noch einmal gut ausdrücken, bis sie keine Flüssigkeit mehr abgeben. Danach die Kokosraspeln in die Schüssel zurückgeben, wieder 35 cl Wasser angießen und den beschriebenen Vorgang wiederholen.

	Für 6 Personen
3	große Bananen
250 g	Reismehl
60 g	Maisstärke
	Salz
3/4 l	*santen*
100 g	brauner Zucker

Reismehl und Maisstärke in eine Schüssel sieben und eine Prise Salz hinzufügen. Das *santen* in einem Topf erhitzen, aber nicht zum Kochen bringen. Etwa 10 cl *santen* in einen kleinen Topf gießen, um den Zucker darin aufzulösen. Das restliche *santen* mit der Mehlmischung zu einem glatten, recht dicken Ausbackteig verarbeiten. Den aufgelösten Zucker daruntermischen. Die Bananen abziehen und in dünne Scheiben schneiden. Den Teig mit einem Löffel in kleine Backformen oder feuerfeste Näpfchen füllen; auf jedes mehrere Bananenscheiben geben. Die Backformen oder Näpfchen bis zur Hälfte ihrer Höhe ins Wasserbad stellen. Etwa 25 bis 30 Minuten garen, bis der Teig fest ist. Die Soufflés warm oder kalt servieren.

SRI OWEN
THE HOME BOOK OF INDONESIAN COOKERY

Quark-Kroketten

Cyrniki ou Croquettes de Fromage Blanc

Für 4 Personen

500 g	frischer Quark
3 oder 4	Eier
3 EL	Zucker
	Salz
150 g	Mehl
20 bis 30 cl	Sahne
100 g	Butter
	Vanille-Extrakt (nach Belieben)
30 g	feiner Kristallzucker

Den Quark durch ein feines Sieb streichen; Eier, Zucker, eine Prise Salz, Mehl und 1 bis 2 EL Sahne gründlich miteinander vermischen. Die Masse zu fingerdicken, ovalen oder runden Kroketten formen. Diese in heißer Butter braten, bis sie rundherum goldbraun sind. Die Kroketten gründlich abtropfen lassen und mit der restlichen Sahne (nach Belieben mit Vanille aromatisieren) und Kristallzucker servieren.

H. WITWICKA UND S. SOSKINE
LA CUISINE RUSSE CLASSIQUE

Vanillecreme-Beignets

Crema Fritta

Für 4 Personen

1/2 l	Milch
1/2 TL	Vanille-Extrakt
125 g	Mehl, durch ein Sieb gestrichen
100 g	Zucker
	Salz
2	Eier
6	Eigelb
Etwa 30 g	Butter
2	Eier, geschlagen
100 g	Semmelbrösel
	Öl oder Fett zum Fritieren
15 g	Puderzucker, möglichst mit Vanillegeschmack

Die Milch in einem Topf bei starker Hitze zum Kochen bringen. Von der Kochstelle nehmen, Vanille-Extrakt dazugeben, einen Deckel auflegen und für 15 Minuten beiseite stellen. In einem zweiten Topf das Mehl, den Zucker, eine Prise Salz, die 2 Eier und das Eigelb mit einem Holzspatel sorgfältig vermischen; Eier und Eigelb einzeln nacheinander hinzufügen. Unter ständigem Rühren nach und nach die Milch dazugießen. Die Mischung bei mittlerer Hitze zum Kochen bringen, danach die Temperatur heraufschalten und bei starker Hitze eine Minute weiterkochen lassen. Von der Kochstelle nehmen und die Butter hinzufügen.

Eine flache, etwa 3 cm tiefe Form mit Butter ausstreichen und die Creme hineingeben. Die Schicht sollte etwa 2 cm hoch sein. Die Oberfläche mit zerlassener Butter bestreichen, damit sich keine Kruste bildet, und abkühlen lassen. Danach die Creme auf ein sauberes Tuch stürzen. In 2 cm große Würfel schneiden, diese in die geschlagenen Eier tauchen und in den Semmelbröseln wälzen; bis zum Fritieren kühl stellen.

In heißem Öl oder Fett fritieren; die Würfel nicht wenden, sondern den Topf nur leicht rütteln, damit sich die Beignets von selbst bewegen. Wenn sie goldbraun sind, herausnehmen, auf Küchenkrepp abtropfen lassen und auf einer runden Platte anrichten. Mit Puderzucker bestreuen und servieren.

LUIGI CARNACINA UND LUIGI VERONELLI
LA BUONA VERA CUCINA ITALIANA

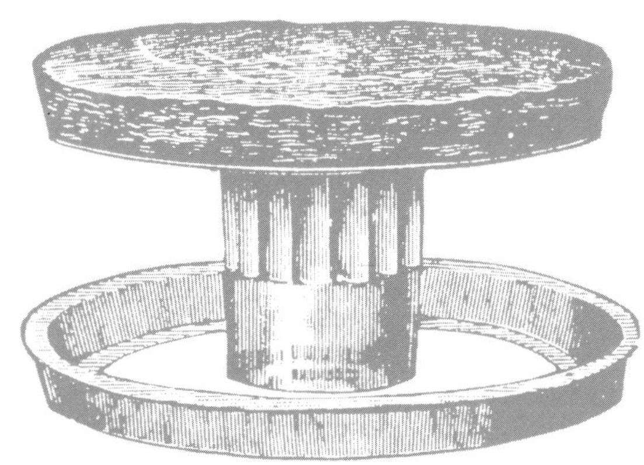

Nonnenfürzchen

Les Pets-de-Nonne ou Beignets Soufflés

Für 10 Personen

1/2 l	Wasser
100 g	Butter
1/4 TL	Salz
60 g	feiner Kristallzucker
325 g	Mehl, gesiebt
6	Eier
	Öl zum Fritieren
	Puderzucker (nach Belieben)

Wasser, Butter, Salz und Zucker in einem Topf mischen. Die Mischung zum Kochen bringen, dann den Topf von der Kochstelle nehmen. Das Mehl auf einmal hineingeben und sehr schnell rühren. Das Ganze bei mittlerer Temperatur wieder erhitzen und einige Minuten kräftig rühren, bis sich der Teig vom Topfrand löst. Den Topf wieder von der Kochstelle nehmen, die Eier nacheinander dazugeben und alles gründlich verrühren.

Das Öl auf 180° C erhitzen. Mit einem Teelöffel Beignets vom Teig abstechen und in das heiße Öl gleiten lassen. Sobald mehrere Beignets im Öl sind, die Temperatur erhöhen, damit sich das Öl wieder auf 180° C erhitzt. Sobald die Beignets goldbraun sind, mit einem flachen Sieb oder einem Schaumlöffel herausnehmen. Die

Temperatur herunterschalten und die übrigen Beignets auf dieselbe Weise fritieren. Heiß oder kalt und nach Belieben mit Puderzucker bestreut auf einem Tuch servieren.

JOSÉPHINE BESSON
LA MÈRE BESSON „MA CUISINE PROVENÇALE“

Aprikosen-Beignets

Abrikozen Beignets

	Für 2 Personen
4	Aprikosen, abgezogen, halbiert, entsteint und in Zuckersirup pochiert (S. 8)
4 bis 6 EL	Curaçao
	Öl zum Fritieren
1 bis 2 EL	Puderzucker

	Ausbackteig
125 g	Mehl
	Salz
1 EL	Olivenöl
1	Eigelb, leicht geschlagen
20 cl	lauwarme Milch
2	Eiweiß

Die pochierten Aprikosenhälften abtropfen lassen und 2 Stunden in Curaçao marinieren.

Für den Teig das Mehl in eine Schüssel sieben, in die Mitte eine Vertiefung drücken und eine Prise Salz, das Öl und das Eigelb hineingeben. Mit einem Holzlöffel von der Mitte nach außen arbeiten und Eigelb und Öl mit dem Mehl vermischen. Nach und nach die Milch dazugeben und den Teig glatt und cremig rühren. Nicht schlagen oder übermäßig rühren. Beiseite stellen und 1 bis 2 Stunden an einem warmen Platz stehenlassen. Das Eiweiß zu steifem Schnee schlagen und unter den Teig heben. Die Aprikosenhälften abtropfen lassen und mit Küchenkrepp trockentupfen. In den Teig tauchen und in heißem Öl goldbraun fritieren. Die Beignets auf Küchenkrepp abtropfen lassen. Mit Puderzucker bestreuen und heiß oder kalt servieren.

HUGH JANS
VRIJ NEDERLAND

Magnolienblüten-Beignets

Pétales de Magnolia

Andere duftende Blüten wie Johannisbrotblüten und Orangenblüten können auf dieselbe Weise zubereitet werden.

	Für 4 Personen
12	Magnolienblütenblätter
	Öl zum Fritieren
	Puderzucker, durch ein Sieb gestrichen

	Ausbackteig
6	Eiweiß
¼ TL	Salz
30 g	feiner Kristallzucker
30 g	Mehl, durch ein Sieb gestrichen

Für den Ausbackteig das Eiweiß mit dem Salz, Kristallzucker und Mehl zu einem glatten Teig verrühren. Die Blütenblätter in den Teig tauchen und in das heiße Öl geben. Die Beignets gehen hoch auf. Wenn sie goldbraun sind, gut abtropfen lassen, mit Puderzucker bestreuen und sofort servieren.

H. LECOURT
LA CUISINE CHINOISE

Süße Käse-Beignets

Baignets de Plusieurs Façons

Diese Beignets können nach Belieben mit 4 EL gemahlenen Mandeln oder Pistazien oder der abgeriebenen Schale einer Zitrone aromatisiert werden. Die Geschmackszutaten sollten mit den Hauptzutaten dazugegeben werden. Die Käsemasse kann im voraus zubereitet und in Würfel geschnitten werden; man sollte sie jedoch erst unmittelbar vor dem Servieren fritieren.

	Für 4 bis 6 Personen
200 g	Frischkäse, *ricotta* oder abgetropfter Quark
5	Eier
	Salz
60 g	Zucker
100 g	Mehl
½ l	Sahne
	Öl zum Fritieren
	Puderzucker

In einer Rührschüssel den Käse glattrühren und die Eier darunterschlagen. Eine Prise Salz, den Zucker und das Mehl dazugeben. Die Sahne nach und nach mit dem Schneebesen unterrühren, bis die Käsemasse glatt und flüssig ist.

Die Masse in einen Topf geben und bei mittlerer Hitze unter ständigem Rühren garen, bis sie dick wird. Eine Arbeitsfläche mit etwas Mehl bestreuen und die Masse darauf etwa 1 cm dick ausstreichen, mit Mehl bestäuben und abkühlen lassen.

Die erkaltete Beignet-Masse in kleine Quadrate, Rechtecke oder Rauten schneiden. Das Öl erhitzen und jeweils einige Beignets gleichzeitig auf jeder Seite etwa 1 bis 2 Minuten fritieren, bis sie goldbraun sind. Gut abtropfen lassen, mit Puderzucker bestreuen und die noch heißen Beignets vor dem Servieren einige Sekunden unter dem heißen Grill glasieren.

MENON
LES SOUPERS DE LA COUR

Bananen-Beignets

Beignets de Bananes

	Für 6 bis 8 Personen
5 oder 6	reife Bananen, abgezogen und in ziemlich dicke Scheiben geschnitten
3 EL	feiner Kristallzucker
3 EL	Rum
	Ausbackteig (S. 167)
	Öl zum Fritieren
	feiner Kristallzucker

Die Bananenscheiben in eine flache Schüssel geben, mit Zucker bestreuen, mit Rum beträufeln und 25 Minuten ziehen lassen.

Die Bananen abtropfen lassen, in den Teig tauchen und mehrere Scheiben gleichzeitig im heißen Öl fritieren. Die Beignets abtropfen lassen, mit Zucker bestreuen und servieren.

URBAIN DUBOIS
NOUVELLE CUISINE BOURGEOISE

Spanischer Honigpudding

Torrijas

	Für 6 bis 8 Personen
6 EL	dünnflüssiger Honig
8	Scheiben Weißbrot ohne Rinde, in 5 cm große Quadrate geschnitten
30 cl	Milch
1	Ei, leicht geschlagen
175 g	Butter
6 EL	heißes Wasser

Die Brotscheiben einige Minuten in Milch einweichen, dann abtropfen lassen. Das Brot in das geschlagene Ei tauchen und bei schwacher Hitze in Butter goldgelb braten. In eine mit Butter ausgestrichene Auflaufform geben und mit einer Mischung aus Honig und Wasser – zu gleichen Teilen – bedecken. Im vorgeheizten Backofen bei 180° C (Gasherd Stufe 2–3) etwa 30 Minuten garen, bis das Brot goldbraun ist.

ELIZABETH CASS
SPANISH COOKING

Arme Ritter

Poor Knights of Windsor

Englische Kochbücher bieten eine Fülle von Rezepten für dieses Dessert – Weißbrotstreifen, die in gesüßte Milch und Ei getaucht, in Butter gebraten und mit warmer Marmelade oder Ahornsirup serviert werden. Dieses Rezept ist eine spanische Variante.

	Für 4 Personen
8	Scheiben Weißbrot ohne Rinde, in Streifen geschnitten
2	Eigelb
4 EL	Cream Sherry
	Öl
	Puderzucker
	Gemahlener Zimt

Das Eigelb mit dem Sherry schlagen und die Brotstreifen in diese Mischung tauchen. Öl in einer Pfanne erhitzen und die Brotstreifen schnell darin goldbraun und knusprig braten. Mit Puderzukker und Zimt bestäuben und sofort servieren.

MARGARET COSTA
MARGARET COSTA'S FOUR SEASON COOKERY BOOK

Gebratene Apfelschnitten mit Weinschaumcreme

Croûte à la Belle Aurore

	Für 6 Personen
500 g	altbackener Sandkuchen, in 1 cm dicke Scheiben geschnitten
8 cl	Rum
1 EL	Sahne
3 EL	gehackte, gemischte, kandierte Früchte
250 g	Apfelmus
2	Eier, geschlagen
	Zwieback, zerrieben und gesiebt
	Butter zum Braten
	Heiße Weinschaumcreme (S. 166)

Die Kuchenscheiben reichlich mit dem Rum beträufeln. Die Sahne und die kandierten Früchte unter das Apfelmus mischen und die Hälfte der Kuchenscheiben damit bestreichen. Die anderen Kuchenscheiben darauflegen und zusammendrücken. In das geschlagene Ei tauchen, in den Zwiebackbröseln wenden und bei mittlerer Hitze in Butter braten.

Die Weinschaumcreme gesondert in einer vorgewärmten Schüssel oder Sauciere reichen.

ALICE B. TOKLAS
THE ALICE B. TOKLAS COOK BOOK

Gefrorenes

Erdbeer-Sorbet

Strawberry Sorbet

	Für 8 Personen
850 g	frische Erdbeeren, entstielt
500 g	Zucker
35 cl	Orangensaft
15 bis 20 cl	Zitronensaft
5 EL	Grand Marnier

In einer Schüssel Erdbeeren, Zucker, Orangen- und Zitronensaft mischen und bei Zimmertemperatur 2 bis 3 Stunden zugedeckt stehen lassen. Die Mischung durch ein Sieb streichen oder in einem elektrischen Mixer pürieren. Den Grand Marnier hineinrühren und das Püree in zwei große, flache Eisformen geben. So lange gefrieren lassen, bis das Püree von den Rändern der Form aus etwa 2,5 cm gefroren ist.

Aus den Behältern nehmen und mit einem Schneebesen glattrühren. Anschließend das Erdbeerpüree wieder in die Eisformen geben und gefrieren lassen, bis es fest ist. Wenn man ein feineres Sorbet wünscht, sollte man die Masse zweimal schlagen und zwischendurch jeweils leicht gefrieren lassen. Man kann das Sorbet auch in einem Eisgefriergerät gefrieren lassen.

JAMES BEARD
HOW TO EAT BETTER FOR LESS MONEY

Birnen-Sorbet

Pear Sherbet

	Für 8 Personen
1,5 kg	Birnen
300 g	Zucker
30 cl	Wasser
½	Zitrone
3 EL	Zitronensaft
1	Eiweiß, sehr leicht geschlagen

Zucker und Wasser in einen Topf geben und zugedeckt in 10 Minuten zu einem leichten Sirup einkochen. Inzwischen die Birnen schälen, Kerngehäuse entfernen und in Viertel schneiden. Sofort in eine Schüssel mit kaltem Wasser legen, dem der Saft der halben Zitrone zugefügt wurde. Der Zitronensaft verhindert, daß sich die Birnen braun verfärben.

Die Birnen aus dem kalten Wasser nehmen und sofort in den sprudelnd kochenden Sirup geben. Zugedeckt bei schwacher Hitze etwa 15 bis 20 Minuten simmern lassen, bis die Birnen weich sind und man mit einem scharfen Messer leicht in das Fruchtfleisch einstechen kann. Während des Garens die Birnen einmal wenden und einige Male mit dem Sirup begießen. Anschließend im Sirup erkalten lassen.

Die Früchte abtropfen lassen, den Sirup aufbewahren. Die Birnen durch ein Passiersieb streichen. Sie sollten ungefähr 90 cl Püree ergeben. Zitronensaft und Eiweiß dazugeben und gut mischen. Abschmecken und nach Belieben noch etwas Sirup hinzufügen. Das Püree in ein Eisgefriergerät oder eine Eiswürfelform geben und gefrieren lassen, bis es fest, aber nicht hart ist. Aus der Form nehmen und mit einem Schneebesen aufschlagen, bis es locker ist. Dann in eine Servierschüssel füllen und nochmals gefrieren lassen.

CAROL CUTLER
HAUTE CUISINE FOR YOUR HEART'S DELIGHT

Rotwein-Granité

Granité au Vin de Saint-Émilion

Dieses Dessert muß am Vortag zubereitet werden, da die Mischung aus Sirup, Wein und Fruchtsaft lange braucht, um fest zu werden und flockig zu kristallisieren. Der Orangensaft kann durch Mandarinen- oder Tangerinensaft ersetzt werden.

Eine hübsche Dekoration sind vollreife frische Pfirsiche. Man legt sie 15 Sekunden in kochendes Wasser, damit sich die Haut leichter abziehen läßt. Dann abziehen und 15 Minuten in 1 l kochendem Wasser garen, in das 600 g Zucker und eine aufgeschnittene Vanilleschote gegeben wurden. Die Pfirsiche abkühlen lassen und auf jede Portion *granité* einen ganzen Pfirsich legen. In jeden Pfirsich zwei Pfefferminzblätter stecken, damit er aussieht wie frisch vom Baum gepflückt.

	Für 6 Personen
¾ l	Rotwein, möglichst Saint-Émilion
20 cl	Wasser
200 g	feiner Kristallzucker
1	Orange, Saft ausgepreßt und durch ein Sieb passiert
1	Zitrone, Saft ausgepreßt und durch ein Sieb passiert
	Frische Pfefferminzblätter (nach Belieben)

Das Wasser mit dem Zucker 1 Minute in einem mittelgroßen Topf kochen. Den Sirup dann in eine Schüssel gießen und abkühlen lassen. Wenn er kalt ist, Wein, Orangen- und Zitronensaft dazugeben und mit einem kleinen Schneebesen vermischen. Diese Mischung in eine lange, flache Schale oder Form geben und in das Tiefkühlgerät oder das Gefrierfach des Kühlschranks stellen. Je flacher die Schale ist, desto schneller gefriert die Flüssigkeit. Im Laufe des Tages die fest werdende Flüssigkeit regelmäßig mit einer Gabel umrühren, dabei die Kristalle von den Rändern der Schale lösen und zur noch flüssigen Mitte schieben. So oft wiederholen, bis die Flüssigkeit zu einer Masse kleiner, leichter Kristalle gefroren ist.

Zum Servieren das *granité* in 6 Rotweingläser füllen und mit einem Löffel zu einer Kuppel formen. Jede Portion mit einigen Pfefferminzblättern garniert servieren.

MICHEL GUÉRARD
DIE FEINSCHMECKERKÜCHE

Zitronen-Sorbet

Lemon Sorbet

Unter einem Sorbet versteht man halbgefrorenes Frucht- oder Wassereis, meist mit Orangen- oder Zitronengeschmack, doch manchmal auch mit Rum oder Likör aromatisiert. Sorbets werden oft bei großen Abendgesellschaften mit umfangreichen Menüs serviert und stellten eine willkommene Unterbrechung zwischen Bratengang und Entrée dar.

	Für 8 Personen
8	Zitronen, Schale von 2 Zitronen abgerieben, Saft durch ein Sieb passiert
250 g	Zucker
90 cl	Wasser
2	Orangen, Saft durch ein Sieb passiert
2	Eiweiß
60 g	feiner Kristallzucker

Den Zucker und das Wasser in einem Topf 5 Minuten kochen lassen; währenddessen den Schaum, der sich auf der Oberfläche bildet, abschöpfen. Zitronenschale, Zitronen- und Orangensaft dazugeben. Wieder bis kurz vor den Siedepunkt erhitzen, dann durch ein Sieb passieren und abkühlen lassen. Die abgekühlte Mischung in Eisschalen füllen und für etwa 1 Stunde in das Gefrierfach des Kühlschranks stellen, bis sie halbgefroren ist.

Das Eiweiß zu Schnee schlagen, bis es Spitzen bildet. Das halbgefrorene Sorbet in eine Schüssel füllen und das Eiweiß mit dem Zucker darunterschlagen. Die Mischung in die Eisschalen geben und gefrieren, bis sie die gewünschte Konsistenz hat.

ELISABETH AYRTON
THE COOKERY OF ENGLAND

Kirscheis

Glace de Cerises

Die Technik, Zuckersirup zu kochen, wird auf S. 8 gezeigt.

	Für 4 bis 6 Personen
1 kg	sehr reife, einwandfreie Kirschen, Stiele und Kerne entfernt
125 g	Zucker
2	Zitronen, Saft durch ein Sieb passiert
½ l	Zuckersirup, bis zum Fadengrad erhitzt

Die vorbereiteten Kirschen mit dem Zucker in einen Topf geben, zerdrücken und unter Rühren zum Kochen bringen. Dann durch ein feines Nylonsieb in eine Schüssel streichen, bis nur noch Haut zurückbleibt. Die Haut entfernen. Den passierten Zitronensaft und den heißen Zuckersirup zu dem Kirschpüree geben und mit einem Holzlöffel gut umrühren.

Vor dem Servieren für etwa 4 Stunden gefrieren.

VIARD UND FOURET
LE CUISINIER ROYAL

Rhabarber-Granité

Rhubarb Granité

	Für 4 bis 6 Personen
750 g	zarter Rhabarber, gewaschen und in 2,5 cm lange Stücke geschnitten
250 g	Zucker
¼ l	Wasser
2 bis 3 EL	Zitronensaft
300 g	kleine Erdbeeren

Einen Zuckersirup herstellen, indem man Zucker und Wasser in einem Topf zusammen 5 Minuten simmern läßt. Die Rhabarberstücke dazugeben und weichdünsten. Den Zitronensaft hinzufügen sowie einige Erdbeeren, damit die Mischung eine schönere Farbe bekommt, dann alles durch ein Sieb streichen. Abkühlen lassen und eventuell noch Zucker dazugeben. 3 bis 4 Stunden oder bis zum Servieren gefrieren lassen. Dieses *granité* hat eine besonders kräftige rosa Farbe und sollte in einer durchsichtigen Glasschüssel gereicht werden. Mit den restlichen, nicht entstielten Erdbeeren garnieren.

JUDITH OLNEY
SUMMER FOOD

Melonen-Champagner-Eis

Granité de Melon au Champagne

Wie man Zuckersirup zubereitet, wird auf S. 8 erklärt. Man sollte mehr Melonen als benötigt kaufen und sie vor dem Gebrauch probieren: Fade Melonen ergeben ein fades Eis. Sind die Früchte so groß, daß in jede Schalenhälfte eine Portion Eis paßt, die Melonen halbieren; kleinere mit einem Durchmesser von etwa 7,5 cm ganz lassen, sie sind ideal für einzelne Portionen.

	Für 4 bis 6 Personen
2 oder 3	mittelgroße oder 4 bis 6 kleine Kantalup-Melonen
¼ l	Champagner, eisgekühlt
60 g	Zucker
10 cl	Wasser
2 EL	Zitronensaft
4 EL	Cognac

Das Melonen-Champagner-Eis wird am besten mehrere Stunden vor dem Verzehr zubereitet.

Mittelgroße Melonen halbieren, die Kerne entfernen und das Fruchtfleisch herausnehmen. Werden kleine Melonen verwendet, von jeder Melone einen Deckel abschneiden, dann die Kerne entfernen und das Fruchtfleisch herauslösen. Das Fleisch der Melonen durch ein Sieb in eine Schüssel pürieren.

Wenn möglich, die Melonenschalen gefrieren, anderenfalls gründlich kühlen. Zucker und Wasser zu einem Sirup einkochen und abkühlen lassen, dann mit Melonenpüree, Zitronensaft und Champagner verrühren. Die Mischung in Eisschalen gefrieren lassen, dabei gelegentlich von den Rändern lösen und umrühren. Kurz vor dem Servieren das Eis in eine eisgekühlte Schüssel geben; wenn es zu fest ist, mit der Gabel leicht durchrühren – es sollte etwas cremig sein. Die gefrorenen oder gekühlten Melonenschalen mit dem Cognac ausschwenken, den Cognac unter das Eis mischen und die Melonenschalen mit dem Eis füllen.

RICHARD OLNEY
SIMPLE FRENCH FOOD

Madeira-Wassereis

Madeira Water Ice

Für 6 bis 8 Personen

90 cl	Madeira
2	Zitronen, Schale abgerieben, Saft durch ein Sieb passiert
30 cl	28-Grad-Baumé-Zuckersirup (S. 9)

Die Zitronenschale und den Zitronensaft in eine Schüssel geben und mit Madeira und Sirup vermischen. Gut umrühren, die Mischung in den Zylinder einer Eismaschine geben, zerstoßenes Eis und Salz einfüllen und dann die Kurbel schnell drehen, bis die Mischung gefroren ist. Nach dem Gefrieren in eine $1^1/_4$ l fassende Form geben. Den Deckel auflegen und für 2 Stunden in zerstoßenes Eis und Salz oder in den Gefrierschrank stellen.

Vor dem Servieren die Form in warmes Wasser tauchen, abwischen und den Inhalt behutsam auf einen hübschen Porzellan- oder Glasteller stürzen.

OSCAR TSCHIRKY
THE COOK BOOK BY „OSCAR“ OF THE WALDORF

Brombeerwassereis

Blackberry Water Ice

Wenn Geranienblütenblätter nicht erhältlich sind, kann man sie durch einen oder zwei Eßlöffel Rosenwasser ersetzen.

Für 4 bis 6 Personen

500 g	Brombeeren, durch ein Sieb passiert
125 g	Zucker
15 cl	Wasser
3	süß duftende Geranienblütenblätter

Einen Sirup herstellen, indem man Zucker und Wasser mit 2 Geranienblütenblättern 5 bis 6 Minuten kocht. Nach dem Erkalten die Blütenblätter entfernen, den Sirup zu den pürierten Brombeeren geben und in eine Eisschale füllen, das dritte Geranienblütenblatt darauflegen. Die Eisschale mit Alufolie bedecken und bei der üblichen Temperatur für Speiseeiszubereitung $2^1/_2$ Stunden gefrieren lassen.

ELIZABETH DAVID
SUMMER COOKING

Gefrorener Plumpudding

Iced Plum Pudding

Wenn Bittermandeln nicht erhältlich sind, verwendet man 30 süße Mandeln und einige Tropfen Bittermandelöl (oder ersetzt die Bittermandeln durch Kerne aus Aprikosensteinen).

Für 10 bis 12 Personen

24	süße Mandeln, blanchiert und abgezogen
6	Bittermandeln, blanchiert und abgezogen
	Rosenwasser oder Zitronensaft
125 g	Rosinen
125 g	Korinthen, verlesen, gewaschen und abgetrocknet
90 g	Zitronat oder andere Sukkade, gehackt
Etwa 30 g	Mehl
$^1/_4$ l	Vorzugsmilch
1	Vanilleschote, längs aufgeschnitten und in 5 cm lange Stücke geschnitten
90 cl	Sahne
250 g	Zucker
1 TL	geriebene Muskatnuß
15 bis 20 cl	Maraschino, Bittermandellikör, Curaçao oder Weinbrand
8	Eigelb
175 g	Erdbeer- oder Himbeermarmelade
6	eingemachte Aprikosen oder Pfirsiche
6	eingelegte Limetten

Die Mandeln einzeln nacheinander im Mörser zerstoßen, bis eine sehr glatte und klumpenfreie Paste entstanden ist. Des öfteren einige Tropfen Rosenwasser oder Zitronensaft dazugeben, damit die Paste kein Öl absondert. Rosinen, Korinthen und Zitronat vermischen und mit genügend Mehl bestreuen. Die Milch mit den Vanilleschotenstücken in einen Topf geben und kochen lassen, bis die Stücke ihr Aroma abgegeben haben; dann die Milch durch ein Sieb gießen, mit 45 cl Sahne vermischen und langsam Zucker und Muskat unterrühren. Anschließend die Mandelpaste und den Likör dazugeben.

In einer flachen Schale das Eigelb schlagen, bis es hellgelb und cremig ist, dann nach und nach unter die Masse rühren. Unter ständigem Rühren bei mittlerer Temperatur erhitzen und kurz vor dem Kochen von der Kochstelle nehmen, da die Masse sonst gerinnt. Sofort die getrockneten Früchte unterrühren und abkühlen lassen; dann die Marmelade und die eingemachten Früchte hinzufügen. Die restliche Sahne schlagen und behutsam unter die Masse ziehen. Das Ganze in eine $1^3/_4$ l fassende Eisbombenform geben und 4 Stunden gefrieren. Vor dem Genuß stürzen und in einer Glasschüssel servieren.

THE BUCKEYE COOKBOOK OF TRADITIONAL AMERICAN RECIPES

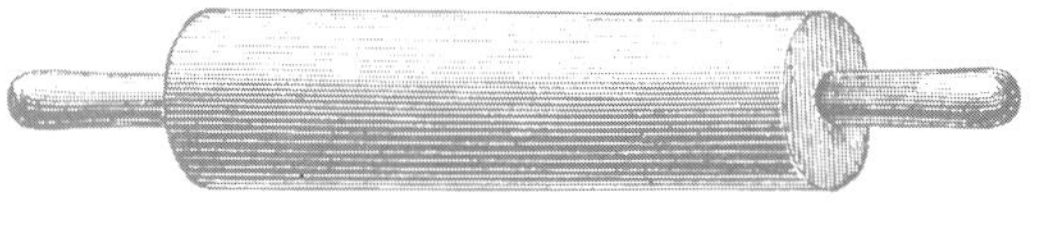

Mango-Parfait

Mango Parfait

Dieses Rezept auf der Grundlage einer Eier-Mousse bietet die Möglichkeit, eine köstliche, aber sehr teure Frucht unter mehreren Personen aufzuteilen.

	Für 5 oder 6 Personen
1	sehr große, reife Mango, geschält und entsteint, Fruchtfleisch in Stücke geschnitten
3	Eigelb
75 g	Puderzucker
	Zucker
1 oder 2 TL	Zitronensaft
	Salz
15 cl	Sahne, geschlagen

Eigelb und Puderzucker leicht verschlagen und unter ständigem Rühren die Schüssel behutsam über einen Topf mit simmerndem Wasser stellen. Wenn die Masse gerade lauwarm ist, die Schüssel aus dem Topf nehmen und bis zum Erkalten weiter schlagen. Das Fruchtfleisch der Mango durch ein Sieb passieren und mit Zucker, Zitronensaft und einer Prise Salz abschmecken. Das Püree unter die Mousse ziehen und die Schlagsahne unterheben. Gefrieren. Das Dessert hat eine wunderschöne goldene Farbe.

SUSAN CAMPBELL
THE TIMES

Buttertoffee-Rum-Parfait

Butterscotch-Rum Parfait

Das Rezept kann wie folgt variiert werden: den Sirup mit grobkörnigem Zucker statt mit braunem Zucker zubereiten; das Eigelb mit 1 EL Vanille-Extrakt statt mit Rum aromatisieren und 10 cl geschmolzene Schokolade oder geschmolzene Schokolade und Mokka-Likör unterziehen oder frische Beeren oder Pfirsiche mit der Schlagsahne dazugeben.

	Für 6 Personen
125 g	brauner Zucker
60 g	Butter
15 bis 20 cl	Wasser
3	Eigelb
1 EL	Rum
	Salz
45 cl	Sahne
3 EL	zerdrückte Mandeln (blanchiert und abgezogen)

Zucker, Butter und Wasser in einem kleinen Topf zum Kochen bringen, dabei rühren, bis der Zucker aufgelöst ist und dann noch 3 Minuten bei hoher Temperatur kochen. Den Sirup zum Abkühlen beiseite stellen.

In der kleinen Schüssel einer elektrischen Küchenmaschine das Eigelb bei mittlerer Geschwindigkeit schlagen, bis es hellgelb und schaumig ist. Nach und nach den Sirup in dünnem Strahl dazugießen; dabei ständig schlagen. Den Rum und eine Prise Salz untermischen; die Masse in einen Topf geben und bei mittlerer Temperatur schlagen, bis sie die Konsistenz von Sahne hat.

Die Masse in die Schüssel zurückgeben, auf Eis stellen und etwa 10 Minuten schlagen, bis sie kalt ist. Die Sahne schlagen, bis sie die gleiche Konsistenz hat wie die Parfait-Grundmasse; dann unterziehen. Diese Mischung in Glasschalen verteilen und mindestens 1 Stunde ins Gefriergerät stellen. (Je länger das Parfait im Gefriergerät bleibt, desto fester wird es. Ich bereite es mit Vorliebe am Vortag zu.)

Drei Stunden vor dem Verzehr die Parfaits aus dem Gefriergerät nehmen und in den Kühlschrank stellen. Beim Servieren sollten sie die Konsistenz von Creme-Eis haben. Die Oberfläche mit den Mandeln bestreuen.

JULIE DANNENBAUM
JULIE DANNENBAUM'S CREATIVE COOKING SCHOOL

Mokka-Eis

Coffee Ice Cream

Dieses Mokka-Eis kann auch mit gemahlenem, gut gefiltertem Kaffee zubereitet werden, aber das Eis bekommt dann eine unschöne braune Farbe. Der Kaffee sollte nicht übermäßig geröstet sein. Die Sahne kann zur Hälfte durch Milch ersetzt werden, in diesem Fall müssen 2 oder 3 Eier mehr verwendet werden. Man kocht die Milch und die Sahne und fügt die Eier und die Zitrone hinzu.

	Für 6 bis 8 Personen
7 oder 8	Eigelb, geschlagen
60 cl	Sahne
1	Zitrone, Schale dünn abgeschält
1	Scheibe Zitrone
125 g	ganze Mokkabohnen, geröstet
175 g	Zucker

Das Eigelb in einen Kupfertopf geben, die Sahne hinzufügen und behutsam vermischen; Zitronenschale und Zitronenscheibe dazugeben. Unter ständigem Rühren mit einem Holzlöffel die Mischung bei mittlerer Temperatur erhitzen. Die Creme darf nicht kochen, sonst gerinnt sie und wird unbrauchbar. Wenn sie so dick wird, daß sie sich nur noch schwer rühren läßt, ist sie fertig und wird von der Kochstelle genommen. In einen Krug oder Topf geben. Die Mokkabohnen zur Creme geben, fest mit einem Deckel verschließen und etwa 30 Minuten an einem warmen Platz stehenlassen. Wenn die Creme die Farbe des Kaffees angenommen hat, durch ein Sieb streichen und eventuell noch Zucker hinzufügen. Die Creme völlig erkalten lassen. Dann in die Eismaschine geben und gefrieren, bis sie die Konsistenz von weicher Butter hat.

WILLIAM JEANES
GUNTER'S MODERN CONFECTIONER

Mandeleis mit kandierten Früchten

Plombières

Genaue Anleitungen für das Zerreiben von Mandeln werden auf S. 12 gegeben.

	Für 4 bis 6 Personen
100 g	blanchierte und abgezogene Mandeln, im Mörser mit 2 oder 3 EL Wasser zu einer Paste zerrieben
125 g	gemischte kandierte Früchte, in Würfel geschnitten und in 2 EL Weinbrand mariniert
¼ l	kochende Milch
6	Eigelb
¼ l	Zuckersirup, 35 Grad Baumé (S. 8), mit einer Vanilleschote gekocht und abgekühlt
¼ l	Sahne, geschlagen

Die Mandelpaste in eine Schüssel füllen, die kochende Milch daraufgießen und zugedeckt 1 Stunde ziehen lassen. Die so gewonnene Mandelmilch durch ein feinmaschiges Sieb streichen und das Eigelb darunterschlagen. Den Zuckersirup hinzufügen, dann die Mischung in einen Topf geben. Bei schwacher Hitze ständig rühren. Sobald die Creme dick wird, durch ein Sieb in eine Schüssel passieren und bis zum völligen Abkühlen schlagen.

Die Schlagsahne darunterziehen. Die Creme schichtweise in eine 1 l fassende Form gießen, dazwischen jeweils eine dünne Schicht kandierte Früchte geben; mit einer Cremeschicht abschließen. Einige kandierte Früchte zum Garnieren übriglassen. 2 bis 3 Stunden gefrieren. Stürzen, mit den restlichen kandierten Früchten garnieren und servieren.

ROBERT COURTINE
BALZAC À TABLE

Ingwereis

Ginger Ice Cream

Den Ingwersirup, der in diesem Rezept verwendet wird, nimmt man von eingelegtem Ingwer aus dem Glas oder der Dose.

	Für 6 bis 8 Personen
¼ l	Milch
2	Eigelb
1	Ei
4 EL	Ingwersirup
90 bis 125 g	eingelegter Ingwer, gehackt
¼ l	Sahne, geschlagen
2 EL	Puderzucker oder brauner Zucker

Die Milch in einem Topf bei starker Hitze zum Kochen bringen und nach und nach auf Eigelb und Ei gießen. Die Mischung gut schlagen (ein kleiner Schneebesen eignet sich am besten), wieder in den Topf geben und bei niedriger Temperatur erhitzen, bis die Eiercreme dick wird; sie darf nicht kochen, da das Ei sonst gerinnt. Sobald die Creme die richtige Konsistenz hat, den Topf in eine Schüssel mit sehr kaltem Wasser tauchen. Dies verhindert, daß die Eiercreme noch weitergart. Dann sofort den Ingwersirup dazugeben, um den Abkühlungsprozeß zu beschleunigen. Den Kühlschrank auf die kälteste Stufe schalten und die Eiercreme nach dem Abkühlen in das Gefrierfach stellen. Wenn die Eiercreme an den Rändern fest geworden ist, in eine Schüssel geben, gut schlagen und schnell die Ingwerstücke und die Schlagsahne untermischen. Abschmecken und nach und nach Zucker hinzufügen – Eiscremes sollten nicht zu süß sein, weil eine zu stark gesüßte Eiscreme schlechter gefriert. In das Gefrierfach zurückstellen und fest werden lassen. Wenn die Eiercreme vor der Zugabe von Ingwer und Sahne ausreichend gefroren war, dürfte es nicht notwendig sein, sie während des zweiten Gefriervorgangs nochmals umzurühren. Im Zweifelsfall nach einer Stunde noch einmal behutsam umrühren, damit die Ingwerstücke nicht nach unten sinken.

JANE GRIGSON
ENGLISH FOOD

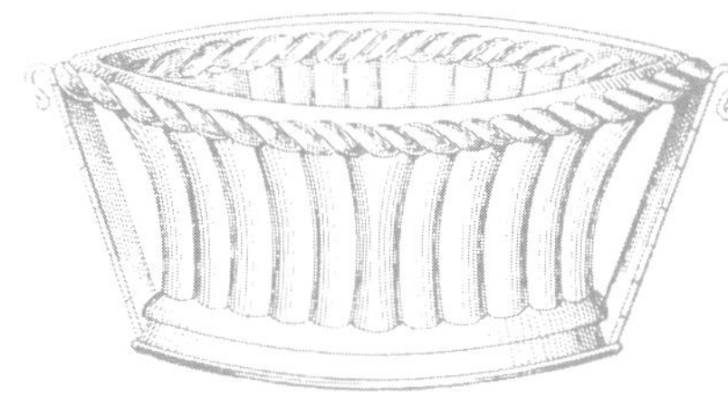

Tee-Eis mit Rum

Glace au Thé et Rhum

	Für 4 bis 6 Personen
15 cl	starker schwarzer Tee
4 EL	Rum
1 l	Milch
300 g	Zucker
10	Eigelb

Milch und Zucker in einem Topf zum Kochen bringen, dann Rum und Tee hinzufügen. Das Eigelb in einer Schüssel verquirlen und nach und nach die heiße Milchmischung dazugeben; dabei ständig mit dem Schneebesen schlagen. Die Mischung in den Topf zurückgießen und bei sehr niedriger Temperatur unter ständigem Rühren erhitzen, bis sie dick wird, jedoch nicht aufkochen lassen, da sie sonst gerinnt. Von der Kochstelle nehmen und durch ein Nesseltuch oder ein feinmaschiges Sieb passieren. Unter ständigem Rühren mit einem Holzlöffel erkalten lassen. Die Mischung in der Eismaschine gefrieren lassen, bis sie fest ist; in eine Eisbombenform füllen und gut 2 Stunden gefrieren lassen.

Eine Servierplatte mit einer Serviette auslegen, die Form kurz in heißes Wasser tauchen und das Dessert auf die Platte stürzen.

LÉON ISNARD
LA CUISINE FRANÇAISE ET AFRICAINE

Eisbombe New York

New York Ice Cream

	Für 8 bis 10 Personen
	Mandeleiscreme
60 g	Mandeln, blanchiert und abgezogen
40 cl	Milch
15 cl	Sahne
3	Eigelb
125 g	feiner Kristallzucker
1 TL	Kirschwasser
	Maronenfüllung
125 g	kandierte Maronen
100 g	feiner Kristallzucker
5	Eigelb
1/2 TL	Vanille-Extrakt
2 EL	Curaçao oder Benedictine
30 cl	Sahne, geschlagen
350 g	frische Himbeeren
1 EL	Kirschwasser
	Garnierung
1	Stück Angelikawurzel (2 × 2 cm groß, in Streifen geschnitten)
	Kandierte Kirschen, halbiert
	Sahne, geschlagen
30 g	Pistazien, gehackt

Zuerst die Eiscreme zubereiten. Die Mandeln in einen Mörser geben und zu einer Paste verarbeiten; Milch und Sahne hinzufügen, gut vermischen und in einen kleinen Topf geben. Die Mandelmilch zum Kochen bringen und von der Kochstelle nehmen. Eigelb und Zucker in eine Schüssel geben und Kirschwasser hinzufügen. 5 Minuten lang vermischen, dann nach und nach die Mandelmilch dazugeben und gut verrühren.

Die Mischung in den Kochtopf zurückgießen und bei niedriger Temperatur unter ständigem Rühren 5 Minuten erhitzen, aber nicht aufkochen lassen. Zum Abkühlen beiseite stellen. Dann durch ein Sieb in einen Eisgefrierbehälter geben und gefrieren lassen, bis die Eiscreme sehr fest ist.

Inzwischen die Füllung zubereiten. Die Maronen durch ein Drahtsieb in eine Schüssel passieren und 90 g Kristallzucker und das Eigelb dazugeben. Die Schüssel auf den Herd stellen und die Mischung 10 Minuten schlagen. Auf Eis stellen und rühren, bis die Masse völlig erkaltet ist; dann Vanille-Extrakt und Curaçao oder Benedictine hinzufügen. Gut vermischen, danach die Schlagsahne unterziehen und behutsam, aber gründlich vermengen.

Den Boden einer 1½ l fassenden Form mit einem Bogen Pergamentpapier auslegen, dann den Boden und den Rand mit drei Viertel der Mandeleiscreme überziehen. Die Himbeeren mit dem restlichen Zucker und dem Kirschwasser in eine Schüssel geben; gut vermischen und drei Viertel der Himbeeren in der Form verteilen. Die vorbereiteten Maronen einfüllen, die restlichen Himbeeren daraufgeben und die Form mit dem restlichen Mandeleis füllen. Mit einem Bogen Pergamentpapier bedecken, den Deckel auflegen und 1½ Stunden gefrieren lassen.

Den Deckel und das Papier entfernen und das Dessert auf eine kalte Platte stürzen. Die Angelikawurzel-Streifen auf die Mitte des Desserts legen. Die kandierten Kirschen über die Eisbombe verteilen und das Dessert am unteren Rand mit Schlagsahne verzieren; anschließend mit den gehackten Pistazien bestreuen.

MAY BYRON
MAY BYRON'S PUDDINGS, PASTRIES AND SWEET DISHES

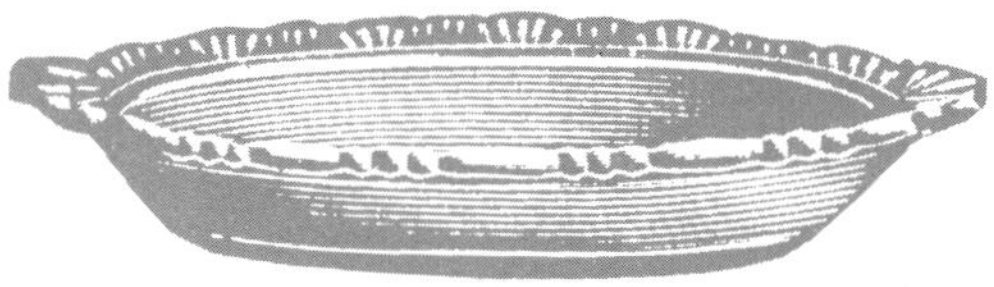

Gefrorener Weihnachtspudding

Christmas Ice-Pudding

Dieser Pudding ist nur für Erwachsene und mindestens ebenso gehaltvoll wie der traditionelle englische Weihnachtspudding.

	Für 4 bis 6 Personen
175 g	beliebige Mischung aus Rosinen, Korinthen, Orangeat, kandierten Kirschen, kandierten Maronen, grobgehackt
4 EL	Rum
30 cl	Sahne, ungeschlagen
150 g	feiner Kristallzucker
5	Eigelb, leicht geschlagen
125 g	ungesüßtes Maronenpüree
125 g	Halbbitterschokolade
30 cl	Sahne, geschlagen

Die gemischten, grobgehackten Früchte in dem Rum marinieren. Die ungeschlagene Sahne in einem Topf bei mittlerer Hitze bis kurz vor dem Siedepunkt erhitzen, auf das mit Zucker vermischte Eigelb gießen und wieder in den Topf zurückgeben. Bei schwacher Hitze rühren, bis die Creme dicklich wird, aber noch nicht kocht. Verwendet man ein Wasserbad, so läßt sich dieser Arbeitsgang leichter ausführen. Wenn die Creme dicklich ist, das Maronenpüree und die Schokolade dazugeben und gut rühren, bis beides aufgelöst und die Creme ganz glatt ist. Eventuell mit Zucker nachsüßen und abkühlen lassen. Die in Rum marinierten Früchte untermischen und die Schlagsahne unterheben.

Eine 1 l fassende Puddingform mit Alu- oder Plastikfolie auslegen. Die Mischung hineingeben, mit Folie abdecken und gefrieren. Wenn die Form benötigt wird, bevor man den Pudding serviert, diesen nach 24 Stunden herausnehmen und in die Tiefkühltruhe zurückstellen.

Den Pudding etwa 1 Stunde vor dem Servieren aus der Tiefkühltruhe nehmen. Die Folie entfernen und das Dessert bis zum Servieren in den Kühlschrank stellen.

HELGE RUBINSTEIN UND SHEILA BUSH
THE PENGUIN FREEZER COOKBOOK

Nougat-Eiscreme

Nougat Ice Cream

	Für 6 bis 8 Personen
1/2 l	Sahne
1/4 l	Milch
6	Eigelb
1/4 l	Honig, vorzugsweise Orangenblütenhonig
2 EL	Orangenblütenwasser
35 cl	Sahne, geschlagen
3	Eiweiß, zu steifem Schnee geschlagen
100 g	Pistazienkerne, blanchiert, abgezogen und getrocknet
75 g	Mandeln, blanchiert, abgezogen und halbiert

Die Sahne und die Milch in einen Topf geben und bei niedriger Temperatur erhitzen. Das Eigelb in einem anderen Topf verrühren und die heiße verdünnte Sahne hinzufügen. Bei ganz schwacher Hitze so lange rühren, bis die Mischung den Löffel überzieht. Vom Herd nehmen und unter ständigem Rühren langsam in eine Schüssel auf den Honig gießen. 1 EL Orangenblütenwasser dazugeben. Die Mischung durch ein Sieb geben und abkühlen lassen. Die Schlagsahne unter die Honigmasse ziehen, Eischnee, Pistazien und Mandeln darunterheben. Mit dem restlichen Orangenblütenwasser aromatisieren und gefrieren.

ALICE B. TOKLAS
THE ALICE B. TOKLAS COOK BOOK

Mandel- oder Haselnußkrokanteis

Almond Crunch Spumone

	Für 8 Personen
250 g	Zucker
5 EL	Wasser
6	Eigelb
50 cl	Sahne
1/2 TL	Mandelessenz
3 EL	Kirschwasser
125 g	Erdbeeren oder Himbeeren
	Mandel- oder Haselnußkrokant
60 g	gehackte Mandeln oder Haselnüsse
15 g	Butter
2 EL	Zucker

Für den Krokant Butter und Zucker in einer Pfanne erhitzen, die Nüsse dazugeben und unter Rühren erhitzen, bis der Zucker schmilzt und karamelisiert und die Nüsse leicht geröstet sind. Die Masse aus der Pfanne auf ein Stück mit Butter bestrichener Alufolie geben und abkühlen lassen.

Zucker und Wasser in einen Kochtopf geben und zum Kochen bringen. Den Sirup auf 114°C auf dem Zuckerthermometer erhitzen. Inzwischen das Eigelb schlagen, bis es cremig und hellgelb ist. Weiter schlagen und sofort den heißen Sirup in dünnem Strahl dazugießen. Etwa 7 Minuten schlagen, bis die Masse auf Zimmertemperatur abgekühlt ist. Dann kühlen.

Die Sahne steifschlagen und Mandelessenz und Kirschwasser dazugeben. Die Sahne und zwei Drittel der Nußmischung unter das Eigelb ziehen. In eine 2 l fassende Form geben und zugedeckt mindestens 8 Stunden gefrieren lassen, bis die Masse fest ist.

Auf eine Platte stürzen und mit dem restlichen Krokant bestreuen. Mit Erdbeeren oder Himbeeren garnieren.

LOU SEIBERT PAPPAS
EGG COOKERY

Vanilleeis mit Mokkasauce

White Ice with Coffee Sauce

	Für 8 bis 10 Personen
1 1/4 l	Sahne
125 g	Zucker
1	Vanilleschote, ausgeschabt
125 g	Halbbitterschokolade, in sehr kleine Stücke geschnitten, aber nicht gerieben
	Mokkasauce
60 cl	frisch zubereiteter starker schwarzer Kaffee
60 g	Zucker

Die Sahne zusammen mit dem Zucker und dem Vanillemark schlagen, bis sie dick wird. Die Schokolade daruntermischen. In eine 1 1/2 l fassende Form geben und 2 1/2 bis 3 Stunden gefrieren.

Für die Mokkasauce den Kaffee mit dem Zucker süßen und in einer Sauciere heiß oder kalt zum Eis reichen.

RUTH LOWINSKY
MORE LOVELY FOOD

Eiscreme auf schottische Art

Caledonian Ice (Iced Stapag)

Anstelle der Haferflocken können im Backofen getrocknete Brösel von Roggenvollkorn- oder Schrotbrot verwendet werden.

	Für 4 bis 6 Personen
1 1/4 l	Sahne, steifgeschlagen
125 g	feiner Kristallzucker
2 TL	Vanille-Extrakt
150 g	Haferflocken, im Backofen gut getrocknet, aber nicht gebräunt

Die Schlagsahne mit Zucker süßen, mit Vanille-Extrakt aromatisieren und gefrieren. Sobald das Eis beinahe fest ist, die Haferflocken unterrühren. In einer Glasschale servieren.

F. MARIAN McNEILL
THE SCOTS KITCHEN

Schwarzwälder Kirscheisbombe

Black Forest Bombe

Das Schokoladeneis kann im voraus zubereitet werden.

Für 8 Personen

	Schokoladeneis
75 g	Halbbitter- oder Bitterschokolade, in kleine Stücke gebrochen
40 cl	Sahne
4	Eigelb
75 g	Zucker
	Eisbomben-Mousse
4 EL	Wasser
75 g	Zucker
3	Eigelb
2 EL	Kirschwasser
15 cl	Sahne
60 g	altbackener Pumpernickel, feingerieben
400 g	entsteinte schwarze Kirschen in Sirup, abgetropft und grobgehackt
1	Eiweiß

Für das Schokoladeneis einen Topf mit kaltem Wasser ausspülen und die Schokolade mit der Hälfte der Sahne darin erhitzen. Dabei von Zeit zu Zeit umrühren, bis die Schokolade geschmolzen und die Masse heiß ist, aber nicht kocht. In einer hitzebeständigen Schüssel oder im Einsatz eines Doppelkochers das Eigelb und den Zucker schaumig schlagen, dann unter ständigem Rühren die Schokoladenmasse dazugeben. Die Schüssel in einen Topf mit simmerndem Wasser stellen und die Masse rühren oder behutsam schlagen, bis sie anfängt, dick zu werden. Abkühlen lassen. Die restliche Sahne leicht schlagen und unterziehen. In einem Gefriergerät die Schokoladenmasse gefrieren.

Wenn das Eis im voraus zubereitet wurde, eine Stunde vor der Verwendung aus dem Gefriergerät nehmen und in den Kühlschrank stellen, damit es weich werden kann. Eine 1 l fassende Eisbombenform damit auskleiden und gefrieren.

Für die Eisbomben-Mousse Wasser und Zucker kochen, bis ein dicker Sirup entsteht, der nicht braun werden darf. Die dafür benötigte Zeit hängt von der Sirupmenge und der Größe des Topfes ab, aber 3 Minuten ständiges Kochen sollten etwa richtig sein. In einer hitzebeständigen Schüssel oder im Einsatz eines Doppelkochers das Eigelb mit dem Schneebesen schlagen, bis es hellgelb und schaumig ist, dann unter ständigem Schlagen den heißen, aber nicht kochenden Sirup in dünnem Strahl angießen. Danach die Schüssel in einen Topf mit simmerndem Wasser stellen und die Masse weiter schlagen, bis sie dick ist und ihr Volumen ungefähr verdoppelt hat. Von der Kochstelle nehmen, in eine Schüssel mit Eiswasser stellen und weiter schlagen, bis die Masse abgekühlt ist.

Das Kirschwasser untermischen. Die Sahne leicht schlagen und zusammen mit dem Pumpernickel und den Kirschen unterziehen. Dann das Eiweiß zu steifem Schnee schlagen und ebenfalls unterziehen. Die Mitte der Eisbombe damit füllen und etwa 4 Stunden gefrieren. Etwa 45 Minuten vor dem Servieren aus dem Gefriergerät nehmen, auf eine Platte stürzen und bis zum Servieren in den Kühlschrank stellen.

HELGE RUBINSTEIN UND SHEILA BUSH
ICES GALORE

Schokoladen-Maronen-Eisbombe

Chocolate Chestnut Bombe

Wie man ein Maronenpüree zubereitet, wird auf S. 30 erklärt.

Für 8 Personen

	Schokoladeneis
140 g	Zartbitterschokolade, in kleine Stücke gebrochen
3	Eigelb
90 g	feiner Kristallzucker
	Salz
30 cl	Sahne
4 bis 5 EL	Milch
20 cl	Sahne, geschlagen
	Füllung
500 g	Maronenpüree, gesüßt
1	Eiweiß
30 cl	Sahne
	Garnierung
1	Eiweiß
15 cl	Sahne
Etwa 15 g	Puderzucker
1/4 TL	Vanille-Extrakt
	Kandierte Maronen, kandierte Veilchen und Angelikawurzel, in rautenförmige „Blätter" geschnitten

Zuerst das Schokoladeneis zubereiten. Dazu das Eigelb mit dem Zucker und einer Prise Salz schlagen, bis es cremig und hellgelb ist. Die Sahne erwärmen, zur Eiermasse geben und gründlich vermischen. In einem Topf im Wasserbad erhitzen, bis die Masse den Löffelrücken überzieht. Die Schokolade in der Milch schmelzen und zur Eiercreme geben. Gut vermischen, durch ein Sieb streichen und abkühlen lassen. Dann die Schlagsahne unter die Schokoladencreme ziehen. Die Mischung in eine Eisschale geben und 2 bis 3 Stunden gefrieren, bis sie recht fest ist.

Eine 1½ l fassende Eisbombenform in dem Gefriergerät gründlich kühlen. Das Schokoladeneis etwas weich werden lassen und mit einem Spatel glatt auf den Boden und an die Seiten der Form streichen, so daß eine gleichmäßige, etwa 2,5 cm dicke Schicht entsteht. Die Form in das Gefriergerät zurückstellen, bis das Eis wieder fest geworden ist.

Inzwischen das Maronenpüree in eine Schüssel geben. Wenn nötig, mit einem Löffel oder Spatel glattrühren. Das Eiweiß schlagen, bis es steife Spitzen bildet. Dann die Sahne so lange schlagen, bis die Rührstäbe eine sichtbare Spur auf der Oberfläche hinterlassen. Das Maronenpüree behutsam unter die Schlagsahne ziehen und verrühren, bis die Mischung nicht mehr streifig ist. Den Eischnee darunterheben und alles in die Eisbombenform füllen. Mit einem Deckel oder einem Stück Folie abdecken. Die Eisbombe gefrieren, bis sie fest ist, am besten über Nacht.

Eine Stunde vor dem Servieren die Eisbombe aus dem Gefriergerät in den Kühlschrank stellen. Deckel oder Folie abnehmen und die Form auf eine Servierplatte stürzen. Ein Tuch in heißes Wasser tauchen, auswringen und für 30 Sekunden um die Form legen. Nach dem Abkühlen das Tuch erneut in heißes Wasser legen und auswringen. Dann die Form abheben. Wenn die Oberfläche der Eisbombe beim Stürzen etwas geschmolzen ist, mit einem Messer glattstreichen und noch einmal 15 bis 30 Minuten gefrieren.

Kurz vor dem Servieren eine *crème Chantilly* zubereiten. Dazu das Eiweiß steifschlagen. Dann auch die Sahne steifschlagen und etwas Puderzucker und nach Geschmack einige Tropfen Vanille-Extrakt untermischen; die Sahne sollte nur sehr wenig gesüßt sein. Nur so viel Eischnee unterheben, daß die Sahne lockerer, aber keineswegs flüssig wird. Die *crème Chantilly* in einem hübschen, dekorativen Muster um und auf die Eisbombe spritzen, mit einigen kandierten Maronen, kandierten Veilchen und Angelikawurzel-„Blättern" garnieren und servieren.

ROBERT CARRIER
THE ROBERT CARRIER COOKERY COURSE

Aprikosen-Chablis-Eisbombe

Bombe Marquise

Für 8 Personen

	Aprikoseneis
1 kg	Aprikosen, entsteint
1/4 l	Wasser
300 g	Zucker
1/4 TL	gemahlener Zimt
1	Zitrone, Schale fein abgerieben, Saft durch ein Sieb passiert
	Chablis-Eis
20 cl	Chablis
3/4 l	28-Grad-Baumé-Zuckersirup (S. 8)
1/2	Vanilleschote
1	Zitrone oder Orange, Schale dünn abgeschält
4 EL	Zitronensaft, durch ein Sieb passiert

Zuerst das Aprikoseneis zubereiten. In einem Topf Aprikosen, Wasser, Zucker, Zimt und Zitronenschale bei mittlerer Temperatur erhitzen, bis die Mischung zu Mus eingedickt ist. Durch ein feines Sieb streichen und den Zitronensaft dazugeben. Das Aprikosenpüree wieder erhitzen, bis es auf der Zuckerwaage 22 Grad erreicht. Nach dem Abkühlen in der Eismaschine oder im Gefriergerät gefrieren.

Für das Chablis-Eis den Sirup mit der Vanilleschote und Zitronen- oder Orangenschale 15 Minuten bei schwacher Hitze simmern lassen. Den aromatisierten Sirup abkühlen lassen, Vanilleschote, Zitronen- oder Orangenschale entfernen, dann Wein und Zitronensaft dazugießen. Wie oben gefrieren.

Eine 2 l fassende Eisbombenform mit dem Aprikoseneis auskleiden und innen mit Chablis-Eis füllen. Die Eisbombe noch einmal mindestens 1 Stunde gefrieren; danach auf eine Platte stürzen und servieren.

JOSEPH FAVRE
DICTIONNAIRE UNIVERSEL DE CUISINE PRATIQUE

Gefrorenes Pistazien-Soufflé

Pistachio Soufflé

Wie man Pistazien blanchiert, wird auf S. 12 erklärt.

Für 4 Personen

60 g	Pistazien, blanchiert, abgezogen und sehr fein gehackt
12	Eigelb
4	Eiweiß
90 g	feiner Kristallzucker
1 TL	Vanille-Extrakt
1 EL	Orangenblütenwasser
1/8 TL	grüne Speisefarbe
30 cl	Sahne, mit 15 g Zucker steifgeschlagen

Eigelb, Eiweiß, Zucker, Vanille-Extrakt, Orangenblütenwasser, einige Tropfen Speisefarbe und die Pistazien in eine Schüssel geben; die Schüssel in ein Wasserbad mit kochendem Wasser stellen und die Mischung mit einem Schneebesen schlagen, bis sie warm ist. Von der Kochstelle nehmen und weiter schlagen, bis die Masse kalt und dick ist. Die leicht gesüßte, steifgeschlagene Sahne dazugeben und behutsam unterziehen. Einen Streifen Pergamentpapier so um eine 90 cl fassende Soufflé-Form falten, daß er 12 bis 15 cm über den Rand der Form herausragt, und befestigen. In diese Form die Pistazienmischung geben und 3½ bis 4 Stunden gefrieren. Wenn das Eis-Soufflé fest ist, kann das Papier entfernt werden. Auf einer mit einer Serviette dekorierten Platte anrichten und servieren.

MRS. A. B. MARSHALL
FANCY ICES

Eis-Soufflé mit schwarzem Johannisbeerlikör

Soufflé alla Crème de Cassis

	Für 6 Personen
10 cl	*Crème de Cassis*
3	Eier, Eigelb von Eiweiß getrennt
	Salz
100 g	feiner Kristallzucker
30 cl	Sahne

Das Eiweiß mit einer Prise Salz steifschlagen; das Eigelb mit dem Zucker schlagen, bis es hellgelb und cremig ist. Die *Crème de Cassis* in die Eigelbmischung hineinrühren. Zuerst die Sahne, dann das Eiweiß behutsam unterziehen.

Um eine 60 cl fassende Soufflé-Form eine Manschette aus Alufolie legen, die etwa 7,5 cm über den Rand der Form hinausragt. Die Soufflémasse in die Form füllen und im Tiefkühlgerät 3 bis 4 Stunden gefrieren. Die Manschette erst unmittelbar vor dem Servieren entfernen.

ELENA SPAGNOL
I GELATI FATTI IN CASA CON O SENZA MACCHINA

Gefrorenes Regenbogen-Soufflé

Soufflé Glacé Arc-en-Ciel

Dieses Rezept stammt aus dem Restaurant La Réserve in Beaulieu-sur-Mer, Frankreich.

Dieses Soufflé besteht aus vier in Farbe und Geschmack unterschiedlichen Schichten, nämlich Pistazien, Vanille mit gerösteten Haselnüssen und Mandeln, Himbeeren und Mokka.

	Für 8 Personen
8	Eigelb
250 g	Zucker, mit Vanille aromatisiert
3/4 l	Sahne, geschlagen
400 g	Himbeeren, durch ein Nylonsieb püriert und nach Belieben gesüßt
10 cl	Mokka
1 TL	Vanille-Extrakt
Je 3 EL	feingehackte geröstete Haselnüsse und Mandeln (S. 13)
60 g	abgezogene Pistazien, mit 3 EL leichtem Zuckersirup (S. 8) und 2 EL kochendem Wasser zu einer Paste verarbeitet
60 g	Himbeeren
30 g	Halbbitterschokolade, geraspelt (S. 11)
	Puderzucker

Das Eigelb und den Vanillezucker in einer Kupferschüssel vermischen, bei sehr niedriger Temperatur auf der Kochstelle oder im heißen Wasserbad erhitzen und mit dem Schneebesen schlagen, bis die Mischung die Konsistenz von leicht geschlagener Sahne hat. Von der Kochstelle nehmen, die Schüssel auf Eis stellen und die Mischung mit dem Schneebesen weiter schlagen, bis sie erkaltet ist. Dann die Schlagsahne unterziehen.

Die Masse in vier gleiche Teile aufteilen. Einen Teil mit dem Himbeerpüree, von dem man 2 oder 3 EL beiseite gestellt hat, aromatisieren. Den zweiten Teil mit dem Mokka, den dritten mit Vanille-Extrakt, gehackten Nüssen und Mandeln und den letzten Teil mit der Pistazienpaste aromatisieren.

In eine Soufflé-Form von 18 cm Durchmesser eine Pergamentpapiermanschette stellen, die dreimal so hoch wie die Form ist. Die Hälfte der Himbeermasse in die Form geben und im Gefriergerät fest werden lassen. Eine Schicht Mokkamasse daraufgeben und gefrieren lassen. Dasselbe mit der Vanille-Nuß-Mandel-Masse und der Pistazienmasse wiederholen. Das Soufflé nach dieser Methode aufschichten, bis die Früchtemasse verarbeitet ist, anschließend 3 bis 6 Stunden gefrieren.

Die Manschette entfernen, das restliche Himbeerpüree mit dem Löffel daraufgeben und mit ganzen Himbeeren, geraspelter Schokolade und etwas Puderzucker garnieren.

LES PRINCES DE LA GASTRONOMIE

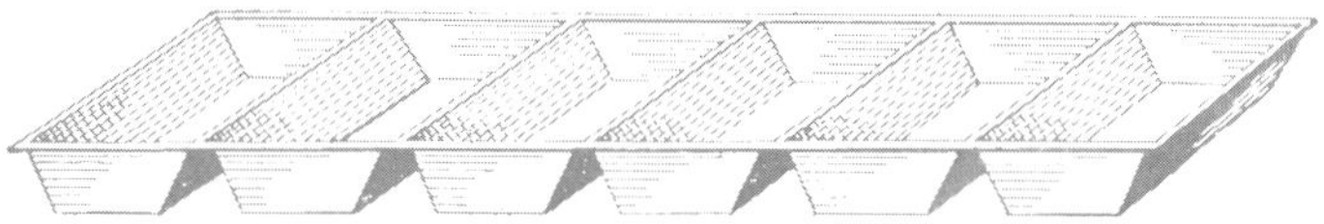

Gefrorenes Makronen-Soufflé

Soufflé all'Amaretto

Man kann dieses Rezept abwandeln, indem man die Form zusätzlich mit einigen in Sherry getränkten Makronen auslegt, bevor die Soufflé-Masse eingefüllt wird.

	Für 6 Personen
6	Makronen, grob zerkleinert
3	Eier, Eigelb von Eiweiß getrennt, Eiweiß mit einer Prise Salz zu steifem Schnee geschlagen
Etwa 60 g	feiner Kristallzucker
4 EL	süßer Sherry
35 cl	Sahne, geschlagen

Eigelb und Zucker hellgelb und schaumig schlagen. Die Makronenbrösel und den Sherry dazugeben und gut vermischen. Die Schlagsahne unterziehen, dann behutsam das Eiweiß unterheben.

Eine Manschette aus Alufolie um eine 60 cl fassende Soufflé-Form legen. Die Manschette sollte 2 bis 3 cm über den Rand der Form hinausragen. Die Soufflé-Masse in die Form füllen und im Gefriergerät mindestens 4 Stunden gefrieren. Die Manschette erst unmittelbar vor dem Servieren entfernen.

ELENA SPAGNOL
I GELATI FATTI IN CASA CON O SENSA MACCHINA

Dessert-Kompositionen

Charlotte Russe

Charlotte à la Russe

Für eine Charlotte Russe mit Himbeergeschmack gibt man 10 cl pürierte Himbeeren zur Eiercreme, bevor man die Schlagsahne unterzieht. Um die gestürzte Speise herum legt man in Kirschwasser marinierte, reichlich gezuckerte Himbeeren.

	Für 6 Personen
20	Löffelbiskuits (S. 167), Seiten und Enden sauber abgeschnitten und fein zerkleinert
20 cl	Milch oder je 10 cl Milch und Sahne
1	Vanilleschote
100 g	Zucker
4	Eigelb
7 g	weiße Blattgelatine, in etwas kaltem Wasser eingeweicht
30 cl	Sahne, geschlagen und mit 2 EL Zucker und ½ TL Vanillezucker aromatisiert

Den Boden und die Seiten einer 1½ l fassenden Charlottenform mit Pergamentpapier auslegen: Man nimmt einen runden Bogen für den Boden und einen langen Streifen für die Seiten der Form. Auf dem Boden der Form einige dreieckig zugeschnittene Biskuitstücke rosettenartig anordnen. Die Seiten mit Löffelbiskuits auslegen, die 1 bis 2 cm über die Form hinausragen und alle gleich hoch sind, damit die Charlotte nach dem Stürzen fest steht. Die Löffelbiskuits sollten sehr dicht nebeneinander mit den gewölbten Seiten der Form zugewandt aufgestellt werden, so daß diese nach dem Stürzen sichtbar sind.

Eine englische Creme zubereiten: Milch oder Milch und Sahne zum Kochen bringen, den Topf von der Kochstelle nehmen, die Vanilleschote dazugeben und zugedeckt ziehen lassen. In einer Schüssel Zucker und Eigelb vermischen; die Masse mit einem Holzlöffel schlagen, bis sie schaumig, dick und hellgelb ist. Danach die Vanilleschote aus der Milch entfernen und die Milch zur Eiermischung dazugeben. Die Eier-Milch-Mischung in den Topf zurückgeben und bei schwacher Hitze oder im Wasserbad garen: dabei ständig mit dem Holzlöffel gut rühren, damit das Eigelb nicht gerinnt. Beim Erhitzen dickt das Eigelb die Mischung ein. Sobald die Masse den Löffel zu überziehen beginnt, den Topf von der Kochstelle nehmen und die eingeweichte Gelatine dazugeben. Rühren, bis sie aufgelöst ist. Die Mischung durch ein feines Sieb in eine Schüssel passieren.

Die Eiercreme auf Eis oder in den Kühlschrank stellen und unter häufigem Rühren abkühlen lassen. Sobald sie fest zu werden beginnt, behutsam die Schlagsahne unterziehen. Die Masse in die mit Biskuit ausgelegte Form füllen. Die Oberfläche mit einem Messer glattstreichen und mit fein zerkleinerten Löffelbiskuits bestreuen. Mindestens 2 Stunden kühlen.

Zum Servieren die Charlotte auf eine runde Platte stürzen, die mit einem Papierspitzendeckchen ausgelegt ist.

PAUL BOCUSE
DIE NEUE KÜCHE

Charlotte mit Sahnefüllung

Charlotte Russe

Noyeau ist ein Bittermandellikör, den man auch durch Kirsch- oder einen anderen Fruchtlikör ersetzen kann.

Fast jede mit Gelatine gesteifte, aromatisierte Crememasse eignet sich als Füllung für dieses Dessert (Rezepte S. 115–116).

	Für 5 oder 6 Personen
16 bis 20	Löffelbiskuits (S. 167), Seiten und Enden gerade abgeschnitten
1	Eiweiß (nach Belieben)
40 cl	Sahne
Etwa 2 TL	feiner Kristallzucker
Etwa ½ TL	Vanille-Extrakt oder etwa 1 TL Bittermandel- oder anderer Likör
15 g	weiße Gelatine, gemahlen
5 EL	Wasser

Man benötigt eine 1 l fassende Form mit geradem Rand und flachem Boden wie bei einer Soufflé-Form. Zuerst wird der Boden der Form mit rund geschnittenem, mit Öl bestrichenem Pergamentpapier ausgelegt. Das Papier sollte genau passen und mit der öligen Seite nach unten liegen. Danach stellt man die Löffelbiskuits am Rand der Form dicht nebeneinander auf. Sie sollten so lang sein, daß sie bis zur Oberkante der Form reichen. Die Löffelbiskuits an den Längsseiten mit etwas Eiweiß bestreichen, damit sie leicht aneinanderkleben. Den Boden der Form ebenfalls mit Löffelbiskuits auslegen, diese sollten in dreieckige Stücke geschnitten und genau eingepaßt werden.

Die Sahne steifschlagen und nach Geschmack Zucker dazugeben. Mit Vanille-Extrakt oder Likör aromatisieren. Die Gelatine im Wasser auflösen, durch ein Sieb geben und langsam unter die Sahne rühren. Sobald die Masse steif wird, in die vorbereitete Form geben. Nach dem Erstarren der Creme die Charlotte Russe auf eine Glas- oder Silberplatte stürzen, die mit einem Tortendeckchen ausgelegt ist.

FLORENCE B. JACK
COOKERY FOR EVERY HOUSEHOLD

Pudding Malakoff

Pouding à la Malakoff

Die Löffelbiskuits können in jedem beliebigen Orangenlikör oder in Rum getränkt werden.

Für 4 bis 6 Personen

60 cl	englische Creme (S. 166), unter die 15 g eingeweichte weiße Gelatine gemischt wurde
12	Löffelbiskuits (S. 167), in Likör getränkt
30 cl	Apfelmus
30 cl	Birnenpüree
60 g	Mandeln, blanchiert, abgezogen und blättrig geschnitten
1 EL	Orangenschale, feingehackt
40 g	Rosinen, in leichtem bis mittlerem Zuckersirup eingeweicht (S. 166)
60 cl	Weinschaumcreme (S. 166)

Eine 1½ l fassende Charlottenform mit Öl dünn auspinseln. Eine etwa 1 cm dicke Schicht Eiercreme einfüllen, mit einer Schicht Löffelbiskuits bedecken, eine Schicht Apfelmus darübergeben und mit Mandeln, Orangenschale und Rosinen bestreuen. Wiederum in derselben Reihenfolge aufschichten und Birnenpüree statt Apfelmus nehmen. Dasselbe so oft wiederholen, bis die Form gefüllt ist; dabei abwechselnd Apfelmus und Birnenpüree nehmen. Mit einer Schicht Eiercreme abschließen. In den Kühlschrank stellen, falls das Dessert nicht sofort serviert wird. Dazu kalte Weinschaumcreme reichen.

COUNTESS MORPHY
SWEETS AND PUDDINGS

Charlotte Malakoff

Dies ist eine recht extravagante Süßspeise, aber glücklicherweise ist sie so gehaltvoll, daß man nicht viel davon essen kann. Sie schmeckt besonders gut, wenn man dazu ein säuerliches Früchtepüree, etwa aus Himbeeren oder roten Johannisbeeren, serviert.

Man kann verschiedene Charlotte-Variationen herstellen. Für eine Himbeer-Charlotte fügt man den Zutaten noch 250 g Himbeeren hinzu. Nach dem Auskleiden der Form mit Löffelbiskuits abwechselnd ein Drittel der Butter-Zucker-Mischung und die Hälfte der Himbeeren einschichten. Mit der Butter-Zucker-Mischung abschließen.

Um eine Walnuß-Charlotte herzustellen, ersetzt man die unten angegebenen Mandeln durch Walnüsse. (Diese Variante kann allerdings nur entschiedenen Walnußliebhabern empfohlen werden, da der Geschmack der Nüsse im Gericht sehr dominiert.)

Für eine Schokoladen-Charlotte werden die Löffelbiskuits in eine Mischung aus Grand Marnier oder Tia Maria und 1 EL starkem schwarzem Kaffee getaucht. 125 g Halbbitterschokolade wird in 1 EL starkem Kaffee bei schwacher Hitze geschmolzen und dann zu der Butter-Zucker-Mischung hinzugegeben.

Für 12 Personen

2 EL	Grand Marnier
1 EL	Wasser
Etwa 24	Löffelbiskuits
250 g	Butter
250 g	feiner Kristallzucker
250 g	Mandeln, gemahlen
30 cl	Sahne

1 EL Grand Marnier mit dem Wasser auf einem Teller mischen und die glatten Seiten der Löffelbiskuits kurz in die Flüssigkeit tauchen. Böden und Seiten von zwei je ½ l fassenden Charlotten- oder Puddingformen mit den Biskuits auslegen, indem man sie mit der gezuckerten Seite nach außen am Rand entlang aufstellt und der Form entsprechend zurechtschneidet.

Butter und Zucker schaumig schlagen und 1 EL Grand Marnier sowie die gemahlenen Mandeln dazugeben. Die Sahne leicht schlagen und ebenfalls unterziehen. Diese Masse in die mit Löffelbiskuits ausgelegten Formen füllen. Die Formen zwei- oder dreimal hart auf den Tisch setzen, damit eventuell vorhandene Luftblasen entweichen können.

3 bis 4 Stunden kühlen, aus der Form stürzen und servieren.

HELGE RUBINSTEIN UND SHEILA BUSH
THE PENGUIN FREEZER COOKBOOK

Gestürzter Früchtepudding

Diplomate aux Fruits

Für 6 bis 8 Personen

500 g	Erdbeeren und rote Johannisbeeren oder Himbeeren, zerdrückt
250 g	Löffelbiskuits (S. 167), in je 4 EL Wasser und Kirschwasser oder Rum getränkt
60 cl	englische Creme (Rezept S. 166)

Die Löffelbiskuits in eine 1 l fassende Form abwechselnd mit den Erdbeeren und roten Johannisbeeren oder Himbeeren schichten. Die Form zudecken, mit einem 1-kg-Gewicht beschweren und über Nacht in den Kühlschrank stellen.

Stürzen und sehr kalt mit der englischen Creme servieren.

X. MARCEL BOULESTIN
THE FINER COOKING

Erdbeer-Himbeer-Charlotte

Fraisalia

Für 6 Personen

250 g	Erdbeeren, entstielt
250 g	Himbeeren
Etwa 30	Löffelbiskuits (S. 167)
100 g	feiner Kristallzucker
4 EL	Rum
	Flüssige Vanille-Eiercreme (S. 167)

Den Boden einer mit Pflanzenöl ausgepinselten 1 l fassenden Charlottenform mit einer Schicht Löffelbiskuits auslegen; eine Schicht Erdbeeren, dann eine Schicht Himbeeren daraufgeben. Mit Zucker bestreuen und mit Rum beträufeln. Dann Biskuits, Erdbeeren und Himbeeren abwechselnd in die Form schichten; mit Biskuits abschließen. Jede Schicht etwas andrücken und Zucker und Rum darübergeben. Die gefüllte Form mit einem runden, mit Alufolie umwickelten Stück Pappe abdecken; ein Gewicht darauflegen, damit der Pudding etwas nach unten gedrückt wird. Für mindestens 5 bis 6 Stunden in den Kühlschrank stellen. Vor dem Servieren auf eine Servierplatte stürzen und mit der Eiercreme überziehen.

MME JEANNE SAVARIN (HERAUSGEBERIN)
LA CUISINE DES FAMILLES

Backpflaumen-Charlotte mit Weinschaumcreme

Charlotte aux Pruneaux, Crème Sabayon

Für 6 Personen

750 g	Backpflaumen, 2 bis 3 Stunden in heißem Wasser eingeweicht
	Zitronenschale, in Streifen geschnitten
$\frac{1}{4}$ l	Sahne
100 g	feiner Kristallzucker
25	Löffelbiskuits (S. 167), in Sherry getaucht
	Weinschaumcreme (S. 166)

Die Backpflaumen abtropfen und 15 Minuten mit der Zitronenschale in frischem Wasser simmern lassen. Wieder abtropfen lassen, die Steine entfernen und die Pflaumen pürieren. Die Sahne schlagen und den Zucker hinzufügen. Das Backpflaumenpüree unter die Schlagsahne ziehen. Die Seiten einer $1\frac{3}{4}$ l fassenden Charlottenform mit Löffelbiskuits auslegen. Die Form zur Hälfte mit der Pflaumen-Sahne-Mischung füllen, anschließend Löffelbiskuits, den Rest der Pflaumen-Sahne-Mischung und wieder Löffelbiskuits darüberschichten. Mit einem Teller abdekken und 3 Stunden kühlen. Aus der Form stürzen.

Die Weinschaumcreme zubereiten, kalt werden lassen und die Charlotte damit überziehen.

ELIZABETH W. ESTERLING (HERAUSGEBERIN)
LE COOKBOOK

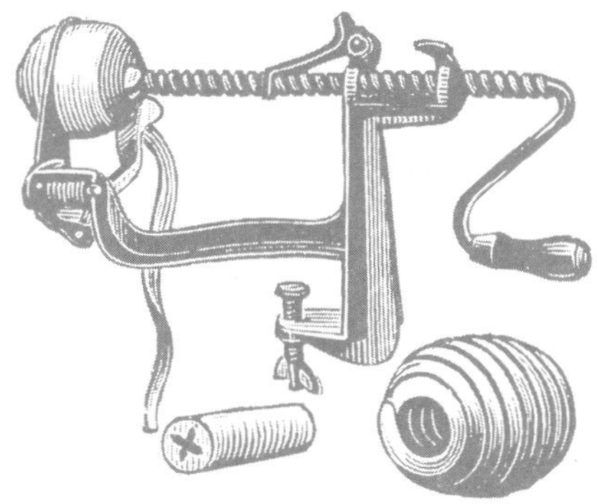

Schokoladen-Mousse Normandie

Mousse au Chocolat Normandie

Für 6 bis 8 Personen

250 g	Halbbitterschokolade, in kleine Stücke gebrochen
24	Löffelbiskuits (S. 167) oder andere knusprige, süße Biskuits derselben Länge
5 EL	Wasser
250 g	weiche Butter
Etwa 125 g	Zucker
3	Eier, Eiweiß von Eigelb getrennt und zu steifem Schnee geschlagen
125 g	Mandeln, gesalzen, blanchiert und gemahlen
$\frac{1}{4}$ l	Sahne, geschlagen
$\frac{1}{4}$ l	Sahne, mit 1 EL Puderzucker und $\frac{1}{2}$ TL Vanille-Extrakt geschlagen

Eine $1\frac{1}{4}$ l fassende Charlottenform und Satinband (60 × 0,5 cm) bereithalten. Ein Stück Pergamentpapier in der Größe des Formbodens ausschneiden und in die Form legen. Den Rand der Form mit den Löffelbiskuits oder anderen Keksen auslegen.

Die Schokolade mit dem Wasser in einen Topf geben und bei schwacher Hitze rühren, bis sie schmilzt. Dann den Topf sofort von der Kochstelle nehmen und die Schokolade etwas abkühlen lassen. Die Butter in eine Schüssel geben und zusammen mit dem Zucker schlagen, bis sie hell und schaumig ist. Das Eigelb nach und nach hineinschlagen. Die gemahlenen Mandeln zur Butter-Ei-Masse geben. Die abgekühlte, geschmolzene Schokolade untermischen, dann den Eischnee unterziehen. Zum Schluß die ungesüßte Schlagsahne behutsam unterheben.

Die Form füllen, mit Frischhaltefolie abdecken und im Gefriergerät $1\frac{1}{2}$ Stunden fest werden lassen. Wenn die Mousse fest ist, behutsam auf eine Servierplatte stürzen und das Pergamentpapier entfernen. Die gesüßte Schlagsahne in einen Spritzbeutel mit Sterntülle füllen und Rosetten und Schlingen auf die Mousse spritzen. Das Satinband um die Mousse zu einer Schleife binden.

DIONE LUCAS UND MARION GORMAN
THE DIONE LUCAS BOOK OF FRENCH COOKING

Zitroneneistorte

Lemon Icebox Cake

Dieses Dessert läßt sich ausgezeichnet einfrieren. Ich habe es deshalb immer im Hause vorrätig.

	Für 6 Personen
250 g	Butter
250 g	Zucker
3	Eier, Eigelb von Eiweiß getrennt
1½	Orangen, Schale abgerieben und Saft durch ein Sieb passiert
1	Zitrone, Schale abgerieben und Saft durch ein Sieb passiert
350 g	Biskuitkuchen, in lange, schmale Stücke geschnitten, oder 15 Löffelbiskuits (S. 167)

Butter und Zucker schaumig schlagen und Eigelb, abgeriebene Zitronen- und Orangenschale sowie den Saft hinzufügen. Das Eiweiß schlagen, bis es steife Spitzen bildet, und unter die Butter-Zucker-Mischung ziehen. Den Boden einer 1 l fassenden Auflauf- oder Kuchenform mit den Kuchenstücken oder Löffelbiskuits auslegen und eine Schicht Buttermasse darübergeben. Die Schichten beliebig oft wiederholen, mit einer Biskuitschicht abschließen. Über Nacht in den Kühlschrank oder für mindestens 2 Stunden in ein Tiefkühlgerät stellen.

HELEN CORBITT
HELEN CORBITT'S COOKBOOK

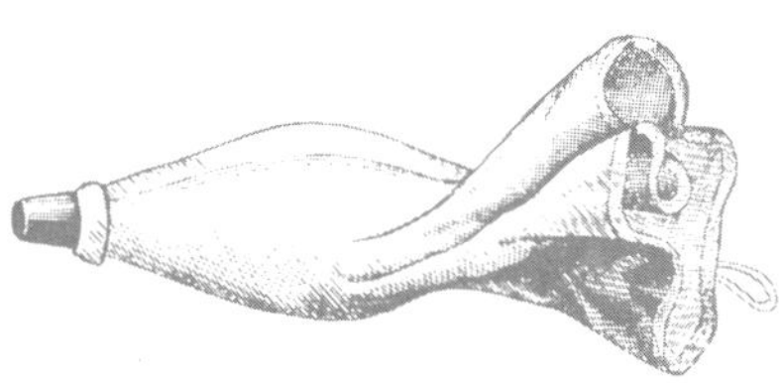

Biskuit Fanny

	Für 4 bis 6 Personen
175 g	weiche Butter
3	Eigelb
4 EL	Puderzucker, durch ein Sieb gestrichen
4 EL	frisch zubereiteter starker schwarzer Kaffee, gekühlt
20	Löffelbiskuits (S. 167)
60 cl	Sahne, geschlagen
60 g	geröstete Mandelsplitter

Die Butter schaumig schlagen. Abwechselnd Eigelb und Puderzucker unterrühren. Den kalten Kaffee tropfenweise dazugeben und die Masse schlagen, bis sie dick und schaumig ist. Auf einer Glasplatte scheiterhaufenartig Kaffeecreme und Löffelbiskuits häufen, die Schlagsahne daraufgeben und mit den gerösteten Mandelsplittern bestreuen.

ELIZABETH SCHULER
MEIN KOCHBUCH

Schmutziges Gesicht

Dirty Face

Während des Zweiten Weltkriegs war der Autor dieses Rezeptes Mitglied des United Seamen's Service der Handelsmarine. U.S.S. Clubs, die heute noch existieren, wurden gegründet, um den Seeleuten der Handelsmarine in den Anlaufhäfen Unterhaltungsmöglichkeiten und soziale Dienste zu bieten. In einem solchen Club in Rio entdeckte Beard dieses brasilianische Dessert. Wie man Zucker karamelisiert, wird auf S. 8 erklärt.

	Für 4 Personen
300 g	Zucker
6	reife Bananen, abgezogen
2	Eiweiß
¼ TL	Weinstein
	Salz
125 g	Zucker
	Sahne, geschlagen

200 g Zucker in einem schweren Topf erhitzen, bis er karamelisiert ist. Eine flache Backform (22 × 22 cm) mit einem Teil des Karamels auskleiden. Den Boden mit den Bananen bedecken und diese mit dem restlichen Karamel bestreichen. Das Eiweiß zu sehr steifem Schnee schlagen, Weinstein und eine Prise Salz dazugeben; den restlichen Zucker eßlöffelweise darunterschlagen. Diese Baisermasse auf die Bananen geben und im vorgeheizten Backofen bei 180° C (Gasherd Stufe 2–3) 15 Minuten backen. Dann weitere 30 Minuten backen; dabei die Temperatur allmählich auf 130° C reduzieren. Den Backofen abschalten und die Bananen bei geöffneter Tür 1 Stunde im Ofen abkühlen lassen. Gekühlt servieren; dazu Schlagsahne reichen.

JAMES BEARD
DELIGHTS AND PREJUDICES

Apfel-Igel

Apple Hedgehog

	Für 8 bis 12 Personen
36	kleine Kochäpfel, 12 davon unzerteilt, geschält und Kerngehäuse entfernt; die restlichen geschält, Kerngehäuse entfernt und in Scheiben geschnitten
250 g	Zucker
60 cl	Wasser
½ TL	fein abgeriebene Zitronenschale
2	Eiweiß, steifgeschlagen
3 EL	feiner Kristallzucker
125 g	Mandeln, blanchiert, abgezogen und in Stifte geschnitten

Die unzerteilten Äpfel mit Zucker und Wasser in einem geschlossenen Topf dünsten. Sobald sie weich sind, vorsichtig herausnehmen und auf eine Platte legen. Die Apfelscheiben mit der

Zitronenschale in den Zuckerwassersirup geben und bei schwacher Hitze zu einem dicken Mus einkochen. Dabei umrühren, damit es nicht anbrennt. Den Boden einer feuerfesten Form mit etwas Apfelmus bedecken, eine Schicht unzerteilte Äpfel darauf geben und die Hohlräume mit Apfelmus auffüllen, dann weitere Schichten Äpfel daraufgeben. Das Ganze zu einem gewölbten Oval formen. Das Eiweiß zu steifem Schnee schlagen und nach und nach den Zucker dazugeben. Den Apfelberg gleichmäßig mit dem Eischnee überziehen. Die Mandelstifte hineinstecken und das Dessert im auf 150° C (Gasherd Stufe 1) vorgeheizten Backofen einige Minuten backen, bis der Apfel-Igel goldgelb aussieht. Dann herausnehmen und servieren.

HILDAGONDA J. DUCKITT
HILDA'S „WHERE IS IT?" OF RECIPES

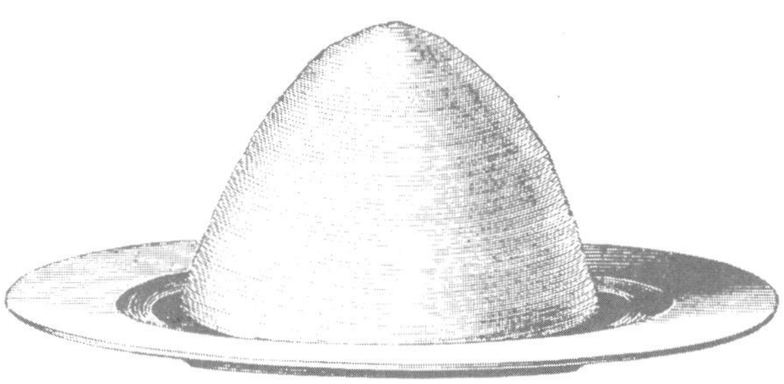

Ungarischer Brotpudding

Máglyarakás

	Für 6 bis 8 Personen
200 g	Croissants oder Weißbrot, 1 oder 2 Tage alt, in kleine Scheiben geschnitten
3	Eier, Eigelb von Eiweiß getrennt
100 g	Zucker
30 g	Butter, zerlassen
60 cl	Milch
100 g	Sultaninen oder eingemachte Sauerkirschen, in etwa 4 EL Rum mariniert
100 g	gemahlene Walnüsse
500 g	Äpfel, geschält, Kerngehäuse entfernt, in dünne Scheiben geschnitten
3 EL	Aprikosenmarmelade, püriert

Eigelb und Zucker schaumig schlagen und die zerlassene Butter untermischen. Die Milch dazugießen und die Croissant- oder Weißbrotscheiben mit der Mischung überziehen. Beiseite stellen, bis die Scheiben durchtränkt sind.

Eine flache Auflaufform mit Butter ausstreichen und die Hälfte der in der Milchmischung getränkten Croissant- oder Brotscheiben hineingeben. Mit Sultaninen oder Sauerkirschen und gemahlenen Walnüssen bestreuen. Mit den restlichen Croissant- oder Brotscheiben bedecken. Dann die Apfelscheiben senkrecht in das Brot stecken. Im vorgeheizten Backofen bei 190° C (Gasherd Stufe 3) 30 Minuten backen.

Inzwischen das Eiweiß zu steifem Schnee schlagen, unter die Aprikosenmarmelade heben und die gebackene Masse damit überziehen. Die Oberfläche mit einem Messer glattstreichen. Den Pudding in den Backofen zurückstellen, die Hitze auf 170° C (Gasherd Stufe 2) reduzieren und 10 bis 15 Minuten backen, bis der Eischnee gut aufgegangen und hellbraun geworden ist. Zum Servieren in große Stücke schneiden.

FRED MACNICOL
HUNGARIAN COOKERY

Baisertorte mit Vanilleeisfüllung

Baked Alaska

Als Grundlage kann man jeden anderen Biskuitkuchen verwenden, aber dies ist ein besonders einfaches und schnelles Rezept.

	Für 6 bis 8 Personen
150 g	gesiebtes Mehl
125 g	Zucker
1½ TL	Backpulver
½ TL	Salz
60 g	Pflanzenfett
10 cl	Milch
1	Ei
1 TL	Vanille-Extrakt
Etwa 1 l	hartes Vanilleeis im Block (Rezept S. 166)

	Baisermasse
3	Eiweiß
100 g	körniger Zucker

Eine 22 × 22 cm große viereckige Kuchenform mit Butter ausstreichen und mit Mehl bestreuen. Das Mehl mit Zucker, Backpulver und Salz in eine Schüssel sieben. Backfett und Milch dazugeben. 1½ Minuten bei langsamer Geschwindigkeit mit dem elektrischen Handrührgerät oder Holzlöffel schlagen, bis der Teig gut vermischt und dick ist. Das Ei und den Vanille-Extrakt hinzufügen. Noch einmal 1½ Minuten schlagen.

Die Mischung in die Kuchenform geben und im vorgeheizten Backofen bei 180° C (Gasherd Stufe 2–3) 20 bis 25 Minuten backen. Dann prüfen, ob der Kuchen bei leichtem Druck auf die Oberflächenmitte seine Form behält. Abkühlen lassen.

Den Kuchen auf ein Brett stellen und von jeder Seite des Kuchens eine 5 cm breite Scheibe abschneiden und entfernen. Für die Baisermasse das Eiweiß schlagen, bis es weiche Spitzen bildet. Dann den Zucker eßlöffelweise unterrühren, bis das Eiweiß dick ist und glänzt. Den Vanilleeisblock auf den Kuchen legen. Das Eis und den Kuchen mit der Baisermasse überziehen. Im Backofen bei 230° C (Gasherd Stufe 5) 5 Minuten backen, bis die Oberfläche hellbraun ist. Sofort servieren.

JAMES BEARD
JAMES BEARD'S AMERICAN COOKERY

Pudding auf Königin-Art

Pouding à la Reine

	Für 6 Personen
500 g	Semmelbrösel
1¼ l	Milch
125 g	Zucker
1 TL	abgeriebene Zitronenschale
60 g	weiche Butter
4	Eier, leicht geschlagen
125 g	Aprikosenmarmelade
6	Eiweiß
350 g	feiner Kristallzucker
	Sahne, geschlagen

Die Semmelbrösel mit Milch, Zucker, Zitronenschale, Butter und den geschlagenen Eiern vermischen. Die Masse in eine mit Butter ausgestrichene Auflaufform füllen und im vorgeheizten Backofen bei 180° C (Gasherd Stufe 2–3) etwa 40 Minuten garen, bis der Pudding fest ist. Herausnehmen und die Oberfläche mit Aprikosenmarmelade bestreichen. Das Eiweiß zu sehr steifem Schnee schlagen und den Kristallzucker darunterheben. Den Pudding mit dieser Baisermasse überziehen und wieder in den Backofen stellen, die Temperatur vorher auf 150° C (Gasherd Stufe 1) herunterschalten. Weitere 10 Minuten backen, bis die Oberfläche braun ist. Kalt mit Schlagsahne servieren.

MASSEY AND SON'S COMPREHENSIVE PUDDING BOOK

Birnen-Baiser

Meringue of Pears

Gedünstete oder mit Zucker gebackene Kirschen, Zwetschen und Damaszenerpflaumen eignen sich für dieses Dessert ebenso gut wie Birnen. Man kann auch Äpfel, Pfirsiche, Aprikosen oder gewöhnliche Pflaumen verwenden, wenn man sie zu einem leicht gesüßten Mus einkocht. Vorher sollten sie abgezogen und entsteint werden; einige Kerne können blanchiert, abgezogen und mit den Früchten verwendet werden.

	Für 6 Personen
1 kg	Birnen, geschält, Kerngehäuse entfernt und (knapp mit Wasser bedeckt) 20 Minuten gedünstet
5	Eiweiß
5 EL	Zucker

Eine tiefe Obstkuchenform fast bis zum Rand mit den gedünsteten Birnen füllen und so viel Saft dazugießen, daß die Birnen etwas mehr als halb bedeckt sind. Das Eiweiß zu Schnee schlagen und den Zucker darunterrühren. Den Eischnee gleichmäßig auf den Früchten verteilen. Sofort in den vorgeheizten Backofen stellen und bei 180° C (Gasherd Stufe 2–3) 30 Minuten backen.

ELIZABETH RAY (HERAUSGEBERIN)
THE BEST OF ELIZA ACTON

Baisers

Meringues Ordinaires

Dieses Schaumgebäck kann nach Belieben mit Kaffee-Extrakt oder Kakaopulver aromatisiert werden.

	Für 3 bis 4 Dutzend Baisers
8	Eiweiß
500 g	Puderzucker

Das Eiweiß zu sehr steifem Schnee schlagen, dann unter ständigem Schlagen den Puderzucker durch ein Sieb dazugeben. Weitere 10 Minuten schlagen. Die Baisermasse löffelweise auf ein mit Öl bepinseltes Backblech geben und bei sehr niedriger Temperatur (50° C) mehrere Stunden oder über Nacht im einen Spalt geöffneten Backofen trocknen lassen – nicht backen.

LA MÈRE BRAZIER
LES SECRETS DE LA MÈRE BRAZIER

Pistazien-Baisers

Meringues aux Pistaches

	Für etwa 20 Baisers
125 g	Pistazien, blanchiert, abgezogen und bei 170° C (Gasherd Stufe 2) 10 Minuten im Backofen getrocknet
6	Eiweiß
125 g	feiner Kristallzucker

Die Pistazien im Mörser zerstoßen und ab und zu etwas Eiweiß dazugeben, bis eine feine Paste entsteht. In einer feuerfesten Schüssel das restliche Eiweiß zu steifem Schnee schlagen; die Schüssel über einen Topf mit simmerndem Wasser stellen und unter ständigem Schlagen nach und nach 90 g Kristallzucker hinzufügen. Wenn die Baisermasse steif und glänzend geworden ist, die Pistazienpaste unterziehen.

Pergamentpapier mit Butter oder Öl bestreichen, Backbleche damit auslegen und durch ein Sieb mit dem restlichen Zucker bestreuen. Löffelweise die Baisers im Abstand von 1 cm auf das Papier setzen und bei einer Temperatur von 50° C (Gasherd Stufe 1 und Backofentür einen Spalt offen lassen) mehrere Stunden backen, bis das Gebäck getrocknet, aber nicht dunkel verfärbt ist. Mit einem Spatel die Baisers von den Backblechen lösen und auf ein Kuchengitter legen; dieses in den Backofen stellen, bis die Unterseiten der Baisers gut getrocknet sind. Bis zum Servieren trocken aufbewahren.

VIARD UND FOURET
LE CUISINIER ROYAL

Gefrorenes Baiser-Sandwich

Le Vacherin Glacé

Für die Zubereitung des „vacherin", einer elsässischen Spezialität, sollten die Eiscremes weich genug zum Verarbeiten sein. Das „vacherin" muß jedoch, wenn nötig, ins Gefriergerät zurückgestellt werden, damit es seine Form behält. Wie man Baiserschalen zubereitet, wird auf S. 86 erklärt.

Für das Erdbeer- oder Himbeereis 125 g Erdbeeren oder Himbeeren durch ein Nylonsieb pürieren und nach Belieben mit etwa 60 g feinem Kristall- oder Puderzucker süßen. 15 cl Sahne schlagen, bis sie weiche Spitzen bildet, die Sahne unter das Früchtepüree ziehen und etwa 2 Stunden gefrieren.

	Für 6 bis 8 Personen
2	flache Baisers von 20 cm Durchmesser
60 cl	Vanilleeis (S. 166)
2 EL	Kirschwasser
60 g	eingemachte Erdbeeren oder Erdbeerkonfitüre
60 g	frische Ananas, in kleine Würfel geschnitten
6	Makronen, zerkleinert
30 cl	Erdbeer- oder Himbeereis
125 g	Erdbeeren oder Himbeeren
30 cl	Sahne, gekühlt
2 EL	Vanillezucker

Das Vanilleeis gerade so weich werden lassen, daß man Kirschwasser, eingemachte Erdbeeren oder Erdbeerkonfitüre, Ananaswürfel und Makronen daruntermischen kann. Die Baiserschalen mit dieser Mischung füllen. Je zwei wie ein Sandwich zu einem *vacherin* zusammenklappen und für 30 Minuten ins Gefriergerät stellen. Anschließend die Seiten des *vacherin* mit Erdbeer- oder Himbeereis überziehen und mit ganzen Früchten von der Sorte, die auch für das Eis verwendet wurde, garnieren. Dann in das Gefriergerät stellen.

Die Sahne steifschlagen und zum Schluß den Vanillezucker dazugeben. Die Oberfläche des *vacherin* mit Sahne garnieren, so daß das Dessert an den Seiten rosa gefärbt ist und oben einen weißen Überzug hat.

AUSTIN DE CROZE
LES PLATS RÉGIONAUX DE FRANCE

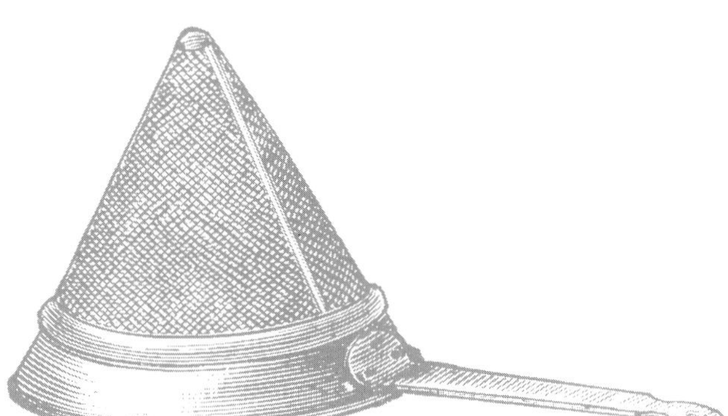

Baisernester

Meringue Baskets

Zum Auslegen des Backbleches kann statt Reispapier auch mit Butter bestrichenes und mit Mehl bestäubtes Pergamentpapier verwendet werden.

	Für 4 oder 5 kleine Nester oder ein großes Nest
4	Eiweiß
250 g	Puderzucker, durch ein Sieb gestrichen
1 TL	Vanille-Extrakt

Das Eiweiß in eine feuerfeste Schüssel geben, über einen Topf mit simmerndem Wasser stellen und unter Schlagen nach und nach den Zucker dazugeben, bis die Baisermasse sehr dick ist. Mit Vanille-Extrakt aromatisieren.

In einen Spritzbeutel füllen. Auf das Reispapier zunächst spiralförmig die Nesterböden mit der glatten Tülle auftragen. Dann als Rand mit der Sterntülle einen Tuff neben den anderen setzen. Auf diese Weise 4 oder 5 kleine Nester oder ein großes herstellen. Dann für 1 bis 1½ Stunden bei 130° C (Gasherd Stufe 1 bei leicht geöffneter Backofentür) in den vorgeheizten Backofen stellen, bis das Schaumgebäck fest ist und sich trocken anfühlt.

CONSTANCE SPRY UND ROSEMARY HUME
THE CONSTANCE SPRY COOKERY BOOK

Eiscreme-Pudding

Pudding Mère Brazier

Genaue Anleitungen für die Zubereitung von Karamel aus Zucker und Wasser werden auf S. 8 gegeben. Aus altbackenem Brot, zerbrochenen süßen Keksen und Eiscremeresten bereitete Mère Brazier das ganze Jahr über nach diesem Rezept Pudding für ihre Angestellten zu. Der Pudding schmeckt so köstlich, daß er auch den Gästen serviert wurde.

	Für 6 bis 8 Personen
1 l	Creme-Eis (S. 166)
500 g	süße Kekse, zerkleinert
	Karamel
250 g	Zucker
2 EL	Wasser

Zucker und Wasser in einer 1½ l fassenden Charlottenform bei mittlerer Hitze kochen. Dabei die Form bewegen, bis der Sirup karamelisiert. Die Form zum Abkühlen sofort in kaltes Wasser tauchen, dann durch Schwenken Boden und Rand mit dem Karamel überziehen. Das Eis mit den zerbröselten Keksen mischen und die Masse in die Charlottenform füllen. Die Form in eine flache Auflaufform stellen, die zur Hälfte mit heißem Wasser gefüllt ist, und im vorgeheizten Backofen bei 180° C (Gasherd Stufe 2–3) 45 Minuten garen. Erkalten lassen und vor dem Servieren über Nacht in den Kühlschrank stellen.

LA MÈRE BRAZIER
LES SECRETS DE LA MÈRE BRAZIER

Pfirsich Melba

Pêche Melba

Statt der weißen Pfirsiche können gelbe verwendet werden. Wenn die Früchte vollreif und unbeschädigt sind, kann man sie roh verarbeiten; man schält sie nur, reibt sie mit dem Anschnitt einer halben Zitrone ab, entfernt die Steine und bestreut sie mit Kristallzucker. Nach Belieben können die Pfirsiche statt mit gekochter Himbeersauce mit pürierten, nach Geschmack gesüßten Himbeeren überzogen werden.

	Für 6 Personen
6	frische weiße Pfirsiche, geschält und mit Zitrone abgerieben
250 g	Zucker
35 cl	Wasser
1	Vanilleschote
75 cl	Vanilleeis (S. 166)
250 g	frische Mandeln, geschält, blanchiert, abgezogen und der Länge nach blättrig geschnitten oder etwa 40 g Mandelsplitter

	Himbeersauce
500 g	frische Himbeeren, durch ein Nylonsieb püriert
3 EL	feiner Kristallzucker
1 TL	Zitronensaft

6 Sorbet-Gläser oder Sektkelche in den Kühlschrank stellen.

In einem schweren Topf Zucker, Wasser und die Vanilleschote zum Kochen bringen. Die Temperatur herunterschalten, die Pfirsiche in den Sirup geben und zugedeckt 5 bis 6 Minuten garziehen lassen. Die Pfirsiche im Sirup abkühlen lassen. Danach gut abtropfen lassen, halbieren und die Steine entfernen.

Für die Sauce die pürierten Himbeeren in einen kleinen, emaillierten Topf geben und den Zucker hinzufügen. Abschmekken und nach Belieben mehr Zucker hinzugeben. 5 bis 6 Minuten simmern lassen, dabei mit einem Holzlöffel umrühren, dann den Zitronensaft untermischen, der das Aroma der Himbeeren unterstreicht. Die Sauce zum Erkalten beiseite stellen.

Zum Servieren das Vanilleeis mit dem Löffel in die kühlgestellten Gläser geben. Auf jede Eisportion zwei Pfirsichhälften legen. Die Pfirsiche mit der Himbeersauce begießen, mit den Mandelsplittern bestreuen und servieren.

LOUISETTE BERTHOLLE
UNE GRANDE CUISINE POUR TOUS

Makronen-Pudding

Le Délicieux

Das Auskleiden einer Form mit Karamel wird auf S. 43 erklärt.

	Für 8 Personen
600 g	Makronen, im Ofen getrocknet, im Mörser fein zerstoßen und durch ein Sieb gestrichen
8	Eiweiß
Etwa 4 EL	feiner Kristallzucker
125 g	Halbbitterschokolade, mit 1 bis 2 EL Wasser bei schwacher Hitze geschmolzen
Etwa 125 g	Karamel (S. 8) zum Auskleiden der Form
½ l	kalte Weinschaumcreme (S. 166), mit Kirschwasser aromatisiert

Das Eiweiß zu steifem Schnee schlagen, dann Zucker nach Belieben, die geschmolzene Schokolade und die gesiebten Makronen unterrühren. Eine 2 l fassende Charlottenform mit Karamel auskleiden und die Makronenmasse hineinfüllen.

Bei 180° C (Gasherd Stufe 2–3) 25 Minuten im vorgeheizten Backofen garen. Abkühlen lassen und auf eine runde Scheibe von gehaltvollem Biskuitkuchen stürzen. Kurz vor dem Servieren mit der kalten Weinschaumcreme überziehen.

ÉDOUARD NIGNON
LES PLAISIRS DE LA TABLE

Mandelmakronenring mit Schokoladenfüllung

Chocolate Pye

Makronengebäck aus Mandeln und Eiweiß gehört zu den vielen verschiedenen Gebäcksorten der georgianischen Zeit. Diese Variante mit einer vorzüglichen Füllung aus Schokolade und Sahne wurde einfach „chocolate pye" genannt.

	Für 8 bis 10 Personen
250 g	Halbbitterschokolade, in kleine Stücke gebrochen
25 cl	Sahne
1 EL	Puderzucker
1 EL	Rum
30 cl	Sahne, gekühlt
60 g	Mandeln, geröstet
60 g	Schokoladenraspeln

	Makronenmasse
175 g	gemahlene Mandeln
60 g	feiner Kristallzucker
1	Eiweiß, geschlagen

Zuerst die Makronenmasse für die Hülle zubereiten. Gemahlene Mandeln, Kristallzucker und geschlagenes Eiweiß zu einer steifen Masse verarbeiten und für 30 Minuten in den Kühlschrank stellen.

Anschließend die Masse zu einem Kloß formen, ausrollen und eine mit Butter ausgestrichene Ringform von 20 cm Durchmesser damit auslegen. Wenn der Teig beim Rollen zu klebrig wird, mit etwas Mehl bestreuen.

Ist der Teig sehr weich und entstehen Risse, kann man diese in der Form zusammendrücken. Den Rand mit den Fingern oder den Zinken einer Gabel glätten und verzieren. Es ist nicht nötig, die Form, wie sonst üblich, mit Pergamentpapier und getrockneten Bohnen auszulegen. Man braucht nur einen passenden Streifen Alufolie innen um den Rand zu legen.

Die Makronenhülle im vorgeheizten Backofen bei 180° C (Gasherd Stufe 2–3) 20 bis 25 Minuten backen. Darauf achten, daß der Teig nicht verbrennt. Die Makronenhülle abkühlen lassen; dann erst aus der Form nehmen, die Alufolie entfernen und auf ein Kuchengitter legen.

Für die Füllung die Schokoladenstücke in eine Schüssel geben und mit Sahne bedecken. Die Schüssel in einen Topf mit kochendem Wasser stellen und rühren, bis die Schokolade geschmolzen ist. Herausnehmen und ab und zu umrühren, damit die Mischung gleichmäßig abkühlt.

Wenn die Mischung fest zu werden beginnt, den Puderzucker hinzufügen und behutsam schlagen, bis die Masse leicht schaumig wird. Sobald sie anfängt zu gerinnen, mit dem Schlagen aufhören. Die Schokoladenmasse ist jetzt heller in der Färbung und hat mehr Volumen gewonnen.

Die Masse in die Makronenhülle geben. Die Sahne mit dem Rum vermischen und steifschlagen; in eine Spritztüte füllen und das Dessert mit Schlagsahne-Rosetten verzieren. Die gerösteten Mandeln und Schokoladenraspeln in die Sahne stecken. Diese „pye“ sollte heutzutage ebenso dekorativ und exotisch aussehen, wie sie zur georgianischen Zeit ausgesehen haben muß, als man sie mit Mandeln aus echtem Blattgold, kandierten Rosenblättern und allen erdenklichen Schnörkeln und sonstigen Verzierungen aufputzte und mit großem Aufwand servierte.

MICHAEL SMITH
FINE ENGLISH COOKERY

Maronentorte

Gâteau de Châtaignes

Diese Torte muß bereits am Vortag zubereitet werden.

	Für 4 Personen
1 kg	Maronen, Schalen eingeschnitten
100 g	feiner Kristallzucker, in etwa 10 cl Wasser aufgelöst
300 g	Halbbitterschokolade, in Stücke gebrochen
Etwa 1 EL	Wasser
3	Eier
15 g	Butter
10 cl	Rum

Die Maronen in 20 bis 40 Minuten weichkochen. Dann einzeln mit einem Löffel aus dem Wasser nehmen und über einer Schüssel mit zwei Fingern aus der Schale drücken. Das Zuckerwasser zugießen. Die Maronen mit einem Holzstößel zerdrücken und mit dem Zuckerwasser zu einer glatten Paste verarbeiten.

Die Schokolade bei schwacher Hitze in sehr wenig Wasser schmelzen, so daß eine sehr dicke Creme entsteht. Von der Kochstelle nehmen. Wenn die Masse fast kalt ist, Eier, Butter und Rum hineinrühren. Maronenpaste und Schokoladencreme in abwechselnden Schichten in eine Glasschale füllen, etwas Schokoladencreme übriglassen. Die Torte nach Belieben formen und mit der restlichen Schokoladencreme überziehen.

CLARISSE OU LA VIEILLE CUISINIÈRE

Birne Helene

Poires Belle-Hélène

	Für 6 Personen
6	Eßbirnen, geschält
150 g	feiner Kristallzucker
20 cl	Wasser
1 l	Vanilleeis (S. 166)
60 g	geröstete Mandelsplitter
	Schokoladensauce
200 g	Halbbitterschokolade, in Stücke gebrochen
20 cl	Wasser
90 g	Butter, in kleine Stücke geteilt

Die Birnen in Zucker und Wasser 10 bis 25 Minuten simmern lassen, bis sie weich sind. (Die Garzeit hängt von Sorte, Größe und Reife der Birnen ab.) In der Flüssigkeit abkühlen lassen.

Für die Schokoladensauce die Schokolade mit dem Wasser in einen schweren Topf geben und bei schwacher Hitze rühren, bis die Schokolade geschmolzen und die Masse glatt ist. Von der Kochstelle nehmen. Nach und nach die Butterstückchen unterrühren, bis die Butter schmilzt und die Sauce glänzend wird.

Zum Servieren das Vanilleeis in eine Schüssel geben, die Birnen darauflegen und mit den Mandeln bestreuen. Die heiße Schokoladensauce getrennt dazu reichen.

GINETTE MATHIOT
JE SAIS FAIRE LA PÂTISSERIE

Schwimmende Insel

Floating Island

Diese Nachspeise wurde bei Festen und bei großen Diners des 17. Jahrhunderts oft als Beigabe gereicht, und auch noch für viktorianische Abendgesellschaften wurde sie zubereitet; heute ist sie jedoch in Vergessenheit geraten. Es ist eine Art schwimmendes Trifle. Man kennt viele Varianten; nach den meisten Rezepten schwimmt nur eine große Insel in einem See aus Sahne, nach anderen Zubereitungsmethoden sind es mehrere kleine Inseln. Jedenfalls muß die Schüssel groß und ziemlich flach sein. Anstatt des Früchtepürees kann eine englische Creme (S. 166) verwendet werden.

	Für 4 Personen
40 cl	pürierte Himbeeren oder Erdbeeren
60 cl	Sahne
500 g	runder Biskuitkuchen, waagerecht in drei dünne Scheiben geschnitten
125 g	Aprikosenmarmelade
90 g	Mandeln, blanchiert, abgezogen und feingehackt
2 EL	Sherry
125 g	feiner Kristallzucker
½ TL	Vanille-Extrakt

Das Früchtepüree mit der Hälfte der Sahne mischen, gut schlagen oder mixen und in eine große, ziemlich flache Schüssel gießen. Jede Scheibe Biskuitkuchen mit etwas Aprikosenmarmelade bestreichen und mit den Mandeln bestreuen. Die erste Kuchenschicht in die Mitte des Pürees legen. Die beiden anderen Schichten locker auf die erste legen. Die Biskuitschichten sollten auf dem Püree schwimmen. Den Kuchen mit dem Sherry beträufeln. Die restliche Sahne mit dem Zucker und Vanille-Extrakt schlagen und auf der Kucheninsel hoch auftürmen.

Wenn möglich, vor dem Servieren für 1 Stunde in den Kühlschrank stellen. Dieses Dessert ist auch dann eine Köstlichkeit, wenn die Kucheninsel nicht schwimmt; am eindrucksvollsten ist es allerdings, wenn sie auf dem Püree frei beweglich ist.

ELISABETH AYRTON
THE COOKERY OF ENGLAND

Ein ungewöhnliches Trifle

An Excellent Trifle

Nach Möglichkeit sollte der Syllabub 24 Stunden vor der weiteren Verwendung zubereitet werden. Den Wein zum Tränken der Biskuits kann man durch ¼ l Sherry oder Madeira ersetzen; in diesem Falle verwendet man nur 10 cl Weinbrand.

	Für 8 Personen
15 bis 20 cl	Wein
15 bis 20 cl	Weinbrand
8	Löffelbiskuits (S. 167)
250 g	Makronen
¼ l	Sahne, mit etwa 2 EL Wein aromatisiert
	Geschlagener Syllabub
2	große Zitronen
200 g	feiner Kristallzucker
35 cl	Sherry
35 cl	Weinbrand
60 cl	Sahne
	Eiercreme
½	Zitrone, nur die Schale, sehr dünn abgeschält
20 bis 25 cl	Milch
40 g	feiner Kristallzucker
6	Eigelb, gut geschlagen
20 bis 25 cl	Sahne
8 cl	Weinbrand (nach Belieben)
30 g	Mandeln, blanchiert und abgezogen, in Stifte geschnitten (nach Belieben)

Für den Syllabub die hauchdünn abgeschälte Schale der Zitronen einige Stunden in dem Zitronensaft ziehen lassen. Dann durch ein Sieb passieren und mit dem Zucker, Sherry und Weinbrand in eine Schüssel geben und verrühren. Wenn der Zucker aufgelöst ist, die Sahne hinzufügen und die Masse schlagen, bis sie zu festem Schaum geworden ist. Dann zum Abtropfen in ein mit Nesseltuch ausgelegtes Sieb geben.

Für die Eiercreme die Zitronenschale in die Milch geben und 30 Minuten ziehen lassen; dann einige Minuten simmern lassen und den Kristallzucker dazugeben. Das geschlagene Eigelb mit der Sahne mischen, die kochende Milch schnell hineinrühren, die Zitronenschale herausnehmen und die Eiercreme in einen hohen Krug gießen. Den Krug auf der Kochstelle in einen Topf mit kochendem Wasser stellen und die Eiercreme behutsam, aber unablässig rühren, bis sie dick wird. Dann schneller und immer am Boden des Kruges entlang rühren, bis die Eiercreme den Siedepunkt erreicht. Nun sofort von der Kochstelle nehmen, weil sie sonst in kürzester Zeit gerinnt. Die Eiercreme in eine Schüssel geben und rühren, bis sie fast erkaltet ist. Dann nach und nach den Weinbrand und nach Belieben die Mandeln hinzufügen.

Für das Trifle Wein und Weinbrand mischen und die Löffelbiskuits und Makronen darin ziehen lassen. Dann die Hälfte davon in eine hohe Glasschüssel füllen und mit der Eiercreme begießen; die restlichen getränkten Biskuits auf die Eiercreme legen und den ganzen geschlagenen, gut abgetropften Syllabub darüber auftürmen. Zum Schluß die mit Wein aromatisierte Sahne zu ganz leichtem Schaum schlagen und behutsam auf das Trifle geben.

ELIZABETH RAY (HERAUSGEBERIN)
THE BEST OF ELIZA ACTON

Trifle mit Weinschaumcreme

To Make a Trifle

Die Weinschaumcreme, mit der das *trifle* überzogen wird, sollte man einen Tag vor dem Verzehr zubereiten, da sich das Aroma so besser entfalten kann und die Masse viel fester wird, als wenn man sie am gleichen Tag herstellt.

	Für 8 Personen
6	Biskuittorteletts oder Biskuitkuchenscheiben
12	Makronen
24	Bittermandelmakronen
30 cl	Sherry oder süßer Wein
6 EL	Weinbrand
1	Zitrone, Schale abgerieben
60 g	Mandeln, blanchiert, abgezogen und in Stifte geschnitten
	Himbeer- oder Erdbeermarmelade
60 cl	englische Creme, mit 8 Eigelb zubereitet (S. 166), gekühlt

	Weinschaumcreme
90 g	feiner Kristallzucker
2	Eiweiß, zu steifem Schnee geschlagen
2 bis 3 EL	Sherry oder süßer Wein
60 cl	Sahne

Für die Schaumcreme den Zucker, Eischnee, Sherry oder süßen Wein und die Sahne in eine große Schüssel geben und an einem kühlen Ort gründlich schlagen. Den entstehenden Schaum mit einem Schaumlöffel abheben und in einem Sieb abtropfen lassen. Weiterschlagen, bis genügend Schaum entstanden ist. Diesen dann zugedeckt an einen kühlen Platz stellen, damit er über Nacht abtropfen kann.

Am nächsten Tag Biskuittorteletts, Makronen und Bittermandelmakronen auf dem Boden einer 1½ l fassenden Schüssel verteilen. Sherry oder Wein mit dem Weinbrand vermischen und den Kuchen damit überziehen; falls die Weinmenge nicht ausreicht, etwas mehr dazugeben, da der Kuchen gut getränkt sein muß. Die abgeriebene Zitronenschale, Mandeln und eine Schicht Himbeer- oder Erdbeermarmelade über den Kuchen geben. Den Kuchen mit der Eiercreme überziehen und die Weinschaumcreme auf die Oberfläche häufen. Die Schaumcreme sollte so hoch wie möglich aufgetürmt werden und kann mit rotem Johannisbeergelee, kandierten Früchten oder Blüten garniert werden.

MRS. ISABELLA BEETON
THE BOOK OF HOUSEHOLD MANAGEMENT

Stachelbeerdessert

Gooseberry Trifle

	Für 6 bis 8 Personen
1 kg	Stachelbeeren, Stiel und Blütenansatz entfernt
15 cl	Wasser
Etwa 350 g	brauner Zucker
60 cl	englische Creme (S. 166)
30 cl	Sahne, geschlagen
	Eingelegte oder kandierte Früchte

Die Stachelbeeren mit Wasser und Zucker 15 bis 25 Minuten bei mittlerer Hitze kochen. Sobald sie weich sind, in eine tiefe Glasschüssel geben und die Eiercreme darüberfüllen. Das Dessert kühl stellen. Wenn die Eiercreme fest ist, die Sahne darübergeben. Mit Kränzen aus eingelegten oder kandierten Früchten garnieren und servieren.

MARY JEWRY (HERAUSGEBERIN)
WARNE'S MODEL COOKERY AND HOUSEKEEPING BOOK

Trifle

Dieses Rezept stammt aus einem Buch, das 1747 anonym veröffentlicht wurde, aber im allgemeinen der englischen Kochbuchautorin Hannah Glasse zugeschrieben wird. Die Autorin schlägt vor, das Trifle mit Bittermandelmakronen, Johannisbeergelee und nach Belieben mit Blüten zu verzieren.

Wie man Syllabubs zubereitet, wird auf S. 89 erklärt.

	Für 4 Personen
3	Löffelbiskuits (S. 167)
90 g	Makronen, halbiert
90 g	Bittermandelmakronen
10 cl	Sherry
40 cl	englische Creme (S. 166)
40 cl	Syllabub

Den Boden einer Schüssel mit Löffelbiskuits, halbierten Makronen und Bittermandelmakronen auslegen. Mit Sherry tränken, dann die Eiercreme und schließlich den Syllabub darübergeben.

THE ART OF COOKERY MADE PLAIN AND EASY

Standardrezepte

Kalbsfußgelee

Dieses Gelee läßt bis zu 40 cl Wein oder Fruchtsaft fest werden. Mit der Zubereitung des Gelees beginnt man einen Tag, bevor man es benötigt. Genaue Anleitungen für das Spalten von Kalbsfüßen werden auf S. 16 gegeben.

	Ergibt etwa 60 cl Gelee
2	kleine Kalbsfüße oder 1 großer Kalbsfuß, gespalten
1¼ l	Wasser
175 g	Zucker
	Gemahlener Zimt
	Dünne Streifen Orangen- oder Zitronenschale
Je 1	Orange und Zitrone, Saft durch ein Sieb passiert
2	Eiweiß
8 cl	Weißwein
2	Eierschalen, zerdrückt

Die Kalbsfußstücke mehrere Stunden in kaltes Wasser legen, damit alle Blutreste entfernt werden. Die Kalbsfußstücke abtropfen lassen, in einen Topf geben und so viel kaltes Wasser dazugießen, daß sie bedeckt sind. Zum Kochen bringen und 8 bis 10 Minuten simmern lassen. Die Kalbsfußstücke abtropfen lassen, gut abspülen und wieder in einen sauberen, tiefen Kochtopf geben. Das Wasser hinzufügen; es sollte die Stücke gut bedecken. Zum Kochen bringen, abschäumen, den Topf bis auf einen Spalt zudecken und die Stücke etwa 7 Stunden simmern lassen. Die Kalbsfußstücke müssen während des Garens immer mit Wasser bedeckt sein; wenn nötig, ab und zu etwas kochendes Wasser dazugießen. Die Flüssigkeit durch ein Sieb in eine Schüssel passieren und über Nacht in den Kühlschrank stellen.

Am nächsten Tag alle Fettspuren von der Oberfläche des Gelees mit einem Löffel abheben; dann ein Tuch in heißes Wasser tauchen, ausdrücken und die Oberfläche damit abtupfen.

Das Gelee in einem großen Kochtopf etwas erwärmen, so daß es schmilzt, und Zucker, eine Prise gemahlenen Zimt, einige Streifen Orangen- und Zitronenschale und Orangen- und Zitronensaft hinzufügen. Das Eiweiß und den Weißwein in eine große Schüssel geben und schlagen; dann zusammen mit der zerdrückten Eierschale unter ständigem Schlagen mit dem Schneebesen zum flüssigen Gelee geben. Unter ständigem Rühren zum Kochen bringen, bis sich eine dicke Schaumkrone bildet. Die Temperatur ganz herunterschalten und etwa 15 Minuten bei schwacher Hitze simmern lassen. Die Flüssigkeit durch ein Safttuch oder ein Sieb, das man mit einem festen Tuch ausgelegt hat, in eine Schüssel passieren. Die Flüssigkeit muß ganz klar sein; wenn nötig, passiert man sie ein zweites Mal. Zugedeckt hält sich das Gelee im Kühlschrank bis zu 5 Tagen.

Creme-Eis

Wenn Creme-Eis mit Vanille aromatisiert werden soll, richtet man sich nach dem Rezept für Vanillecreme (unten).

	Ergibt etwa 60 cl Eis
8	Eigelb
125 bis 150 g	Zucker
60 cl	Milch, gekocht

Eigelb und Zucker in einer Schüssel schlagen, bis die Masse dick und hellgelb ist und ein langsam verschwindendes „Band" hinterläßt, wenn man die Masse vom Schneebesen tröpfeln läßt. Unter ständigem Rühren die heiße, abgekochte Milch dazugeben. In einen schweren Topf füllen und im Wasserbad garen, bis die Masse den Löffel überzieht. Dabei ständig rühren und darauf achten, daß die Creme nicht kocht. Die Eiercreme durch ein Sieb in eine Schüssel passieren und ab und zu umrühren, bis sie erkaltet ist. Am besten gefriert man das Eis in einer Eismaschine.

Weinschaumcreme

Sabayon

	Ergibt etwa 60 cl Weinschaumcreme
6	Eigelb
200 g	feiner Kristallzucker
30 cl	trockener Weißwein, Sauternes, Champagner, Marsala oder Sherry
	Schale von sechs Zitronen, dünn abgeschält, in sehr feine Streifen geschnitten (nach Belieben)

Eigelb und Zucker in einem Topf, der die dreifache Menge faßt, schaumig schlagen. Diesen Topf in einen größeren Topf mit so viel fast siedendem Wasser stellen, daß er zur Hälfte im Wasser steht. Die Mischung weiter schlagen. Den Wein angießen und nach Belieben die Zitronenschale dazugeben. Weiterschlagen, bis die Masse aufwallt. Den Topf aus dem Wasser nehmen und die Creme weitere 1 bis 2 Minuten mit dem Schneebesen schlagen.

Als Dessert wird Weinschaumcreme heiß gegessen. Sofort in Portionsgläsern servieren. Als Sauce heiß oder kalt servieren. Man kühlt sie, indem man den Topf in eine mit Eiswürfeln gefüllte Schüssel stellt und die Sauce schlägt, bis sie erkaltet ist.

Englische Creme

Crème Anglaise

	Ergibt etwa 60 cl englische Creme
6	Eigelb
60 bis 125 g	feiner Kristallzucker
60 cl	Milch, gekocht

In einer Schüssel Eier und Zucker mit einem Schneebesen schlagen, bis die Masse hellgelb ist und ein „Band" sichtbar wird, wenn man die Masse vom Schneebesen tröpfeln läßt. Nach und nach unter ständigem Rühren die heiße Milch hinzugießen.

Die Masse in einen schweren Topf geben. Die Eiercreme bei niedriger Temperatur garen; dabei ständig mit dem Holzlöffel in Achterbewegung rühren. Die Eiercreme darf nicht kochen. Sobald die Creme den Löffel überzieht, den Topf sofort von der Kochstelle nehmen und in eine mit Eiswürfeln und etwas Wasser gefüllte Schüssel stellen, damit der Garvorgang beendet wird und die Eiercreme nicht gerinnt. Damit sie glatt wird, 5 Minuten weiterrühren, bis die Eiercreme etwas abgekühlt ist.

Die Eiercreme durch ein Sieb streichen, um etwaige Klümpchen zu beseitigen. Zum Warmhalten in ein heißes Wasserbad stellen und ab und zu umrühren. Für eine kalte Eiercreme die Schüssel auf Eis stellen und die Creme weiter ab und zu umrühren, bis sie ganz erkaltet ist.

Vanillecreme. Eine Vanilleschote in den Topf mit der heißen Milch geben und darin 20 Minuten ziehen lassen; dann die Vanilleschote entfernen. Die Vanilleschote kann abgespült und noch ein zweites Mal verwendet werden.

Mokkacreme. 30 g frisch gemahlenen Kaffee mit 8 bis 10 cl kochendem Wasser mischen, so daß eine glatte Paste entsteht. Die Paste durch mehrere Lagen Nesseltuch passieren, bevor man sie zu der heißen Milch gibt.

Karamelcreme. 90 g Zucker mit 1 EL Wasser in einem schweren Topf karamelisieren (S. 8). Den Topf von der Kochstelle nehmen und die heiße Milch auf den Karamel gießen. Den Topf bei schwacher Hitze auf die Kochstelle zurückstellen und rühren, bis der Karamel in der Milch aufgelöst ist.

Rumcreme. In die fertige Eiercreme etwa 1 EL Rum einrühren.

Löffelbiskuits

Löffelbiskuits halten sich in einem luftdichten Behälter zwei bis drei Wochen. Um die Biskuits mit Schokolade zu aromatisieren, siebt man ½ bis 1 EL Kakao unter das Mehl. Zur Aromatisierung mit Orange gibt man 1 EL fein abgeriebene Orangenschale mit dem Mehl unter die Eigelb-Zuckermasse.

	Ergibt etwa 30 Löffelbiskuits
3	große Eier, Eigelb von Eiweiß getrennt
90 g	feiner Kristallzucker
75 g	Mehl, zusammen mit einer Prise Salz durch ein Sieb gestrichen

Drei Backbleche und drei Bögen Pergamentpapier mit Butter bestreichen; die Backbleche mit dem Pergamentpapier auslegen und dann mit Mehl bestäuben. Den Backofen auf 220° C (Gasherd Stufe 4–5) vorheizen.

Eigelb und Zucker in eine Schüssel geben und schlagen, bis die Masse sehr dick ist; mit einem Mixer dauert dies etwa 5 Minuten. Das Mehl sorgfältig unterheben. Das Eiweiß schlagen, bis es steife Spitzen bildet. Ein Viertel des Eischnees unter die Eigelbmasse ziehen, damit sie leichter wird; dann sehr behutsam den restlichen Eischnee unterziehen.

Eine glatte Tülle mit 1 cm großer Öffnung auf einen großen Spritzbeutel setzen. Den Spritzbeutel mit der Biskuitmasse füllen und 10 cm lange Streifen auf die vorbereiteten Backbleche spritzen. Zwischen den Streifen etwa 5 cm Abstand lassen. Die Biskuitstreifen leicht mit feinem Kristallzucker bestäuben und 8 bis 10 Minuten im Ofen backen, bis die Löffelbiskuits leicht gebräunt sind. Die Löffelbiskuits behutsam vom Papier abnehmen und auf einem Kuchengitter abkühlen lassen.

Ausbackteig

Die Konsistenz dieses Ausbackteigs kann durch Veränderung des Mengenverhältnisses von Flüssigkeit und Mehl verändert werden. Ein dünner Ausbackteig wird beim Garen knuspriger und leichter, haftet aber nicht sehr gut. Ein dickerer Ausbackteig haftet besser, wird aber nicht so knusprig.

	Zum Überziehen von etwa acht der Länge nach halbierten Bananen
125 g	Mehl
	Salz
1 TL	feiner Kristallzucker (nach Belieben)
30 g	Butter, zerlassen
4 EL	Bier
15 cl	lauwarmes Wasser
1 EL	Weinbrand (nach Belieben)
1	großes Eiweiß, zu steifem Schnee geschlagen

Das Mehl mit einer Prise Salz und Zucker (falls gewünscht) in eine große Schüssel sieben. In die Mitte des Mehles eine Vertiefung drücken und die zerlassene Butter, das Bier und das Wasser hineingeben. Die Masse mit dem Schneebesen von der Mitte nach außen verarbeiten und nur so lange schlagen, bis der Teig glatt ist. Nach Belieben den Weinbrand untermischen. Zugedeckt etwa 1 Stunde an einem warmen Platz stehenlassen. Kurz bevor der Teig verwendet wird, den Eischnee unterziehen.

Crêpe-Teig

	Für etwa 15 Crêpes von 15 bis 17 cm Durchmesser
125 g	Mehl
	Salz
2	Eier
30 cl	Milch
30 g	Butter, zerlassen
1 EL	Weinbrand oder Grand Marnier (nach Belieben)

Das Mehl mit einer Prise Salz in eine Schüssel sieben. In die Mitte des Mehles eine Vertiefung drücken, die Eier aufschlagen und hineingeben und nach und nach mit dem Mehl verrühren, gleichzeitig die Milch dazugeben. Den Teig nur so lange schlagen, bis er glatt ist; dann die zerlassene Butter und nach Belieben den Weinbrand oder Grand Marnier hineinrühren. Der Crêpe-Teig sollte die Konsistenz von Kaffeesahne haben; eventuell etwas mehr Milch dazugeben. Den Teig sofort verwenden.

Register der Rezepte

Deutsche Bezeichnungen der Rezepte sind unter Oberbegriffen, wie Apfel, Creme(s), Pudding(s), Quark, in alphabetischer Reihenfolge aufgeführt. Fremdsprachige Rezepttitel erscheinen in fortlaufender alphabetischer Reihenfolge und kursiver Schrift.

Allgemeines Register/Glossar

Dieses Register schließt Erläuterungen küchentechnischer Fachausdrücke ein, die in diesem Buch vorkommen. Die Definitionen sind kursiv gesetzt. Die Rezepttitel des zweiten Teils sind im Register der Rezepte auf S. 168 aufgeführt.

Quellennachweis der Rezepte

Die Quellen der Rezepte in diesem Buch sind im folgenden aufgeführt. Die Seitenangaben in Klammern verweisen auf die Stellen, in denen die Rezepte im zweiten Teil des Bandes erscheinen.

Art of Cookery, Made Plain and Easy, The. Von einer unbekannten Autorin. Die Sechste Auflage, 1758 (S. 115, 165).

Audot, L. E.: *La Cuisinière de la Campagne et de la Ville ou la Nouvelle Cuisine Économique*. Librairie Audot, 1881 (59. Ausgabe) (S. 108, 111).

Ayrton, Elisabeth: *The Cookery of England*. Copyright © Elisabeth Ayrton, 1974. Penguin Books Ltd., London. Übersetzt mit Genehmigung von Elisabeth Ayrton (S. 120, 146, 164).

Barberousse, Michel: *Cuisine Normande*. Éditions Barberousse, Paris. Übersetzt mit Genehmigung von Michel Barberousse (S. 96–97).

Beard, James: *Delights and Prejudices*. Copyright © 1964 by James Beard. Atheneum Publishers, New York. Übersetzt mit Genehmigung von A. M. Heath and Company Ltd. (Author's Agent) (S. 158).

Beard, James: *How to Eat Better for Less Money*. Copyright © 1954, 1970 by James A. Beard and Sam Aaron. Simon and Schuster, New York. Übersetzt mit Genehmigung von John Schaffner Literary Agent (S. 145).

Beard, James: *James Beard's American Cookery*. Copyright © 1972 by James A. Beard. Little, Brown and Company, Boston. Übersetzt mit Genehmigung von Little, Brown and Company (S. 159).

Beeton, Mr. Isabella: *The Book of Household Management* (1861). Faksimile-Ausgabe Jonathan Cape Ltd., London (S. 124, 165).

Bergeron, Victor J.: *Trader Vic's Rum Cookery and Drinkery*. Copyright © 1974 by Victor J. Bergeron. Doubleday & Company, Inc., New York. Übersetzt mit Genehmigung von Harold Matson Co., Inc. (Author's Agent) (S. 94).

Bertholle, Louisette: *Une Grande Cuisine pour Tous*. © Opera Mundi, Paris. Éditions Albin Michel, Paris. Übersetzt mit Genehmigung von Éditions Albin Michel (S. 162).

Besson, Joséphine: *La Mère Besson „Ma Cuisine Provençale"*. © Éditions Albin Michel, 1977. Éditions Albin Michel, Paris. Übersetzt mit Genehmigung von Éditions Albin Michel (S. 142–143).

Bobinet, Adrien-Jean: *Gastronomie*. Copyright by Adrien-Jean Bobinet, Lyon, 1949. Éditions Adrien-Jean Bobinet, Lyon (S. 101, 132).

Bocuse, Paul: *Die Neue Küche*. Copyright © 1977 by Econ Verlag GmbH., Düsseldorf. Econ Verlag GmbH., Düsseldorf, Wien. Mit Genehmigung von Econ Verlag GmbH. (S. 131, 155).

Bouillard, Paul: *La Cuisine au Coin du Feu*. Copyright 1928 by Albin Michel. Éditions Albin Michel, Paris. Übersetzt mit Genehmigung von Éditions Albin Michel (S. 125, 133, 139).

Boulestin, X. Marcel: *The Finer Cooking*. Cassell & Company Limited, London 1937. Übersetzt mit Genehmigung von A. D. Peters and Co., Ltd. (S. 98, 156).

Boulestin, X. Marcel: *Recipes of Boulestin*. © The Estate of X. M. Boulestin 1971. William Heinemann, Ltd., London. Übersetzt mit Genehmigung von A. D. Peters and Co., Ltd. (S. 95).

Boulestin, X. Marcel: *Simple French Cooking for English Homes*. William Heinemann, Ltd., London 1923. Übersetzt mit Genehmigung von A. D. Peters and Co., Ltd. (S. 93).

Brazier, Eugénie: *Les Secrets de la Mère Brazier*. © Solar, 1977. Solar, Paris. Übersetzt mit Genehmigung von Solar (S. 126, 160, 161).

Breteuil, Jules: *Le Cuisinier Européen*. Garnier Frères Libraires-Éditeurs, ca. 1860 (S. 109).

Brown, Helen Evans: *Helen Brown's West Coast Cook Book*. Copyright 1952, by Helen Evans Brown. Little, Brown and Co., Boston. Übersetzt mit Genehmigung von Little, Brown and Co. (S. 112).

Buckeye Cookbook, The: Traditional American Recipes. The Buckeye Publishing Co., 1883. Dover Publications Inc., New York 1975 (S. 147).

Bugialli, Giuliano: *The Fine Art of Italian Cooking*. Copyright © 1977 by Giuliano Bugialli. Times Books, A Division of Quadrangle/The New York Times Book Co. Inc., New York. Übersetzt mit Genehmigung von Times Books, A Division of Quadrangle/The New York Times Book Co. Inc. (S. 113).

Byron, May: *May Byron's Puddings, Pastries and Sweet Dishes*. Hodder and Stoughton Limited, London 1929. Übersetzt mit Genehmigung von Hodder and Stoughton Limited (S. 97, 127, 132, 150).

Campbell, Susan: *The Times Newspaper, 5th July, 1978*. Übersetzt mit Genehmigung von Susan Campbell (S. 148).

Carnacina, Luigi, und Veronelli, Luigi: *La Buona Vera Cucina Italiana*. © 1966 Rizzoli Editore, Mailand. Rizzoli Editore, Mailand. Übersetzt mit Genehmigung von Rizzoli Editore (S. 126, 142).

Carrier, Robert: *The Robert Carrier Cookery Course*. © Robert Carrier, 1974. W. H. Allen and Co. Ltd. Übersetzt mit Genehmigung von W. H. Allen and Co. Ltd. (S. 117, 152–153).

Cass, Elizabeth: *Spanish Cooking*. Copyright © Elizabeth Cass, 1957. Die Originalausgabe erschien bei André Deutsch Limited, London, unter dem Titel: Spanish Cooking. Sämtliche deutschsprachigen Rechte bei Verlag Gerd Hatje, Stuttgart. Mit Genehmigung von Verlag Gerd Hatje (S. 144).

Clarisse ou la Vieille Cuisinière. Copyright © 1922 by Éditions de l'Abeille d'Or. Éditions de l'Abeille d'Or, Paris. Übersetzt mit Genehmigung von Éditions Rombaldi, Paris (S. 163).

Corbitt, Helen: *Helen Corbitt's Cookbook*. Copyright © 1957 by Helen Corbitt. Houghton Mifflin Company, Boston. Übersetzt mit Genehmigung von Houghton Mifflin Company (S. 158).

Costa, Margaret: *Margaret Costa's Four Seasons Cookery Book*. Copyright © Margaret Costa. Zuerst in Großbritannien erschienen bei Thomas Nelson & Sons Ltd., 1970, auch erschienen bei Sphere Books Ltd., London 1976. Übersetzt mit Genehmigung von Margaret Costa (S. 99, 144).

Couffignal, Huguette: *J'Aime les Noix*. Robert Morel Éditeur, Apt. Übersetzt mit Genehmigung von Robert Morel Éditeur (S. 140).

Courtine, Robert: *Balzac à Table*. © Éditions Robert Laffont, S. A., Paris 1976. Éditions Robert Laffont, Paris. Übersetzt mit Genehmigung von Robert Courtine (S. 149).

Courtine, Robert: *Mes Repas les Plus Étonnants*. © 1973 Éditions Robert Laffont S. A. Éditions Robert Laffont, Paris. Übersetzt mit Genehmigung von Éditions Robert Laffont (S. 100).

Cox, J. Stevens (Hrsg.): *Dorset Dishes of the Seventeenth Century*. © J. Stevens Cox, 1967. The Toucan Press, Guernsey. Übersetzt mit Genehmigung von J. Stevens Cox, The Toucan Press (S. 95).

Craig, Elizabeth: *The Art of Irish Cooking*. Ward Lock & Co. Limited, London. Übersetzt mit Genehmigung von John Farquharson Ltd. (Author's Agent) (S. 135).

Croze, Austin de: *Les Plats Régionaux de France*. Éditions Daniel Morcrette, B. P. 26, 95270 Luzarches, Frankreich. Übersetzt mit Genehmigung von Éditions Daniel Morcrette (S. 119, 161).

Cuisinier Gascon, Le - 1740. Neuauflage 1976 Éditions Daniel Morcrette, B. P. 26, 95270, Luzarches, Frankreich. Übersetzt mit Genehmigung von Éditions Daniel Morcrette (S. 111).

Cutler, Carol: *Haute Cuisine for your Heart's Delight*. Carol Cutler © 1973. Clarkson N. Potter, Inc./Publisher New York and Crown Publishers Inc., New York. Übersetzt mit Genehmigung von Crown Publishers Inc. (S. 145).

Dannenbaum, Julie: *Julie Dannenbaum's Creative Cooking School*. Copyright © 1971 Julie Dannenbaum. E. P. Dutton & Co. Inc., New York. Übersetzt mit Genehmigung von John Schaffner, Literary Agent (S. 97, 148).

David, Elizabeth: *Summer Cooking*. Copyright © Elizabeth David, 1955, 1965. Penguin Books Ltd., London. Übersetzt mit Genehmigung von Elizabeth David (S. 98, 147).

David, Elizabeth: *Syllabubs and Fruit Fools*. © Copyright Elizabeth David 1969. Übersetzt mit Genehmigung von Elizabeth David (S. 96, 118).

David, Josephine: *Every-Day Cookery for Families of Moderate Income*. Frederick Warne and Co., Ltd. London. Übersetzt mit Genehmigung von Frederick Warne and Co., Ltd. (S. 94–95).

D'Ermo, Dominique: *The Chef's Dessert Cookbook*. Copyright © 1976 by Dominique D'Ermo. Atheneum Publishers, New York. Übersetzt mit Genehmigung von Atheneum Publishers (S. 114).

Derys, Gaston: *L'Art d'Être Gourmand*. Copyright © by Albin Michel, 1929. Éditions Albin Michel, Paris. Übersetzt mit Genehmigung von Éditions Albin Michel (S. 141).

Douglas, Joyce: *Old Pendle Recipes*. Copyright © Joyce Douglas, 1976. Hendon Publishing Co., Ltd., Nelson, Lancaster. Übersetzt mit Genehmigung von Hendon Publishing Co., Ltd. (S. 120).

Dubois, Urbain: *Cuisine de Tous les Pays*. 4. Auflage, 1882 (S. 129).

Dubois, Urbain: *Nouvelle Cuisine Bourgeoise*. Paul Bernardin, Librairie-Éditeur, Paris 1888 (8. Auflage) (S. 144).

Duckitt, Hildagonda J.: *Hilda's „Where is it?" of Recipes*. Chapman and Hall, Ltd., London. Übersetzt mit Genehmigung von Associated Book Publishers Ltd. (S. 158–159).

Dumont, Émile: *La Bonne Cuisine*. Degorce-Cadot, Paris 1873 (S. 103).

Escudier, Jean-Noël: *La Véritable Cuisine Provençale et Niçoise*. U.N.I.D.E., Paris. Übersetzt mit Genehmigung von U.N.I.D.E. (S. 93).

Esterling, Elizabeth W. (Hrsg.): *Le Cookbook*. © The American Hospital of Paris, 1976. The American Hospital of Paris. Übersetzt mit Genehmigung von The American Hospital of Paris (S. 157).

Fairclough, M. A.: *The Ideal Cookery Book*. George Routledge & Sons Ltd., London. Übersetzt mit Genehmigung von George Routledge & Sons Ltd. (S. 127).

Favre, Joseph: *Dictionnaire Universel de Cuisine Pratique*. Laffitte Reprints, Marseille 1978. Übersetzt mit Genehmigung von Laffitte Reprints (S. 153).

Firuski, Elvia und Maurice (Hrsg.): *The Best of Boulestin*. Willliam Heinemann Ltd. London 1932.

Übersetzt mit Genehmigung von A. D. Peters and Co., Ltd. (S. 93).
Flower, Barbara, und Rosenbaum, Elisabeth: *The Roman Cookery Book. A Critical Translation of „The Art of Cooking by Apicius".* © E. Rosenbaum, 1958. George G. Harrap and Co., Ltd., London. Übersetzt mit Genehmigung von George G. Harrap and Co., Ltd. (S. 110).
Foods of the World, African Cooking. © 1970 Time Inc. Time-Life Books, Alexandria (S. 94).
Francatelli, Charles Elmé: *The Modern Cook; A Practical Guide to the Culinary Art in all its Branches.* Richard Bentley, London 1862 (S. 98).
Francatelli, Charles Elmé: *The Royal English and Foreign Confectioner.* Chapman and Hall, London 1862 (S. 93).
Frank, Kato: *Cooking the Hungarian Way.* © Paul Hamlyn Ltd. 1963 Paul Hamlyn Ltd., London. Übersetzt mit Genehmigung von The Hamlyn Group (S. 138).
Gilbert, Philéas: *La Cuisine de Tous les Mois.* Abel Goubaud, Éditeur, Paris 1893 (S. 134).
Gouy, Jean de: *La Cuisine et la Pâtisserie Bourgeoises à la Portée de Tous.* J. Lebegue & Cie. Libraires-Éditeurs, Paris 1896 (S. 120, 121).
Grigson, Jane: *English Food.* Copyright © Jane Grigson,1974. Zuerst erschienen bei Macmillan 1974. Penguin Books Ltd., London 1977. Übersetzt mit Genehmigung von David Higham Associates Ltd. (Author's Agent) (S. 106, 119, 134, 149).
Guérard, Michel: *Die Feinschmecker-Küche.* © Verlag Ullstein GmbH., Berlin – Frankfurt/M. – Wien, 1979. Mit Genehmigung von Verlag Ullstein GmbH. (S. 145).
Hellermann, Dorothee von: *Das Kochbuch aus Hamburg.* © Copyright 1975 by Verlagsteam Wolfgang Hölker. Wolfgang Hölker, Münster. Mit Genehmigung von Wolfgang Hölker (S. 128).
Hewitt, Jean: *The New York Times Weekend Cookbook.* Copyright © 1975 by Jean Hewitt. Times Books, A Division of Quadrangle/The New York Times Book Co. Übersetzt mit Genehmigung von Times Books, A Division of Quadrangle/The New York Times Book Co., Inc. and Jean Hewitt (S. 95).
Heyraud, H.: *La Cuisine à Nice.* Privatveröffentlichung, Nizza 1922 (S. 92).
Isnard, Léon: *La Cuisine Française et Africaine.* Copyright 1949 by Éditions Albin Michel. Éditions Albin Michel, Paris. Übersetzt mit Genehmigung von Éditions Albin Michel (S. 149).
Jack, Florence B.: *Cookery for Every Household.* Thomas Nelson and Sons, Ltd., London 1934. Übersetzt mit Genehmigung von Thomas Nelson and Sons, Ltd. (S. 112, 155).
Jans, Hugh: *Vrij Nederland* (Zeitschrift). Vrij Nederland, Amsterdam, Dezember 1970 (S. 92 – 93, 143).
Jarrin, G. A.: *The Italian Confectioner.* E. S. Ebers and Co., London 1841 (S. 101).
Jeanes, William: *Gunter's Modern Confectioner.* Dean & Son, Publishers and Factors, London 1861 (S. 148).
Jewry, Mary (Hrsg.): *Warne's Model Cookery and Housekeeping Book.* © Copyright F. Warne (Publishers) Ltd. Frederick Warne & Co. Ltd., London. Übersetzt mit Genehmigung von Frederick Warne & Co., Ltd. (S. 106, 119, 165).
Kahn, Odette (Hrsg.): *Cuisine et Vins de France* (Zeitschrift). Société Française d'Éditions Vinicoles. Übersetzt mit Genehmigung von Cuisine et Vins de France (S. 137).
Kenney-Herbert, Col. A. F. (Wyvern): *Fifty Dinners.* Edward Arnold, London 1895 (S. 115).
Kenney-Herbert, Col. A. F. (Wyvern): *Sweet Dishes.* Higginbotham & Co., Madras 1900 (S. 136).
Kiehnle, Hermine, und Hädecke, Maria: *Das Neue Kiehnle Kochbuch.* © Walter Hädecke Verlag (vorm. Süddeutsches Verlagshaus). Walter Hädecke Verlag. Mit Genehmigung von Walter Hädecke Verlag (S. 99, 122).
King, Susan: *Susan King's Cook Book.* © Copyright Woman's Realm 1967. Paul Hamlyn Limited, London. Übersetzt mit Genehmigung von Woman's Realm (S. 98 – 99).
King, Susan: *Woman's Realm* (Zeitschrift). Übersetzt mit Genehmigung von Woman's Realm, London (S. 136).
Lang, George: *The Cuisine of Hungary.* Copyright © 1971 by George Lang. Atheneum Publishers, New York. Übersetzt mit Genehmigung von Atheneum Publishers (S. 140).
Lecourt, H.: *La Cuisine Chinoise.* Copyright Éditions Robert Laffont S. A. 1968. Éditions Robert Laffont, Paris. Übersetzt mit Genehmigung von Éditions Robert Laffont (S. 143).
Leyel, Mrs. C. F.: *Puddings.* George Routledge & Sons, Ltd. London (S. 105, 131).
Lin, Florence: *Florence Lin's Chinese Vegetarian Cookbook.* Copyright © 1976 Florence S. Lin. Hawthorn Books, Inc., New York. Übersetzt mit Genehmigung von Hawthorn Books, Inc. (S. 106).
Lowinsky, Ruth: *More Lovely Food.* The Nonesuch Press, London 1935 (S. 105, 151).
Lucas, Dione, und Gorman, Marion: *The Dione Lucas Book of French Cooking.* Copyright 1947 by Dione Lucas. Copyright © 1973 by Mark Lucas and Marion F. Gorman. Little, Brown and Company, Boston. Übersetzt mit Genehmigung von Little, Brown and Company (S. 157).
Lune, Pierre de: *Le Nouveau Cuisinier.* 1656 (S. 111, 112).
Macnicol, Fred: *Hungarian Cookery.* Copyright © Fred Macnicol, 1978. Penguin Books Ltd., London. Übersetzt mit Genehmigung von Penguin Books Ltd. (S. 159).
Marshall, Mrs. A. B.: *Fancy Ices.* Simpkin, Marshall, Hamilton, Kent and Co. Ltd., ca. 1890 (S. 153).
Massey and Son's Comprehensive Pudding Book. Massey and Son's, London 1865 (S. 160).
Mathiot, Ginette: *Je Sais Faire la Pâtisserie.* Éditions Albin Michel. Übersetzt mit Genehmigung von Éditions Albin Michel (S. 163).
McInerny, Claire, und Roche, Dorothy: *Savour – A New Cookery Book.* Oxford University Press, London 1939. Übersetzt mit Genehmigung von Claire McInerny (S. 100).
McNeill, F. Marian: *The Scots Kitchen.* Blackie & Son Limited, London. Übersetzt mit Genehmigung von Blackie & Son Limited (S. 129, 151).
70 Médecins de France. *Le Trésor de la Cuisine du Bassin Méditerranéen.* Les Laboratoires du Dr. Zizane (S. 127).
Menon: *La Cuisinière Bourgeoise.* 1746 (S. 99).
Menon: *Les Soupers de la Cour.* 1746 (S. 110, 143).
Molchanova, O. P., et al: *Kniga O Vkusnoĭ i Zdorovoĭ Pishche.* Pishchepromizdat Publishing House, Moskau, 1952 (S. 95, 137).
Molokhovets, Elena: *Podarok Molodŷm Khozyaĭkam.* Erschienen in St. Petersburg 1892 (S. 102, 121, 130).
Montagné, Prosper: *Nouveau Larousse Gastronomique.* © 1967 Augé, Gillon, Hollier-Larousse, Moreau et Cie. Librairie Larousse, Paris. Übersetzt mit Genehmigung von Société Encyclopédique Universelle (S. 118, 130).
Montagné, Prosper, und Gottschalk, A.: *Mon Menu – Guide d'Hygiène Alimentaire.* Société d'Applications Scientifiques, Paris (S. 124).
Morphy, Countess: *Sweets and Puddings.* The Kitchen Library. Volume 6. Herbert Joseph Limited, London 1936. Übersetzt mit Genehmigung von Herbert Joseph (S. 156).
Nignon, Édouard: *Les Plaisirs de la Table.* Im Selbstverlag des Autors, ca. 1920. Neuauflage Éditions Daniel Morcrette, B. P. 26, 95270 Luzarches, Frankreich, 1979. Übersetzt mit Genehmigung von Éditions Daniel Morcrette (S. 108, 116, 162).
Norberg, Inga: *Good Food from Sweden.* Chatto & Windus, London 1935. Übersetzt mit Genehmigung von Curtis Brown Ltd., London, Author's Agents (S. 108, 123).
Oliver, Raymond: *Das Große Französische Kochbuch.* MVG – Moderne Verlags GmbH., München. 2. Aufl. 1977. Mit Genehmigung von MVG – Moderne Verlags GmbH., München (S. 120).
Olney, Judith: *Summer Food.* Copyright © 1978 by Judith Olney. Atheneum Publishers, New York. Übersetzt mit Genehmigung von Atheneum Publishers (S. 101, 105, 146).
Olney, Richard: *The French Menu Cookbook.* Copyright © 1970 by Richard Olney. Simon and Schuster, New York. Übersetzt mit Genehmigung von John Schaffner, Literary Agent (S. 125).
Olney, Richard: *Simple French Food.* Copyright © 1974 by Richard Olney. Atheneum Publishers, New York. Übersetzt mit Genehmigung von Atheneum und A. M. Heath & Company Ltd., London (S. 102, 126, 146 – 147).
Orga, Irfan: *Cooking the Middle East Way.* © Paul Hamlyn Limited, 1962. The Hamlyn Publishing Group Limited, London. Übersetzt mit Genehmigung von The Hamlyn Publishing Group Limited (S. 130, 132).
Orosa del Rosario, Helen (Hrsg.): *Maria Y. Orosa – Her Life and Work.* Copyright 1970 by Helen Orosa del Rosario, Philippinen, 1970. Übersetzt mit Genehmigung von Helen Orosa del Rosario (S. 113).
Owen, Sri: *The Home Book of Indonesian Cookery.* © Sri Owen 1976. Faber and Faber, Ltd. London. Übersetzt mit Genehmigung von Faber and Faber, Ltd. (S. 141).
Pappas, Lou Seibert: *Egg Cookery.* Copyright © 1976 Lou Seibert Pappas. 101 Productions, Kalifornien. Übersetzt mit Genehmigung von 101 Productions (S. 151).
Peck, Paula: *Paula Peck's Art of Good Cooking.* Copyright © 1961, 1966 by Paula Peck. Simon & Schuster, A Division of Gulf and Western Corporation, New York. Übersetzt mit Genehmigung von John Schaffner, Literary Agent (S. 94).
Petit, A.: *La Gastronomie en Russie.* Émile Mellier, Libraire-Éditeur, Paris 1860 (S. 140).
Petits Plats et Les Grands, Les. © 1977, by Éditions Denoël, Paris. Éditions Denoël Sarl, Paris. Übersetzt mit Genehmigung von Éditions Denoël Sarl (S. 114, 139).
Petrov, Dr. L., Djelepov, Dr. N., Iordanov, Dr. E., Uzunova, S.: *Bulgarska Nazionalna Kuchniya.* Copyright © bei den vier Autoren, Zemizdat, Sofia

1978. Übersetzt mit Genehmigung von Jusautor (Bulgarian Copyright Agency) (S. 96, 102).
Philpot, Rosl: *Viennese Cookery.* © Rosl Philpot 1965. Hodder and Stoughton Limited, London. Übersetzt mit Genehmigung von Hodder and Stoughton Limited (S. 128–129).
Pomiane, Édouard de: *Le Code de la Bonne Chère.* Éditions Albin Michel, Paris, 1948. Übersetzt mit Genehmigung von Éditions Albin Michel (S. 96).
Portinari, Laura Gras: *Cucina e Vini del Piemonte e della Valle d'Aosta.* © Copyright 1971; Ugo Mursia Editore, Mailand. Ugo Mursia Editore S.p.A. Mailand. Übersetzt mit Genehmigung von Ugo Mursia Editore (S. 97, 100, 113).
Princes de la Gastronomie, Les. © 1. 2. 1975 – Les Éditions Mondiales. Modes de Paris. Übersetzt mit Genehmigung von Les Éditions Mondiales (S. 125, 138, 154).
Quillet, Aristide: *La Cuisine Moderne.* Copyright Librairie Aristide Quillet 1946. Librairie Aristide Quillet. Übersetzt mit Genehmigung von Librairie Aristide Quillet (S. 104–105).
Ray, Elizabeth (Hrsg.): *The Best of Eliza Acton.* Copyright © Longmans, Green & Co. Ltd., 1968. Introduction Copyright © Elizabeth David 1968. Penguin Books Ltd., London. Übersetzt mit Genehmigung von Penguin Books Ltd. (S. 103, 160, 164–165).
Reboul, J. B.: *La Cuisinière Provençale.* Tacussel, Marseille. Übersetzt mit Genehmigung von Tacussel, Éditeur (S. 114).
Roden, Claudia: *A Book of Middle Eastern Food.* Copyright © Claudia Roden, 1968. Penguin Books Ltd., London, und Alfred A. Knopf, New York. Übersetzt mit Genehmigung von Claudia Roden (S. 92).
Rubinstein, Helge, und Bush, Sheila: *The Penguin Freezer Cookbook.* © Helge Rubinstein und Sheila Bush, 1973. Penguin Books Ltd., London. Übersetzt mit Genehmigung von Penguin Books Ltd. (S. 150, 156).
Rubinstein, Helge, und Bush, Sheila: *Ices Galore.* Copyright © 1977 by Helge Rubinstein und Sheila Bush. André Deutsch Limited, London. Übersetzt mit Genehmigung von A. P. Watt Ltd., Literary Agents, London (S. 152).
Rundell, Mrs.: *Modern Domestic Cookery.* Milner and Company, Limited, London (S. 127).
Saint-Ange, Madame: *La Cuisine de Madame Saint-Ange.* © Éditions Chaix, Grenoble. Éditions Chaix, Grenoble. Übersetzt mit Genehmigung von Éditions Chaix (S. 108–109).
Salvatori de Zuliani, Mariú: *La Cucina di Versilia e Garfagnana.* Franco Angeli Editore, Mailand. Übersetzt mit Genehmigung von Franco Angeli Editore (S. 121).
Savarin, Mme. Jeanne (Hrsg.): *La Cuisine des Familles* (Zeitschrift). Nr. 107 vom 7. Juli 1907 (S. 157).
Schuler, Elizabeth: *Mein Kochbuch.* © Copyright 1948 by Schuler-Verlag, Stuttgart-N., Lenzhalde 28. Schuler Verlagsgesellschaft, Stuttgart.Mit Genehmigung von Schuler Verlagsgesellschaft (S. 158).
Singh, Dharamjit: *Indian Cookery.* Copyright © Dharamjit Singh, 1970. Penguin Books Ltd., London. Übersetzt mit Genehmigung von Penguin Books Ltd. (S. 133).
Skipwith, Sofka: *Eat Russian.* © Sofka Skipwith 1973. David & Charles (Holdings) Limited, Newton Abbott. Übersetzt mit Genehmigung von David & Charles (Holdings) Limited (S. 122).
Smith, Michael: *Fine English Cookery.* © Michael Smith 1973. Faber and Faber, London. Übersetzt mit Genehmigung von David Higham Associated Limited, London (Author's Agent) (S. 106–107, 116–117, 162–163).
Sorbiatti, Giuseppe: *La Gastronomia Moderna.* Tip, Boniardi-Pogliani Di Ermenegildo Besozzi, Mailand 1866 (S. 104).
Spagnol, Elena: *I Gelati Fatti in Casa con o Senza Macchina.* © 1975 Rizzoli Editore, Mailand. Rizzoli Editore, Mailand. Übersetzt mit Genehmigung von Rizzoli Editore (S. 154).
Spry, Constance, und Hume, Rosemary: *The Constance Spry Cookery Book.* Erstauflage 1956 by J. M. Dent & Sons Ltd. Pan Books Ltd., London 1972. Übersetzt mit Genehmigung von J. M. Dent & Sons Ltd., London (S. 161).
Tibbott, S. Minwel: *Welsh Fare.* © National Museum of Wales (Welsh Folk Museum). The National Museum of Wales (Welsh Folk Museum) 1976. Übersetzt mit Genehmigung von The National Museum of Wales (Welsh Folk Museum) (S. 135).
Toklas, Alice B.: *The Alice B. Toklas Cook Book.* © by W. J. Naughton and A. L. Davies. Harper & Row, Publishers, Inc., New York. Übersetzt mit Genehmigung von Edward Burns, Agent Representive, the Estate of Alice B. Toklas (S. 107, 116, 144, 151).
Tschirky, Oscar: *The Cook Book by „Oscar" of the Waldorf.* The Werner Company, New York (S. 115, 141, 147).
Véritable Cuisine de Famille par Tante Marie, La. © Éditions A. Taride, Paris, 1978. Éditions A. Taride. Übersetzt mit Genehmigung von S.A.R.L. Cartes Taride, Paris (S. 109, 128).
Viard und Fouret: *Le Cuisinier Royal.* 1828 (S. 110, 123, 146, 160).
Waldo, Myra: *The Complete Round-the-World Cookbook.* Copyright 1954 by Myra Waldo. Doubleday & Company, Inc., New York. Übersetzt mit Genehmigung von Doubleday & Company, Inc. (S. 110).
Wason, Betty: *The Art of German Cooking.* © Elizabeth Wason Hall 1967. Zuerst erschienen in Großbritannien bei Allen & Unwin 1971. Übersetzt mit Genehmigung von George Allen & Unwin (Publishers) Ltd., Hemel Hempstead (S. 133).
Weber, J. M. Erich: *Theory and Practice of the Confectioner.* Internationaler Fachverlag, Dresden, ca. 1927 (S. 104).
Willian, Anne: *Kochkünste aus Sieben Jahrhunderten.* Copyright © 1979 Hallwag Verlag, Bern und Stuttgart. Hallwag Verlag, Bern und Stuttgart. Mit Genehmigung des Hallwag Verlages, Bern und Stuttgart (S. 123).
Willinsky, Grete: *Kochbuch der Büchergilde.* © Büchergilde Gutenberg, Frankfurt am Main 1958. Büchergilde Gutenberg, Frankfurt am Main. Mit Genehmigung der Büchergilde Gutenberg (S. 115).
Wilson, José (Hrsg.): *House and Garden's New Cook Book.* Copyright © 1967 by The Condé Nast Publications Inc. Simon and Schuster, New York. Übersetzt mit Genehmigung von Condé Nast Publications Inc. (S. 117).
Witwicka, H., und Soskine, S.: *La Cuisine Russe Classique.* © Éditions Albin Michel, 1968 und 1978. Éditions Albin Michel, Paris. Übersetzt mit Genehmigung von Éditions Albin Michel (S. 139, 142).
Wren, Jenny: *Modern Domestic Cookery.* Alexander Gardner, Paisley 1880 (S. 135).

Danksagungen und Quellennachweise der Abbildungen

Die Herausgeber dieses Buches sind Pat Alburey, Royston, Hertfordshire, und A. R. Huelin, Westminster College, London, zu besonderem Dank verpflichtet.

Außerdem danken sie: Skeffington Ardron, London; Robert Bruce, London; Sarah Bunney, London; The Chelmer Institute of Higher Education, Chelmsford, Essex; R. C. Coates; Jennifer Davidson, London; Pamela Davidson, London; Fiona Duncan, London; Diana Grant, London; Fayal Greene, London; Maggie Heinz, London; Shirley King, London; Marion Hunter, Sutton, Surrey; Brenda Jayes, London; John Leslie, London; Elizabeth Moreau, Langley Park, Bucks; Maria Mosby, London; Dilys Naylor, Kingston upon Thames, Surrey; Jo Oxley, Morden, Surrey; Joanna Roberts, London; David Simpson, London; Anne Stephenson, London; Stephanie Thompson, Hampton Court, Surrey; J. M. Turnell & Co., New Covent Garden, London; Eileen Turner, Brighton, Sussex.

Photos von Tom Belshaw: Einband, Seiten 4, 8, 10 – oben, 11, 12 – unten rechts, 13 – oben rechts und unten, 14 bis 15, 16 – unten, 32, 39 – unten, 40 bis 41, 44 – unten, 45 – unten, 46 bis 47, 51 – unten, 52, 53 – oben, 58 bis 59, 62 – unten, 63 – unten, 64 bis 65, 68, 70, 71 – unten, 72 bis 77, 80 bis 83, 87 – Kasten, 89.

Photos von Alan Duns: Seiten 9, 10 – unten, 18, 20 bis 31, 33 bis 36, 38, 39 – oben, 42 bis 43, 56 bis 57, 60, 63 – unten, 66 bis 67, 71 – oben, 84 bis 86, 87 – oben und unten, 90.

Photos anderer Photographen (in alphabetischer Reihenfolge): Gina Harris: Seiten 16 – oben, 17 – oben und unten links, 44 – oben, 45 – oben, 48, 50, 51 – oben, 53 – unten, 78, 88; Louis Klein: Seite 2; David Levin: Seite 12 – links und Mitte, 13 – oben links und Mitte, 54 bis 55.

Illustrationen: Mary Evans Picture Library und aus privaten Sammlungen.

Farbreproduktionen: Gilchrist Ltd., Leeds, England
Reprosatz: Alfred Utesch, Hamburg
Druck und Einband: Brepols S. A., Turnhout, Belgien

XXX